D1619891

Leben Lernen
**KLETT-COTTA**

Menschen zu helfen, die schweren traumatischen Belastungen ausgesetzt sind, ist ein riskantes Unterfangen. Psychotherapeuten und Helferteams, die in Krisenregionen nach Naturkatastrophen oder auch in der therapeutischen Praxis mit schwerstem Leid und Verstörung konfrontiert sind, geraten an ihre Grenzen – oder überschreiten diese. Der bekannte Traumatherapeut und -forscher Christian Pross hat Situationen von Helfern in aller Welt erforscht und herausgefunden, was Helfern wirklich hilft.

*Prof. Christian Pross, Dr. med.*, Arzt für Allgemeinmedizin, Ausbildung in tiefenpsychologisch fundierter Psychotherapie und zum Supervisor (DGSv) ist Mitbegründer und Leiter des Behandlungszentrums für Folteropfer in Berlin, ab 2009 Wissenschaftlicher Leiter einer Arbeitsgruppe für Psychotraumatologie-Forschung am »Zentrum Überleben« in Berlin; Lehrtätigkeit an der Universität; Mitglied im Rat des internationalen Netzwerkes von Therapiezentren für Folteropfer »International Rehabilitation Council for Torture Victims (IRCT)«, Kopenhagen. 2008 erhielt er das Bundesverdienstkreuz.

Alle Bücher aus der Reihe ›Leben Lernen‹ finden Sie unter:
www.klett-cotta.de/lebenlernen

Christian Pross

# Verletzte Helfer

Umgang mit dem Trauma:
Risiken und Möglichkeiten, sich zu schützen

Mit einem Vorwort von Luise Reddemann

Klett-Cotta

Leben lernen 222

Die Forschungsarbeit zu diesem Buch wurde gefördert von der Hamburger
Stiftung zur Förderung von Wissenschaft und Kultur

Klett-Cotta
www.klett-cotta.de
© J. G. Cotta'sche Buchhandlung Nachfolger GmbH, gegr. 1659,
Stuttgart 2009
Alle Rechte vorbehalten
Fotomechanische Wiedergabe
nur mit Genehmigung des Verlages
Printed in Germany
Umschlag: Hemm & Mader, Stuttgart
Titelbild: Kasimir Malewitsch: »Weiblicher Torso«, 1928/29
Satz: Kösel, Krugzell
Auf holz- und säurefreiem Werkdruckpapier gedruckt und gebunden
von Kösel, Krugzell
ISBN 978-3-608-89090-7

Bibliografische Information der Deutschen Nationalbibliothek
Die Deutsche Nationalbibliothek verzeichnet diese Publikation in der
Deutschen Nationalbibliografie; detaillierte bibliografische Daten sind im
Internet über <http://dnb.d-nb.de> abrufbar.

# Inhalt

# Vorwort

Menschen helfen zu wollen, die schweren traumatischen Belastungen ausgesetzt waren, ist ein riskantes Unterfangen. Jede/r, die/der sich auf einem solchen Terrain zu bewegen versucht, macht früher oder später die Erfahrung, dass sie/er an ihre/seine Grenzen gerät oder dass Grenzen sich aufzulösen drohen. In der von mir seit 1985 bis 2003 geleiteten Klinik waren z. T. ähnliche Phänomene, wie die von Christian Pross beschriebenen, zu beobachten: Burnout, erhebliche Spannungen im Team, Spaltungsmechanismen, Grabenkämpfe. Aber auch heldenhafter Einsatz aller Kräfte, Freude am gemeinsamen Tun, Stolz auf die Entwicklung traumatherapeutischer Kompetenz, um nur einiges zu nennen. Uns wurde im Lauf der Jahre bewusst, wie wichtig es ist, auf unsere Ressourcen und die unserer PatientInnen zu achten und diese zu fördern, um gedeihlich zusammen arbeiten zu können. Als Leiterin und Supervisorin in Einrichtungen, die sich überwiegend mit den Folgen sexualisierter Gewalt beschäftigen, fällt mir immer wieder vor allem die Neigung zur Überidentifikation mit den Opfern auf. Gesundem Abstandhalten wurde teilweise mit Misstrauen begegnet.

Die von mir hier nur kurz angedeuteten Reaktionen von Teams können als Teil von Gegenübertragungsprozessen verstanden werden, wenn man Gegenübertragung als etwas versteht, was sowohl Aussagen über Reaktionen auf die Patientin macht wie Aussagen auf das, was von der Therapeutin bereits mitgebracht und durch die therapeutische Arbeit wiederbelebt wird. Beide Reaktionen können für den therapeutischen Prozess nutzbar gemacht werden und sind unvermeidlich. Schwierig wird es für BegleiterInnen und BehandlerInnen, wenn sich traumatische Reaktionen i. S. einer sekundären Traumatisierung verfestigen und nicht aufgelöst werden (können). Im Lauf der Jahre fand ich in Anlehnung an Arno Gruen eine Erklärung: Es scheint mir, dass in vielen Fällen die Unfähigkeit, mit sich selbst mitfühlend zu sein, und daraus resultierend die eigenen Grenzen zu akzeptieren, eine wichtige Ursache für die sich verfestigenden Probleme sein könnte. Gruen erklärt in seinem Buch »Der Verlust des Mitgefühls« die vielfältigen Formen der »Politik der Gleichgültigkeit«. In den von mir genannten Fällen geht es häufig um eine große Gleichgültigkeit sich selbst gegenüber. Mitgefühl mit sich selbst wäre ja die Grundlage für ein gesundes Mitgefühl mit den anderen, ohne in Mitleid zu versinken. Da wir im Deutschen diese beiden Begriffe haben, erscheint es mir sinnvoll, sie auch unterschiedlich anzuwenden, was nicht immer der Fall ist. Aus Mangel an Mitgefühl mit sich selbst, sei es nun in Bezug auf frühes Leiden in der Kindheit oder auch aktuelles, treibt man sich immer mehr zur Identifikation mit anderen, die Opfer sind. So lange nicht erkannt ist, wie viel am Tun für andere bei genauer Betrachtung der Selbstheilung dient, liegt Überforderung immer nahe. Ein Ausweg erscheint mir eine konsequente, mitfühlende Arbeit mit sich selbst, aus der dann ohne allzu viel Anstrengung auch Mitgefühl für andere entstehen kann, das aber eigene Grenzen immer mitbedenkt. Teams rate ich darüber hinaus, sich immer wieder das eigene Potenzial bewusst zu machen und sich wechselseitig dafür anzuerkennen.

Christian Pross trägt in seinem wichtigen Buch Erfahrungen zusammen, die mit der Begleitung und Behandlung von Opfern schwerer politischer und auch anderer, z. B. sexueller, Gewalt zusammenhängen. Die Interviews zeigen Extrembelastungen und deren Folgen. Diese Folgen sind zum Teil erschreckend und sie fordern uns heraus, uns die Grenzen des Helfenwollens und -könnens bewusster zu machen. Nach der Lektüre des Manuskriptes habe ich mir die Frage gestellt, welche Gründe für die z. T. anhaltenden und z. T. malignen Reaktionen eine Rolle spielen könnten. Der Mangel an Mitgefühl mit sich selbst könnte aus meiner Sicht eine Wurzel sein. Eine andere aber auch die Politik der Gleichgültigkeit durch die Gesellschaft.

Mir fällt auf, dass in Einrichtungen, die mit den am meisten geschädigten Traumaopfern zu tun haben, am wenigsten gesicherte finanzielle Verhältnisse herrschen. Jahr um Jahr, ja beinahe Monat und Monat kämpfen diese Einrichtungen um das Fortbestehen ihrer Existenz.

Das heißt, dass die Einrichtungen und deren MitarbeiterInnen von der Gesellschaft beinahe genauso geächtet werden wie die Opfer. Während in den letzten Jahren eine große Hilfsbereitschaft gegenüber Opfern von sog. Großschadensereignissen erkennbar war, d. h. also Opfern von »Naturkatastrophen« im weitesten Sinn, hält sich die Bereitschaft,

Opfern von man-made Traumata zu helfen, in engen Grenzen. Die Zentren, die sich mit solchen Opfern befassen, werden an den Rand gedrängt, und am besten wären sie unsichtbar und unbemerkbar, so will es mir scheinen. Dies setzt Mitarbeitende unter gefährlichen Druck, dem viele nicht auf Dauer standhalten können.

Ich wünsche mir, dass das Buch von Christian Pross dazu beiträgt, dass diejenigen, die über die existenzielle Sicherung der Einrichtungen zu entscheiden haben und damit natürlich auch über eine angemessene Betreuung des Klientels der jeweiligen Einrichtung, sich ihrer Verantwortung bewusster werden, diese Einrichtungen nicht ständig beinahe »verhungern« zu lassen. Dazu bedarf es aber einer Kultur des Mitgefühls auf vielen Ebenen.

Luise Reddemann

# Prolog – Zwei Geschichten

*Die Geschichte von Hans: Retter und Guru*
Hans ist ein engagierter Helfer. Er hat schon in vielen sozialen Projekten gearbeitet und bewirbt sich nach Ende seines Praktikums in einem Traumazentrum um eine Anstellung. Das Direktorium ist abgeneigt. Seinen Bewerbungsunterlagen und seiner Vorstellung nach zu urteilen sei er nicht seriös und nicht ausreichend qualifiziert. Das Team will ihn jedoch unbedingt haben, da er sich als Praktikant durch seinen Fleiß und seine Hingabe bei allen beliebt gemacht habe. Schließlich gelingt es den Mitarbeitern, das Direktorium mit dem Argument zu überzeugen, in dieser Arbeit brauche man eher Exoten und keine Langweiler. Während der Probezeit wirkt Hans bescheiden, ruhig, und ohne viel Aufhebens macht er seine Arbeit. Er ist sehr sorgfältig und zuverlässig, er vertieft sich in die Materie und erwirbt sich eine solide Sachkenntnis.

Gegen Ende der Probezeit äußert das Direktorium wieder Zweifel an Hans' Qualifikation. Hans reagiert sehr emotional auf diese Zweifel, er fühlt sich entwertet und vermittelt den Eindruck, dass er unbedingt und nur in dieser Einrichtung arbeiten will, als ginge es bei seiner Weiterbeschäftigung für ihn ums Ganze. Da er nach Meinung aller Mitarbeiter sich so gut bewährt habe, stellt das Direktorium seine Zweifel zurück, und er wird als fester Mitarbeiter übernommen.

Fortan stürzt sich Hans mit wahrer Besessenheit in die Arbeit und geht für seine Klienten durchs Feuer. Es spricht sich herum, dass er ein Retter in letzter Not sei, dass er in den schwierigsten und hoffnungslosesten Fällen, die von anderen Stellen längst aufgegeben worden sind, noch einen Ausweg wisse. Er prozessiert gegen Ämter, zäh und detailversessen beißt er sich durch. Darüber entwickelt sich Hans zu einer Symbolfigur. Er bekommt sehr viel Anerkennung und Dank von den Klienten. Er lässt sich von ihnen nach Hause einladen, z. B. auf eine Hochzeit. Obwohl einige Kollegen und die Leitung Vorbehalte dagegen äußern, lässt man ihn gewähren, da in der Kultur der Klienten die hierzulande übliche strikte Trennung zwischen Beruf und Privatleben nicht so eng gezogen werde. Die Klienten behandelt er wie seine Freunde, man duzt sich. Er sonnt sich in seiner Rolle und der Welle von Anerkennung. Er organisiert Feste für die Klienten in der Einrichtung, dabei spielt er den Animateur. Er feuert sie an zum Singen und Tanzen in einer Reihe. Ein Kollege sagt, Hans erinnere ihn an seinen Pfadfinderführer, wie der mit seinen Wölflingen Geländespiele machte.

Hans macht viele Überstunden. Schon morgens stehen die Klienten bei Hans Schlange. Auch engagiert er sich zunehmend politisch in Projekten außerhalb der Einrichtung. Bei Fallbesprechungen schildert er die Grausamkeiten, die diese erlebt haben, mit einer gewissen Aufgeregtheit und Dramatik, drastisch ins Detail gehend bis zu einem Punkt, wo ihn Kollegen unterbrechen, weil es ihnen zu viel wird. Entgegen seiner früheren Praxis von zäher Kleinarbeit im Stillen plädiert er dafür, an die Öffentlichkeit zu gehen und Behörden, Staat sowie Politiker anzugreifen. Er porträtiert die Außenwelt, d. h. Staat und Gesellschaft, als Feind, gegen die Helfer und Klienten das Gute verteidigen. Er fühlt sich dazu berufen, seine Kollegen ständig zu agitieren, weil sie angeblich nicht genug gegen die ungerechten Verhältnisse kämpften. Die Leitung bremst ihn, er setzt sich darüber hinweg, verfasst Pamphlete, die er unautorisiert im Namen der Einrichtung verbreitet. Seine Haltung ist mehr und mehr von einer gewissen Unerbittlichkeit, übertriebenem Ernst und Fanatismus geprägt. Es kommt zu wachsenden Spannungen zwischen ihm, der Leitung und einem Teil der Mitarbeiter. Er wirft der Gegenseite Anpassertum vor. So lehnt er es ab, sich am Fund Raising für die Einrichtung zu beteiligen, da er sich nicht mit »Geldsäcken« an einen Tisch setzen wolle. Da der äußere Feind, so wie Hans ihn porträtiert, eigentlich gar nicht vorhanden und somit schwer greifbar ist, schießt Hans sich mehr und mehr auf die Leitung als inneren Feind ein, die er mit dem äußeren repressiven »System« identifiziert.

Schließlich stellen sich bei ihm Zeichen von Erschöpfung ein, und er fällt häufiger aus wegen Krankheit. Als er nach einer längeren Fehlzeit am Arbeitsplatz zurück ist, teilt er mit, dass er weniger arbeiten wolle. Auf seinen Antrag hin finanziert das Direktorium ihm einen Teil einer psychotherapeutischen Zusatzausbildung und gewährt ihm dafür entsprechende Freitage. Diese Ausbildung hilft Hans, besser mit den Belastungen der Arbeit umzugehen, und versetzt ihn in die Lage, mehr über sich selbst und sein Handeln zu reflektieren. Dies macht sich positiv in seinen Beiträgen in Fallbesprechungen und in der Supervision bemerkbar. Inspiriert durch seine Ausbildung, initiiert er einige innovative Projekte mit Klienten und bereichert damit das therapeutische Spektrum der Einrichtung.

Leider kommt es jedoch immer wieder zu heftigen Zusammenstößen mit Kollegen, mit denen er konkurriert. Dabei wird er gelegentlich laut und ausfallend. Jüngere, Praktikanten und in der Hierarchie unter ihm stehende Mitarbeiter haben Angst vor ihm. Er legt sich die Rolle eines informellen Betriebsrates und Volkstribuns zu und benutzt dafür die Mitarbeiterbesprechungen und die Teamsupervision als Bühne. Sein Tonfall und sein Redestil bringen eine Aufgeregtheit, eine Alarmstimmung und einen Aktionsdrang in die Bewältigung der täglichen Routine hinein. Das führt zu wiederholten Spannungen mit der Leitung, die jedoch bemüht ist, ihn immer wieder in die Gesamtverantwortung einzubinden, seine Initiativen und Projekte zu unterstützen in der Erwartung, dass er zu seiner ursprünglich konstruktiven Haltung zurückfindet.

Diese Erwartungen erfüllen sich jedoch nicht. Hans steigert sich immer mehr in eine allgemeine Negativhaltung zu der Einrichtung hinein. Er entzieht sich zunehmend den für alle geltenden Verpflichtungen zur Routinearbeit und konzentriert sich auf einige wenige »Leuchtturm«-Projekte. Diese stellt er in Mitarbeiterbesprechungen in blumig und redundant formulierten Papieren vor und erntet von Kollegen sarkastische Kommentare, es handele sich um die esoterischen Sperenzien eines Guru, um »Menschenrechts-Kitsch«. Er versucht, seine Nischen weiter auszudehnen, indem er Bildungsurlaub beantragt für Tagungen, die weniger der fachlichen Fortbildung als seiner Selbstfindung dienen. Minutiös schreibt er seine Überstunden auf, nimmt ständig Überstundenausgleich, kehrt unter Vorwänden Tage später aus dem Urlaub zurück und ist für die Kollegen kaum noch greifbar.

Wegen einer allgemeinen Krise der Einrichtung heuert das Direktorium eine Organisationsberatungsfirma an. Die Berater erarbeiten mit Leitung und Team ein Modell von Neustrukturierung mit klareren Aufgabenverteilungen, Arbeitsteilung, Arbeitsabläufen und einer deutlichen Stärkung der Leitung. Die große Mehrheit der Mitarbeiter steht diesen Veränderungen positiv gegenüber, sie empfinden sie als Entlastung und Fortschritt gegenüber dem bisherigen Durcheinander. Hans widersetzt sich dieser Reform vehement, er will, dass alle Entscidungen im Kollektiv auf Teamsitzungen getroffen werden. Nach Einführung der Neuerungen geht er noch weiter auf Tauchstation und wird schließlich, nachdem man keinen anderen Ausweg sieht, vom Direktorium gekündigt.

*Die Geschichte von Jens: Ruhender Fels*
Jens ist ein erfahrener Helfer. Er hat schon viel im Leben gesehen, er hat Krieg und politische Verfolgung überlebt und seine Erlebnisse in einer jahrelangen therapeutischen Ausbildung mit Selbsterfahrung bearbeitet. Jahre nach dem Sturz der Diktatur kehrt er in das Land seiner Verfolger zurück, einer Einladung zu einem Vortrag folgend. Er hat Angst vor dieser Reise, er bleibt nur kurz und beschränkt die Kontakte mit dortigen Kollegen auf ein Minimum. Schließlich ergibt sich ein längerfristiges Engagement als Berater beim Aufbau einer Anlaufstelle für Opfer der Diktatur. Ganz langsam, Schritt für Schritt nähert er sich der gefürchteten Umgebung an. Beim nächsten Besuch bleibt er einen Tag länger, beim übernächsten zwei Tage usw. Er macht die Erfahrung, dass die meisten Menschen, die ihm begegnen, ihm nicht wie erwartet feindlich gesonnen sind, im Gegenteil. Er trifft vorwiegend auf aufgeschlossene, zugewandte Menschen, die mit der Diktatur nichts zu tun hatten. So gelingt es ihm nach, und nach seine Vorbehalte und Ängste abzubauen.

Im Verlauf der Jahre bekommt er mehr und mehr Beraterauftrage, er wird zu einem gefragten Experten. Wann immer es in einer Einrichtung brennt, wird Jens gerufen. Inmitten des Brandherdes, über dem die Decke schon einzustürzen droht, dort, wo es am heißesten und gefährlichsten ist, sitzt Jens. Wie ein Fels in der Brandung ruht er inmitten einer aufgeregt aufeinander losgehenden Meute von Helfern. Nichts kann ihn aus der Fassung bringen. Leute rennen Türen knallend und heulend aus Sitzungen raus, andere fangen an, hysterisch und laut zu schimpfen, Kollegen zu beleidigen. Jens ficht das nicht an, er lässt sich nicht aus der Ruhe bringen, er sagt nicht viel, er steht auf und malt ein Schema an die Tafel. »Das ist das Modell der Dynamik von Gruppen von Autor B. et al.«, sagt er. »Dieser unterscheidet drei Arten von Gruppen, die … eins … zwei … drei. Was wir hier gerade erleben, ist ein Beispiel der Gruppe eins.« Es kehrt Stille ein, die Helfer hören zu, auf ihren Gesichtern weicht die Anspannung, die Aufregung und Empörung einer gewissen Nachdenklichkeit. Es ist gar nicht so wichtig, was Jens sagt, und das Gruppenmodell von B. mag nur teilweise auf dieses Team zutreffen. Es ist, *wie* Jens es sagt. Es ist seine ganze Erscheinung, seine Ausstrahlung. Er sitzt inmitten dieses Minenfeldes und vermittelt schlicht und einfach die Botschaft:»Solange ich hier sitze, wird keine Bombe hochgehen.«

Keiner könnte genau sagen, warum das so ist. Jens strahlt Reife, Güte, Wärme, Würde, aber auch eine gewisse Strenge aus. Er steht über den Dingen. Dazu hat er Humor, einen Schalk und diese Gelassenheit im Sinne von:»na ja, so ist das eben, wo Menschen zusammen sind …« Er ist auf eine unprätentiöse Art eine Respektsperson, dessen Autorität nicht auf Ehrfurcht, geschweige denn Angst beruht. Er sagt nicht, wo es langgeht, er doziert nicht, sondern er sondiert, er wägt ab, er spiegelt auf eine nicht konfrontative Weise und findet im allgemeinen Chaos einen Zipfel, ein kleines Fenster von Ordnung, welches die Gemüter beruhigt und einen Ausweg aus der verfahrenen Situation eröffnet. Jeder im Raum spürt, dass Jens ein Mensch ist, der schon ganz andere und viel bedrohlichere Dinge erlebt hat, der einfach weiß, womit man es hier zu tun hat und was mit Menschen passieren kann, die in solchen Einrichtungen arbeiten. Und sein unausgesprochenes, aber spürbares Wissen beruhigt, es vermittelt Sicherheit, Schutz und Geborgenheit.

Jens ist ein bescheidener, eher unscheinbarer Mensch, der nicht viel Aufhebens um sich macht. Man kann ihn sich genauso gut als Steuermann auf einem Fischkutter auf hoher See vorstellen. Solche Hochseefischer sind oft wortkarge Leute, die tagelang stoisch bei Sturm auf wankendem Boden auszuharren vermögen, das Ruder festhalten und den Kutter sicher in den Hafen zurücksteuern.

# Einleitung

Die Erkenntnis, dass Ärzte und Angehörige von helfenden Berufen selbst verletzt und hilfsbedürftig, dass ihre Verletzung eine Triebkraft zur Ergreifung dieses Berufes sein kann, ist so alt wie die Heilkunde selbst. Nach der griechischen Mythologie litt der medizinische Lehrer Äskulaps, Chiron der Centaur, an einer unheilbaren Wunde, die ihm Herkules zugefügt hatte[1]. *Kleinman* fand in seinen biografischen Studien über Ärzte heraus, dass dem Motiv, diesen Beruf zu ergreifen, häufig eine eigene chronische Erkrankung oder die eines nahen Angehörigen zugrunde lag. Andere zu heilen diente ihnen dazu, die eigene Verletzung zu überwinden. »Durch das Verletztsein weiß der Heiler, wie Leiden sich anfühlt. Es gibt keine bessere Ausbildung in der Expertise über Krankheiten«[2]. Die meisten Schriften Freuds tragen die Spuren seines Lebens und seiner persönlichen Konflikte. Sein Werk »Die Traumdeutung« sei ein Ausbruch von Selbstoffenbarung im Dienst der Wissenschaft, schreibt sein Biograf Peter Gay[3]. Von Freud stammt die Erkenntnis, dass der Analytiker nur über das Durcharbeiten seiner eigenen Neurose in der Lage sei, andere zu analysieren. C. G. Jung konstatierte, »nur der verletzte Helfer heilt«[4]. Der amerikanische Militärpsychiater Abram Kardiner, ein Pionier der Behandlung von Kriegsneurosen (shell shock), schreibt in seiner Autobiografie, dass die »endlosen Albträume« seiner frühen Kindheit – Armut, Hunger, Vernachlässigung, häusliche Gewalt und der frühe Tod seiner Mutter – die Richtung seiner geistigen Interessen beeinflusst hätten und ihn befähigten, sich mit den traumatisierten Soldaten zu identifizieren[5]. Die tägliche Konfrontation mit Leid und Elend hinterlässt ihre Spuren. Insbesondere, wenn es sich

---

[1]  Maeder, T. (1989): Wounded Healers. The Atlantic Monthly, January 1989, pp. 37 – 47.
[2]  Kleinman, A. (1988): The Illness Narratives. Suffering, Healing & the Human Condition. Basic Books, New York, p. 211 ff.
[3]  Gay, P.: Freud, A Life of Our Time. Anchor Books, New York 1988, S. 267 ff.
[4]  Jung, C. G. (1963/1983): Memories, dreams, reflections. London, Flamingo.
[5]  Kardiner, A. (1977): My Analysis with Freud. New York, Norton, p. 52.

um von Menschenhand zugefügtes Leid handelt. Steven Miles, Internist und Autor eines Buches über Folter durch US-Militärs im »Krieg gegen den Terror«, schreibt über diese Spuren: *»Die Arbeit an den Fragen, die dieses Buch hervorbrachten, veränderte mich. Wenn ich einen ganzen Tag unzählige Berichte über Akte willkürlicher Brutalität gelesen hatte, träumte ich manchmal, ich sei in Abu Ghraib[6] und ich wachte mit pochendem Herzen und schweißgebadet vor Angst auf. Anschließend überfiel mich eine Traurigkeit, und manchmal hörte ich auf zu schreiben, weil es mir sinnlos erschien«[7].*

Die Konfrontation hinterlässt nicht nur Spuren im einzelnen Helfer, sondern auch in Helfergruppen und Institutionen. In den letzten 30 Jahren sind überall auf der Welt Behandlungszentren für Kriegsopfer, Opfer häuslicher und sexueller Gewalt, politischer Verfolgung und Folter mit großem Engagement, Optimismus und Idealismus gegründet worden. Fast alle diese Einrichtungen haben eine krisenhafte Entwicklung durchlaufen. Die Aufbruchstimmung der Pionier- und Aufbauphase weicht nach einigen Jahren einer tief greifenden Ernüchterung angesichts von internen Spannungen, chronischen unlösbaren Konflikten, einhergehend mit Symptomen von Erschöpfung bei den Helfern, einer hohen Fluktuation und zahlreichen Spaltungen. Ein anschauliches Bild davon zeichnet Norbert Gurris aus einer Einrichtung für traumatisierte Flüchtlinge:

*»Die Arbeit wurde ausgedehnt, manchmal auf Abend-, Nacht- und Wochenendstunden. Überstunden und Urlaubstage wurden eher dem Verfall überlassen. Vorübergehende Phasen von euphorischer Hyperaktivität wechselten sich ab mit Zusammenbrüchen, die im Volksmund wohl als hysterisch angesehen würden. Die Gefühle von Ohnmacht und Verzweiflung machten sich in gegenseitigen Beschuldigungen und Anfeindungen im Team Luft. Junge Praktikanten schilderten panische Ängste, psychisch krank zu werden angesichts des Modellverhaltens der festen Mitarbeiter. Streichungen von Mitteln durch den Träger des Projekts führten zum ›Verschwinden‹ von Kollegen quasi über Nacht. Bei den verblie-*

---

6  US-Militärgefängnis im Irak, aus dem im Jahr 2004 die berüchtigten Fotos über Folterungen an die Öffentlichkeit gelangten.
7  Miles S.: Oath Betrayed. Torture, Medical Complicity and the War on Terror. New York 2006, S. XIV – XV.

benen Mitarbeitern breiteten sich Fantasien von Krieg und Verfolgung in der eigenen Einrichtung aus«[8].

Ebenso berichtet David Becker aus einem der ersten noch zu Zeiten der Diktatur in Chile gegründeten Traumazentren: »Das Klima im Team verschlechterte sich zunehmend. Politische Differenzen und technische Diskussionen darüber, wie zu therapieren sei, wurden intensiver. Es kam zu Konflikten über die Leitungsstruktur. 1986 wurde schließlich deutlich, dass es so nicht mehr weitergehen konnte. Das Team begann zu zerfallen, die Streitigkeiten wurden heftiger, die Schuldgefühle, auch den Patienten gegenüber, immer größer. Irgendwann stellten wir fest, dass keiner von uns besonders gut schlief, dass wir alle regelmäßig Albträume hatten und im Schlaf mit den Zähnen knirschten … wir hatten uns so lange mit den anderen, den Opfern, beschäftigt, bis wir uns selbst gegenseitig zu Opfern machten. Wir haben im Sinne eines Burnout-Syndroms das aggressiv aneinander ausgehandelt, was wir jahrelang von den Patienten erfahren hatten. Es ist nicht zufällig, dass wir eine Supervision erst dann zulassen und einfordern konnten, als das Team bereits fast eine traumatisch gespaltene Struktur aufwies, die die Supervisoren zunächst auf totale Ohnmacht bzw. Hilflosigkeit festlegte. Damit konnten wir die eigene negative Omnipotenz noch einmal bestätigen. Wir baten erst um die Hilfe, als keine Rettung mehr möglich war, und verteidigten so die pathologische Allmacht noch in der Selbstzerstörung«[9].

Ich selbst habe ähnliche Erfahrungen gemacht beim Aufbau und der Leitung eines Zentrums für Folterüberlebende und über meine Einblicke in zahlreiche Traumazentren in verschiedenen Ländern. Unter den Kollegen dort habe ich sehr viel Leid und Not gesehen. Es hat viele persönliche Brüche gegeben mit Menschen, mit denen man einmal sehr eng und vertrauensvoll zusammengearbeitet hat. Viele haben das Feld teilweise im Streit verlassen und sind bis heute nur schlecht und recht darüber hinweggekommen. Die o. g. Phänomene haben Auswirkungen auf die Qualität der Arbeit. Sie führen zu Auszehrung, Lähmung, Des-

---

[8] Gurris, N. F.: Überlegungen zur stellvertretenden Traumatisierung bei Therapeuten in der Behandlung von Folterüberlebenden. Psychotraumatologie 2002, 3, 45 online: http://www.thieme-connect.com/ejournals/html/psychotrauma/doi/10.1055/s-2002-35265.

[9] Becker D.: Die Erfindung des Traumas – Verflochtene Geschichten. Edition Freitag, S. 90–91.

organisation und infolge der hohen Fluktuation zu einem Verlust an institutionellem Gedächtnis und Erfahrungswissen. Die Leidtragenden sind letztendlich die Patienten.

Zunächst habe ich diese Erfahrungen als ein persönliches Scheitern meiner selbst und der in diesen Einrichtungen Verantwortung tragenden Kollegen empfunden. Bei genauerem Hinsehen habe ich jedoch nach und nach immer wiederkehrende Muster und Prozesse entdeckt, die auch in solchen Einrichtungen vorkamen, die von außen gesehen einen stabilen Eindruck vermittelten und »gut« funktionierten.

In den letzten zehn Jahren ist eine ganze Reihe von Publikationen erschienen, in denen versucht wird, diese Phänomene zu beschreiben unter der Überschrift »Burnout«, »Compasssion Fatigue«, »Vicarious Traumatization«, »Secondary Traumatic Stress« etc. Sie haben zu der Erkenntnis geführt, dass solche Einrichtungen Supervision zur Bearbeitung von Spannungen und Konflikten brauchen und dass unter dem Stichwort »Care for Caregivers« ein Betriebsklima, eine Teamkultur geschaffen werden soll, in der für Entlastung, Ausgleich und Erholung der Mitarbeiter gesorgt wird.

Man bewegt sich bei dieser Arbeit auf einem Minenfeld mit den Abgründen menschlichen Seins. Als ich noch mittendrin war im Geschehen, habe ich angefangen, das Erlebte aufzuschreiben. Es war ein Weg, mit den archaischen, zerstörerischen und unerklärbaren Vorgängen fertig zu werden und meine Gedanken zu ordnen. Mein damaliger Supervisor hat mich ermutigt, diese Aufzeichnungen zu einer wissenschaftlichen Studie auszubauen. Ich konnte damit erst beginnen, nachdem ich aus allen meinen exekutiven Funktionen ausgeschieden war. Ich brauchte Abstand zu den Geschehnissen und zu den Menschen, mit denen ich zu tun hatte. Über das Forschen und die Interviews mit Kollegen aus den verschiedensten Bereichen im Rahmen dieser Studie war es mir möglich, das Geschehen aus der Vogelperspektive zu betrachten, von der aus ich die Dynamik in solchen Einrichtungen inzwischen besser zu verstehen glaube. Ich möchte dazu einen meiner Interviewpartner zitieren, der während des Gespräches über seine Verletzungen reflektierte und die möglichen Gründe der plötzlich ausbrechenden Aggressivität und der Brüche, die auch im Nachhinein nicht mehr zu kitten sind: »*Wenn man einen Weg fände, dieses destruktive Verhalten zu verstehen, würde es auch wieder eine Brücke bauen … Deswegen suche ich*

*ein inneres Erkennungsmuster, um zu sagen: ›o. k., das hat damit zu tun‹.*
*Und wenn diese Brücke dann auch noch publiziert wird, könnten sich viel-*
*leicht die anderen auch darin wiederfinden und man könnte dann sagen:*
*›ah, so ist das also!‹«*

Die Inhalte dieser Studie berühren viele Tabus, von denen in den einzelnen Kapiteln die Rede sein wird. So gab es einige sehr heftige Reaktionen auf die Präsentation vorläufiger Ergebnisse meiner Untersuchung. In einer ersten Publikation hatte ich die Phänomene der sogenannten Sekundärtraumatisierung nur skizzenartig umrissen anhand von zwei Schilderungen aus meinem eigenen Praxisalltag. Daraufhin erschien in der Zeitschrift ein empörter Leserbrief mit Vorwürfen von Unwissenschaftlichkeit, Bruch der Schweigepflicht und »Mobbing«. Ich hatte den Fall eines überengagierten Kollegen beschrieben, der in eine Spirale von Überforderung, Burnout, Konflikten mit Kollegen und Flucht in die Krankheit geraten war. Diese Geschichte war ein Konstrukt, in das Beobachtungen an mir selbst und anderen eingeflossen waren. Diese Form einer aus mehreren Fällen zusammengesetzten Kasuistik ist in der medizinischen Forschung eine durchaus legitime und allgemein gebräuchliche Methode. Offenbar meinte jedoch der Leserbriefschreiber, dass er in diesem Beispiel dargestellt sei, und fühlte sich von mir bloßgestellt[10].

Nachdem ich erste Arbeitshypothesen zu meiner Forschung an einer Universitätsklinik vorgetragen hatte, schrieb ein Zuhörer an die Zeitschrift für Politische Psychologie unter der Überschrift »Traumazentren werden auf Linie gebracht«, jetzt hätte auch »MacKinsey die Behandlungszentren für Folteropfer erreicht«, ich hätte den »lästigen Überbleibseln von Basisdemokratie heimgeleuchtet … Charismatiker (›Charisma‹ wie ›Geist‹, ›Glaube‹) dürfen gehen, jetzt übernehmen Super-Nanny und Sozialtechniker mit abgeklärtem Verhältnis zur eigenen Distanz …«[11].

Diese Reaktionen lassen erahnen, was mich nach Veröffentlichung dieses Buches möglicherweise erwartet. Sie haben mich zweifeln lassen,

---

[10]  Pross, C.: Burnout, Vicarious Traumatization and its Prevention. Torture 16: 1–9 (2006); A response to the article by Christian Pross »Burnout, Vicarious Traumatization and its Prevention«. Torture 16: 134–135 (2006).

[11]  Newsletter Politische Psychologie 9 – Juli 2005; Thomas Kliche: Traumazentren werden auf Linie gebracht.

ob ich diese Dinge überhaupt je veröffentlichen kann und soll. Das lebendige und positive Echo, das ich bei anderen Gelegenheiten erhalten habe, haben mich jedoch darin bestärkt. Im Verlauf dieser Studie habe ich so oft wie möglich den Dialog mit Kollegen gesucht und meine Überlegungen auf zahlreichen nationalen und internationalen Fachtagungen sowie vor Teams von Traumazentren und Menschenrechtsorganisationen vorgetragen. Überwiegend gaben meine Zuhörer mir zu verstehen, dass ich den Nagel auf den Kopf getroffen und ihnen einen Spiegel vorgehalten hätte, der sie dazu ermutige, Veränderungen in Angriff zu nehmen. Manche wollten mein Manuskript sofort haben oder man bat mich, meine Studie auch auf diese oder jene Einrichtung auszudehnen, oder man wollte mich gleich als Supervisor bzw. Organisationsberater engagieren. Das zeigt, dass offenbar ein großer Leidensdruck vorhanden ist und nach Strategien der Abhilfe und Prävention gesucht wird.

Auf diesen Veranstaltungen waren häufig auch Kollegen aus anderen Bereichen des Gesundheitswesens zugegen, z. B. Ärzte und Pflegepersonal von Intensivstationen, Palliativstationen, Hospizen für Sterbende, Gefängnispsychologen, Sozialarbeiter aus Einrichtungen für Behinderte etc. Sie reagierten ähnlich wie die oben Genannten. Vielleicht sind solche Erscheinungen überall dort anzutreffen, wo Helfer mit schwer kranken Menschen oder sozialen Randgruppen arbeiten[12]. Das wäre ein Thema zukünftiger Forschung.

Die Wirklichkeit in den genannten Einrichtungen ist sehr komplex. Die Aussagen von Interviewpartnern aus stabilen Einrichtungen ver-

---

[12] Siehe z. B. die Untersuchung von Schors über die Psychodynamik Pflege- und Ärzteteams auf Intensivstationen: Schors, R.: Beobachtungen zur Psychodynamik einer Intensivstation. Psyche 33 (1979), S. 343–363. Schors schreibt, das Personal sei tagtäglich mit Menschen in lebensbedrohlichen Extremsituationen konfrontiert und entwickele einen besonderen Elite- und Korpsgeist mit einer starken Abgrenzung gegenüber der Außenwelt. Man leiste Pionierdienste an der Grenze zwischen Leben und Tod und man hebe sich ab über den »normalen« Klinikbetrieb. Die Innenwelt der Station werde hierbei als »gut« angesehen, die Außenwelt als »böse«. Diese Spaltung in Verbindung mit Projektion diene der Abwehr von Angst vor dem eigenen Tod. Die Gesellschaft, die weder bereit noch in der Lage sei, sich mit dem Problem des Todes zu konfrontieren, trete die Zuständigkeit für das Sterben an die Intensivstation ab. Das erzeuge narzisstische Größenfantasien beim Personal um den hohen Preis einer teilweisen Aufgabe der Realitätskontrolle.

mitteln, dass es trotz der Spannung, die die Materie mit sich bringt, durchaus friedlich zugehen kann. In instabilen Einrichtungen waren in jeder krisenhaften Phase neben destruktiven Kräften immer auch konstruktive am Werk, oft nebeneinander in der gleichen Person. Nach schweren Krisen gab es ruhige Phasen von guter Zusammenarbeit, einige Einrichtungen sind gestärkt und geläutert aus solchen Krisen hervorgegangen, andere sind daran zerbrochen. Bei aller Zerrissenheit und allem Leid, von dem hier die Rede ist, ist es faszinierend und ermutigend zu sehen, wie viele Selbstheilungskräfte jeder in sich trägt, wie kreativ die Helfer darin sind, sich zu schützen, zu regenerieren, für sich selbst und ihre Kollegen zu sorgen und ein Halt gebendes und reflexives Arbeitsklima zu schaffen. Von diesen Selbstschutzstrategien und Möglichkeiten der Prävention wird ausführlich die Rede sein. So ist im Verlauf dieser Untersuchung, angeregt durch meine Interviewpartner und das Studium neuerer Literatur insbesondere zum Thema Resilienz mehr und mehr die ressourcenorientierte und bereichernde Seite der Trauma-Arbeit in den Vordergrund getreten.

Einige der in den folgenden Kapiteln zitierten Aussagen meiner Interviewpartner mögen dem Leser ziemlich drastisch, teilweise düster und Außenstehenden befremdlich erscheinen. Diese Studie zielt nicht auf eine Dämonisierung oder Pathologisierung der Helfer. Die Schwächen, Mängel und Konflikte, von denen hier die Rede sein wird, sind nicht Ausdruck schlechten Charakters oder böser Absichten. Alle erwähnten Helfer sind enorm engagierte Personen mit hohen Zielen und gutem Willen. Die Psychotraumatologie ist ein relativ junges Fachgebiet. Die Pioniere der Traumabehandlung haben alle ihre Kräfte eingesetzt zur Gründung von Traumazentren unter z. T. äußerst schwierigen Bedingungen, gegen erheblichen Widerstand in ihrer Gesellschaft und die allgegenwärtige Tendenz zur Verleugnung. Sie gaben und geben ihr Bestes. Einige sind jedoch entweder an den zu hohen Anforderungen gescheitert oder selbst ungewollt so weit in den immanenten Sog von Gewalt und Destruktivität hineingeraten, dass sie sich selbst und anderen Verletzungen zugefügt haben. Zum Teil wussten sie es nicht besser oder sie hatten nicht die Möglichkeit, sich auf ihre Aufgabe genügend vorzubereiten. Vielerorts gibt es nur wenige oder überhaupt keine Angebote zur beruflichen Aus- und Weiterbildung zum Traumatherapeuten, verbunden mit einer professionell geleiteten Selbsterfahrung. Bisher gibt es nur wenige auf diesem Gebiet erfahrene Supervisoren. Ich würde deshalb die hier beschriebenen Phänomene als Kinderkrankheiten eines relativ jungen und sich noch in der Entwicklung befindlichen Fachgebietes bezeichnen.

Im Folgenden ein Überblick über meine Untersuchung:

*Statistik*

| Untersuchte Einrichtungen | n | in % |
|---|---|---|
| Gesamtzahl | 13 | 100 |
| Behandlungseinrichtungen | 11 | 84,6 |
| Menschenrechtsorganisationen | 2 | 15,4 |
| Westliche Länder | 9 | 62,2 |
| Schwellenländer | 4 | 30,8 |

| Interviewpartner insgesamt | n | in % |
|---|---|---|
| Gesamtzahl | 72 | 100 |
| weiblich | 38 | 52,8 |
| männlich | 34 | 47,2 |
| Altersverteilung | 33 – 72 Jahre | |
| Durchschnittsalter | 53 Jahre | |
| Aus »westlichen Ländern« | 57 | 79,2 |
| Aus »Schwellenländern« | 15 | 20,8 |
| Personen aus Menschenrechtsorganisationen | 8 | 11,1 |
| Supervisoren | 10 | 15,3 |
| Experten | 7 | 8,3 |
| Personen aus Behandlungseinrichtungen | 47 | 65,3 |

Personen aus Behandlungseinrichtungen

| | n | in % |
|---|---|---|
| Gesamtzahl | 47 | 100 |
| Leitungskräfte | 23 | 48,6 |
| Therapeutisches Personal | 45 | 95,7 |
| Nichttherapeutisches Personal | 2 | 4,3 |

Therapeutisches Personal

| | n | in % |
|---|---|---|
| Gesamtzahl | 45 | 100 |
| Psychotherapieausbildung | 30 | 66,6 |
| Eigenes Trauma | 14 | 31,1 |
| – Westliche Länder | 5 | |
| – Schwellenländer | 9 | |

Berufe n = 72

| | Allgemeinärzte | Internisten | Ärzte PsyTh* | Psychiater | Ger. med. | Ärzte insges. | Psychologen | Sozialarbeiter | Pädagogen** | Lehrer | Pflegepersonal | Jurist | Philosoph | Bibliothekare*** | Soziologe**** |
|---|---|---|---|---|---|---|---|---|---|---|---|---|---|---|---|
| Menschenrechtsorg. | 3 | | | | | 3 | | | 1 | | 1 | 1 | 1 | 1 | |
| Supervisoren | | | 4 | 1 | | 5 | 4 | 1 | | | | | | | |
| Experten | | | 1 | 3 | | 4 | 3 | | | | | | | | |
| Behandlungseinrichtungen | 2 | 2 | 1 | 15 | 1 | 21 | 10 | 8 | 3 | 2 | 1 | | | 1 | 1 |
| Gesamt | 5 | 2 | 6 | 19 | 1 | 33 | 17 | 9 | 3 | 3 | 1 | 1 | 1 | 2 | 2 |
| In % | 6,9 | 2,8 | 8,3 | 26,4 | 1,4 | 45,8 | 23,6 | 12,5 | 4,2 | 4,2 | 1,4 | 1,4 | 1,4 | 2,8 | 2,8 |

*    Ärzte, die eine Zusatzausbildung in Psychotherapie haben
**   Dipl.Päd., die auch Kinder- und Jugendlichentherapeuten sind
***  Bibliothekare und Dokumentare
**** Soziologe oder Politologe

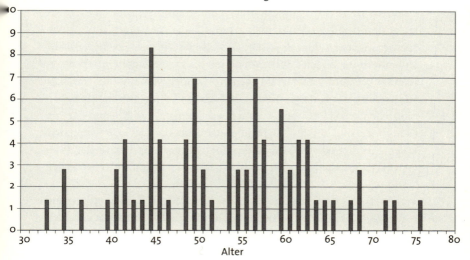

Altersverteilung

Alter

Insgesamt wurden 72 Personen aus 8 verschiedenen Ländern interviewt, davon 47 Helfer aus Behandlungseinrichtungen, 8 Mitarbeiter
von Menschenrechtsorganisationen, 10 Supervisoren und 7 Experten
auf dem Gebiet Psychotrauma und Sekundärtraumatisierung. 10 von
den insgesamt 82 von mir kontaktierten Personen haben ein Interview
abgelehnt.

Soweit erforderlich, wurden die Interviews mit Dolmetschern geführt. Ausführlichen Einblick hatte ich in insgesamt 13 Einrichtungen – 9 davon in westlichen Ländern, 4 in Schwellenländern –, in denen
ich eine größere Zahl von Mitarbeitern interviewt sowie an Team-
und Fallbesprechungen teilgenommen habe. Dabei handelt es sich um
11 Behandlungseinrichtungen und 2 Menschenrechtsorganisationen.
Außerdem hatte ich Gelegenheit, Jahresberichte, Rechenschaftsberichte
an die Förderer sowie Bestandsaufnahmen und Evaluationen durch
Organisationspsychologen und Organisationsberater auszuwerten. Zusätzlich zu diesem Material greife ich auf eigene Beobachtungen, Erfahrungen und Erkenntnisse zurück, die ich im Verlauf der 19 Jahre
Berufstätigkeit in diesem Fachgebiet in Form von Tagebüchern, Ge-
dächtnisprotokollen und Notizen festgehalten habe.

Bei den Ländern habe ich in der Statistik und der Auswertung zwischen westlichen Ländern unterschieden und sogenannten Schwellenländern. Mit Ersteren meine ich Länder der westlichen Hemisphäre, in denen demokratische Verhältnisse herrschen. Mit Schwellenländern meine ich Länder, in denen bis vor Kurzem ein repressives Regime bzw. ein totalitäres System vorhanden war und z. T. noch ist. Ich mache diese Unterscheidung deshalb, weil die gesellschaftlichen, finanziellen und fachlichen Rahmenbedingungen, die Klientel der Einrichtungen und die Arbeitsbedingungen für die Helfer entsprechend unterschiedlich sind. 57, d. h. die überwiegende Mehrzahl der Interviewpartner, habe ich in westlichen Ländern befragt, 15 in Schwellenländern.

Der Fokus der Untersuchung liegt auf Helfern in Behandlungseinrichtungen (65,3 % der Befragten). Ich habe auch Mitarbeiter von Menschenrechtsorganisationen befragt, weil ich im Rahmen meiner beruflichen Tätigkeit dort ähnliche Phänomene beobachtet habe wie in Behandlungseinrichtungen. Es ist bekannt, dass nicht nur die direkte Begegnung mit Betroffenen, sondern auch die Zeugenschaft, das Hören, Lesen und Mitansehen von Gewalt und Grausamkeiten Spuren hinterlässt. Ich habe auch Supervisoren befragt, da sie weniger direkt in das Geschehen involviert und die Phänomene aus einer gewissen Distanz und Metaperspektive zu betrachten in der Lage sind. Außerdem verfügen sie aufgrund ihrer Supervisionstätigkeit für mehrere Auftraggeber über Vergleichsmöglichkeiten zu anderen Einrichtungen. Darüber hinaus habe ich Experten befragt, die sich praktisch und forscherisch mit diesem Thema schon seit längerer Zeit befassen.

Die Geschlechterverteilung ist in etwa gleich, 52,8 % Frauen und 47,2 % Männer. Der Altersdurchschnitt von 53 Jahren zeigt, dass es vorwiegend Personen sind, die schon einige Jahre Berufserfahrung hinter sich haben. Der jüngste Interviewpartner ist 33 Jahre alt, der älteste 75 Jahre.

Von den 47 Personen aus Behandlungseinrichtungen sind etwa die Hälfte Leitungskräfte oder solche, die einmal eine Leitungsfunktion innehatten (48,9 %), nur zwei Personen kommen aus dem nicht therapeutischen Bereich (Bibliothek, Management). Zum therapeutischen Personal (n = 45) zählen Ärzte, Psychologen, Sozialarbeiter, Pfleger, Pädagogen und Lehrer. 30 von diesen haben eine psychotherapeutische Ausbildung absolviert (66,6 %). D. h., ein Drittel (33,3 %) der therapeutisch tätigen Personen verfügt über keine Therapieausbildung. Das entspricht den Zahlen von Gurris (32 %) in seiner Studie (Kapitel 16.1)[13].

Die beiden am stärksten vertretenen Berufsgruppen im Gesamtkollektiv (n = 72) sind die Ärzte (45,8 %), von diesen die größte Fachgruppe die Psychiater (26,4 %), gefolgt von den Psychologen (23,6 %) und den Sozialarbeitern (12,5 %).

*Methodik*

Die Arbeiten von Wilson und Lindy über Gegenübertragung in der Traumatherapie waren für mich ein Meilenstein zum Verständnis der Psychodynamik zwischen Helfer und Klient[14]. Fast alle Arbeiten über die sogenannte Sekundärtraumatisierung bewegen sich auf der Ebene dieser dyadischen Beziehung[15]. Einige Autoren haben mit quantitativen Erhebungen die Häufigkeit von Burnout und Sekundärtraumatisierung bei Helfern untersucht[16]. *McCann* und *Pearlman,* die Urheber des Begriffs »Vicarious Traumatization«, und einige andere Autoren wie *Figley Danieli* und *Miller* vertreten das Ansteckungsmodell, sie postulieren, dass die quälenden überschwemmenden Erinnerungen der Patienten, ihre Albträume, Ängste, ihre Verzweiflung und ihr Misstrauen *ansteckend* auf die Therapeuten wirken[17].

Ich habe mich im Verlauf meiner Untersuchung zunehmend von

---

[13]  Gurris, N. (2005): Stellvertretende Traumatisierung und Behandlungseffizienz in der therapeutischen Arbeit mit traumatisierten Flüchtlingen. Med. Biol. Diss. Universität Ulm, S. 109.

[14]  Wilson, J. P., Lindy J. D. (1994): Countertransference in the Treatment of PTSD. Guilford Press, New York.

[15]  Figley C. F. (ed.) (1995): Compassion Fatigue, Coping with secondary traumatic stress disorders in those who treat the traumatized. New York, Brunner and Mazel; Stamm, B. H. (1999): Secondary Traumatic Stress. Self-Care Issues for Clinicians, Researchers and Educators. The Sidran Press, Luthersville MD.

[16]  Einen sehr guten Überblick, untermauert mit einer fundierten eigenen Studie, gibt Norbert Gurris: Gurris, N. (2005): Stellvertretende Traumatisierung und Behandlungseffizienz in der therapeutischen Arbeit mit traumatisierten Flüchtlingen. Med. Biol. Diss. Universität Ulm.

[17]  McCann, L., Pearlman, L. A. (1990): Vicarious Traumatization: A Framework for Understanding the Psychological Effects of Working with Victims. In: Journal of Traumatic Stress, Vol. 3, pp. 131 – 149; Danieli, Y. (1988): Psychotherapists` participation in the conspiracy of silence about the Holocaust. Psychoanalytical Psychology, 1: 23 – 42.

den Begriffen »Burnout«, »Sekundärtraumatisierung«, »Compassion Fatigue« und »Stellvertretende Traumatisierung« und den jeweils zugeordneten Symptomenkomplexen gelöst, da sie mich zu sehr auf Schemata festgelegt und die Gespräche mit den Interviewpartnern beeinflusst hätten. Stattdessen habe ich mich ganz auf die Daten konzentriert, die ich aus meinem Material gewinnen konnte. Meine Beobachtungen haben mich zu der Annahme geführt, dass bisher kaum untersuchte organisationspsychologische und strukturelle Faktoren einen sehr wesentlichen Anteil an der destruktiven Dynamik in diesen Einrichtungen haben. Diese Faktoren sind nicht leicht zu erfassen. Standardisierte Fragebögen wie die von vielen Forschern verwendeten Maslach Burnout Inventory oder dem Compassion-Satisfaction-Fatigue-Self-Test nach Figley sind sehr wertvoll und geben Aufschluss über die Belastungen der einzelnen Personen. Sie erheben jedoch keine Daten über die Beschaffenheit der Organisation und geben somit keinen Einblick in die Struktur von Einrichtungen und die Beziehungen der dort Arbeitenden untereinander.

Mein Leitfaden in der Datenerhebung bildete die Methode der qualitativen Sozialforschung, der »grounded theory« von *Strauss* und *Corbin*[18]. Will man die Prozesse in solchen Einrichtungen verstehen, muss man den Beteiligten persönlich begegnen und sich von ihnen schildern lassen, was sie dort erlebt haben, und man muss sich einen eigenen Eindruck verschaffen vom Betriebsklima und den Abläufen an ihrem Arbeitsplatz. Solches komplexes Forschungs-»Material« kann man nur im intensiven Dialog in der persönlichen Begegnung und nicht über standardisierte und anonym zu beantwortende Fragebögen erheben.

Bei der Arbeit mit der »grounded theory« soll sich der Forscher eine »theoretische Sensibilität« aneignen. Diese kann durch das Lesen von Literatur zu dem zu untersuchenden Gegenstand, durch berufliche Erfahrung im entsprechenden Feld oder durch vergleichbare persönliche Erfahrungen erworben werden. Dadurch wird ein Vorwissen erlangt,

---

[18]  Strauss, A., Corbin, J. (1998): Basics of Qualitative Research. Techniques and Procedures for Developing Grounded Theory. Sage Publications Thousand Oaks/London. Deutsche Ausgabe: Grounded Theory: Grundlagen qualitativer Sozialforschung. Beltz Verlag, Weinheim 1996. Eine verkürzte Zusammenfassung gibt auch: Strübing, J.: Grounded Theory. Verlag für Sozialwissenschaften, Wiesbaden 2004.

welches ermöglicht, die Daten mit »analytischem Tiefgang« zu verstehen. Durch verschiedene Techniken, wie beispielsweise die genaue Betrachtung einzelner Worte oder Absätze, kann diese Sensibilität erhöht und der Blick für die Daten immer wieder neu geöffnet werden. Dadurch soll verhindert werden, dass der Forscher das Datenmaterial zu einseitig und durch seine Erwartungen eingeschränkt betrachtet. Ein erklärtes Ziel der Grounded Theory ist es, Konzepte und deren Beziehungen zueinander zu finden und nicht lediglich Sachverhalte zu beschreiben.

Um aus den Interviews eine Theorie mit solchen Zusammenhängen herauszubilden, werden drei Stufen des Kodierens angewandt. Zu Beginn werden die Texte *offen kodiert*. Hierbei werden die Daten »aufgebrochen«, indem die Texte genau Satz für Satz durchgearbeitet und interpretiert werden. Dies geschieht, indem immer wieder Fragen an den Text gestellt und Vergleiche untereinander gezogen werden. Die Interpretationen werden in kurzen Sinnabschnitten, den Codes, zusammengefasst. Anschließend findet das *axiale Kodieren* seine Anwendung. Es werden hier die Beziehungen der unterschiedlichen Kategorien zueinander herausgearbeitet. Beim axialen Kodieren geht der Forscher immer wieder einen Arbeitsschritt zurück, um die Codes, welche beim offenen Kodieren entstanden sind, zu überarbeiten und anzupassen. Durch das abschließende *selektive Kodieren* wird schließlich die Theorie entwickelt. Auf den Erkenntnissen der beiden vorhergehenden Kodierverfahren aufbauend, wird eine Kernkategorie gewählt, zu welcher alle anderen Kategorien in Beziehung gesetzt werden. Der Vorgang gestaltet sich ähnlich wie beim axialen Kodieren, wobei nun das zentrale Phänomen der gesamten Arbeit festgelegt wird. Dies geschieht, indem der rote Faden, der sich durch die Untersuchung zieht, ausfindig gemacht wird. Während aller drei Kodierverfahren werden Memos verfasst, mit welchen der Forscher seine spontanen Ideen und Erwartungen bezüglich des Materials erinnern und reflektieren kann. Dadurch wird die Auswertung zu einem dynamischen Prozess, bei dem gleichzeitig vorweggenommen und zurückbesonnen wird[19]. Die Transkripte der Interviews wurden mit dem elektronischen Datenverarbeitungsprogramm Atlas

---

[19] Strauss, C., a.a.O.; vgl. Methodik in: Mayer, E. (2006): *Selbstverbrennung bei Kurden: Lebenswege und persönliche Erklärungsmodelle.* Diplomarbeit an der Fakultät V Verkehrs- und Maschinensysteme, Institut für Psychologie und Arbeitswissenschaften, Klinische Gesundheitspsychologie, Technische Universtät Berlin.

(Computerunterstützte Qualitative Datenanalyse nach *Muhr* und *Friese*) bearbeitet[20].

Ich habe diese Methode als sehr inspirierend und bereichernd empfunden. Das Vergleichen ist die wesentliche intellektuelle Tätigkeit bei der Textinterpretation in der qualitativen Datenanalyse. Bereits nach den ersten Interviews habe ich in den verschiedenen Texten wiederkehrende Muster aus ähnlichen Textstellen herausgefiltert und mit Schlüsselwörtern (Codes) verknüpft. Im Verlauf der Auswertung aller Interviews sind dabei bis zu 276 Codes entstanden, die dann teilweise wieder zu sog. Code-Familien zusammengeführt worden sind. Zu Beginn haben sich die Codes noch stark am Text orientiert und wurden im Verlauf der Analyse zunehmend abstrakter. In die Formulierung der Codes sind auch Erkenntnisse aus der Literatur mit eingeflossen. Sodann wurden alle zu jeweils einem Code oder einer Code-Familie zugehörigen Textstellen gesammelt und nochmals analysiert und Codes neuen Erkenntnissen folgend gelöscht, verändert oder zusammengeführt. Dieses Aufbrechen des Textes und Lösen aus dem Kontext ermöglichte das Erkennen von Merkmalen und Ausprägungen, von Gemeinsamkeiten und Unterschieden, die aus der linearen Perspektive bei der ersten Textauswertung nicht deutlich geworden waren. Über dieses Stöbern (Browsing) im Datenmaterial ließen sich interessante und wichtige Dinge auch dann finden, wenn man eigentlich gar nicht explizit danach gesucht hatte. Hieraus ergaben sich neue Aspekte, neue Querverbindungen und Zusammenhänge, aus denen verschiedene Kategorien und die ersten Entwürfe einer Theorie entstanden sind. Im Zuge der Synthese, des Zusammenführens der einzelnen Kategorien wurden die bisher erarbeiteten Muster über mehrere Fälle (Interviewpartner, Institutionen) hinweg verglichen und kontrastiert. Daraus entstanden konzeptuelle Netzwerke, unter- und übergeordnete Kategorien, die in den jeweiligen Kapiteln dieses Buches ihren Niederschlag gefunden haben. Und aus diesen Kategorien entstand schließlich die Theorie, die in die abschließende Gesamtanalyse mündet.

Traumazentren sind hochsensible Einrichtungen, sie sind Zufluchts-

---

[20]  Muhr, T., Friese, T. (2001): Computerunterstützte Qualitative Datenanalyse. In: Hug, T. (Hrsg.), Wie kommt Wissenschaft zu Wissen? Band 2: *Einführung in die Forschungsmethodik und Forschungspraxis*. Hohengehren: Schneider Verlag, S. 380–399.

stätten vor dem langen Arm des Täters, des Verfolgers. Die Klienten sind voller Angst und Misstrauen, es geht um die Wiederherstellung zerbrochenen Grundvertrauens. Infolgedessen gibt es – auch bei den Helfern – eine gewisse Tendenz zur Abschottung gegen eine oft als feindlich wahrgenommene Außenwelt. Man kann dort nicht einfach anklopfen oder einen Brief schreiben und sagen: »Ich bin X vom Forschungsinstitut Y und möchte bei Ihren Mitarbeitern eine Erhebung machen.« Eine Erhebung wird nur gelingen, wenn ein gewisses Vorvertrauen zu der Person des Untersuchers vorhanden ist. Dieses hatte ich über anderthalb Jahrzehnte meiner beruflichen Arbeit zu zahlreichen Einrichtungen und Kollegen aufbauen können, und über diese Schiene war es mir möglich, Gesprächspartner zu gewinnen. Einige Einrichtungen waren sehr entgegenkommend und haben mir großzügigen Einblick in ihr Innenleben gewährt. Ebenso kooperativ verhielten sich ausgeschiedene Kollegen. In manchen Einrichtungen dagegen hat man mich, wenn überhaupt, nur mit ganz wenigen Mitarbeitern sprechen lassen oder es waren nur Gespräche außerhalb möglich. Diese Interviewpartner befürchteten, dass die Preisgabe von Informationen über interne Konflikte und Spannungen an einen Außenstehenden als Verrat an der Einrichtung angesehen und negative Folgen für sie haben würde.

Die Gespräche wurden nach der Methode des problemzentrierten Interviews *(Witzel)* geführt. Dies ist eine offene, teilstrukturierte Befragungsform, in der das Erzählprinzip und die Konzeptgenerierung einen hohen Stellenwert haben. Den Gegensatz zwischen Theoriegeleitetheit und Offenheit versucht man aufzuheben, indem der Befragende seinen Erkenntnisgewinn als induktiv-deduktives Wechselspiel organisiert. Narrationen werden angeregt und durch Fragen ergänzt. Der Kommunikationsprozess wird sensibel und akzeptierend auf die Rekonstruktion von Orientierung und Handlung zentriert, damit die befragte Person das zur Offenheit notwendige Vertrauen aufbaut und sich in ihrer Sichtweise ernst genommen fühlt[21].

---

[21] Witzel, A. (2000, Januar): Das problemzentrierte Interview. Forum Qualitative Sozialforschung/Forum: Qualitative Social Research (On-line Journal) Vol. 1, No. 1. http:// qualitative-research.net/fqs; Harms, A.: Subjektiv erlebte Auswirkungen der Traumatherapie auf Traumatherapeuten. Eine qualitative Untersuchung auf dem theoretischen Hintergrund der indirekten Traumatisierung. Diplomarbeit Freie Universität Berlin, Fachbereich Erziehungswissenschaften und Psychologie, Berlin 2001, S. 51 – 52.

Die Interviews dauerten im Schnitt zwei Stunden, wurden auf Tonträger aufgenommen, transkribiert und von den Gesprächspartnern autorisiert. Darüber hinaus wurden unmittelbar nach jedem Interview Gedächtnisprotokolle angefertigt, in denen die wesentlichen Aussagen zusammengefasst und eigene Beobachtungen über den Gesprächsverlauf, nonverbale und atmosphärische Aspekte festgehalten wurden. In einigen Fällen waren wegen Übersetzungsproblemen oder technischen Problemen keine Transkripte möglich, die Gedächtnisprotokolle dienten dann als alleinige Quelle.

Den Interviewpartnern wurde zugesichert, dass ihre Aussagen so verwendet werden, dass für Dritte keine Identifizierung ihrer Person oder Einrichtung möglich ist. Einige haben im Zuge der Autorisierung Passagen gestrichen oder verändert. Es werden Passagen aus den Interviews zitiert, jedoch werden Orts- und Zeitangaben sowie Angaben über Personen so weit verfremdet, dass eine Identifizierung nicht möglich ist. Ich nenne meine Gesprächspartner Interviewpartner mit dem Kürzel »IP« und verwende für alle in der Untersuchung vorkommenden Personen ausschließlich die männliche Form. Im Prozess der Auswertung wurden im Zuge des offenen, axialen und selektiven Kodierens nach *Strauss* die Aussagen sehr stark abstrahiert, womit ein weiterer Anonymisierungseffekt gegeben ist.

Im Verlauf des Niederschreibens war ich ständig mit dem Dilemma konfrontiert, einerseits die Anonymisierung zu garantieren, andererseits der Authentizität der Aussagen genügend Raum zu lassen. Die Aussagekraft und Valenz der Daten beruht auf den persönlichen Schilderungen meiner Interviewpartner, die sich sehr weit geöffnet haben. Ich kann und möchte diese Offenheit nicht so weit beschneiden und verfremden, dass es die Aussagen entstellt und verwässert. Ich meine, dass in den Aussagen sehr wertvolle Einsichten in die ganze Bandbreite von Problemen zum Komplex Trauma und im erweiterten Sinn der Beziehung zwischen Helfern und Klienten und der Struktur von Teams und Organisationen enthalten sind. Ich rechne damit, dass Insidern das eine oder andere bekannt vorkommen wird. Sie werden es aber nicht bestimmten Personen oder Institutionen zuordnen können, da die hier beschriebenen Phänomene ubiquitär sind und in so gut wie allen Einrichtungen in unterschiedlicher Ausprägung und Färbung vorkommen.

Aus den Interviews, den Beobachtungen vor Ort, externen Evaluationen und Organisationsanalysen, Rechenschaftsberichten, Publikationen etc. wurden von jeder Einrichtung formelle und informelle Organigramme nach *Malik*[22] erstellt. Die formellen Organigramme zeigen die offizielle Oberflächenstruktur der Einrichtung, wie sie sich nach außen gegenüber der Öffentlichkeit und den Geldgebern präsentiert, die informellen zeigen die Tiefenstruktur, die über die tatsächlichen Beziehungen zueinander Aufschluss gibt. Die Anregung, mit Organigrammen zu arbeiten, bekam ich von Supervisoren und Organisationsberatern, mit denen ich in den vergangenen Jahren zusammengearbeitet habe. Die Organigramme erschienen mir ein sehr nützliches Instrument, Strukturen und Substrukturen transparent zu machen. Laut Malik liefert das Herausarbeiten der Unterschiede zwischen formellem und informellem Organigramm wichtige Hypothesen zu Koalitions- und Machtfragen in der Einrichtung. So lässt sich z. B. deutlich machen, wer informelle Leitungsfunktionen wahrnimmt, wer informeller Informationsknotenpunkt ist, wer am längsten dabei ist und damit eine Sonderstellung hat. Wo lassen sich Konfliktlinien, Koalitionen und Allianzen erkennen? Wo gibt es »Gespenster«, d. h. Leute, die »dazugehören«, obwohl sie schon das System verlassen haben, wie z. B. ehemalige Leiter? Wo liegen die Leichen im Keller? Durch welche Geschehnisse sind Personen schicksalhaft miteinander verbunden? Wer ist durch wen an welche Position gekommen[23]?

Zum Vergleich hat Sonja Schweitzer in einer separaten Studie die Struktur von stabilen Einrichtungen mit niedrigem Stress und Konfliktpegel untersucht. Mithilfe dieses Vergleichs war es möglich, genauer herauszuarbeiten, was die Ursache der destruktiven Dynamik in vielen Einrichtungen ist. Ebenso ließen sich mit den Studien von Bion und Tuckman über Gruppenbildung sowie von Badelt et al. über die Strukturen von Non-Profit-Organisationen die teilweise skurril anmutenden Erscheinungen in Traumazentren als Ausdruck von natürlichen Prozessen der Entwicklung von Gruppen und Organisationen verstehen und erklären.

---

[22] Malik, F. (1989): Strategie des Managements komplexer Systeme. Haupt. Bern/Stuttgart, p. 492.

[23] Schlippe, A. von, Schweitzer, J. (1997): Lehrbuch der systemischen Therapie und Beratung. Vandenhoeck und Ruprecht, Göttingen, S. 134–135.

Die Studie nimmt in den Kapiteln 1 und 2 vor dem Hintergrund der Studien von Bion/Tuckman sowie Badelt et al. ihren Ausgang mit einer Beschreibung der Pionierphase von Traumazentren und den Konflikten und Reibungen im Zuge des Wachstums mit zunehmender Arbeitsteilung, Spezialisierung, Professionalisierung und Hierarchisierung. Im Anschluss an die Vergleichsstudie über »Low-Stress«-Einrichtungen in Kapitel 3 werden in Kapitel 4 Einrichtungen mit hohem Stress- und Konfliktpegel im Spiegel von Organisationsanalysen untersucht. Die Kapitel 5 bis 7 schildern die Kultur dieser Einrichtungen, Symptome von Stress und Überlastung sowie Ressourcen der Helfer. In Kapitel 8 wird das Helfer-Trauma als Ressource und Risiko untersucht sowie in Kapitel 9 die Reinszenierung des Traumas in den Helferteams geschildert. Kapitel 10 beschreibt die Struktur von »High-Stress«-Einrichtungen, Kapitel 11 die Quellen ihrer »Strukturlosigkeit« und Kapitel 12 die daraus resultierenden Paradoxien. In Kapitel 13 werden die Persönlichkeitsfaktoren von Helfern untersucht, die sich von dieser Arbeit besonders stark angezogen fühlen und denen es an professioneller Distanz fehlt. Kapitel 14 und 15 handeln von der Erkenntnis, dass Struktur nicht alle Probleme lösen kann, ein gewisses Maß an destruktiver Dynamik und Chaos in der Natur der Sache liegen und es darauf ankommt, sie in einem geschützten Raum reflektieren und bearbeiten zu können. Kapitel 16 setzt sich mit den Theorien über *Burnout* und *stellvertretende Traumatisierung* und der neueren Literatur auseinander. Kapitel 17 zieht Schlussfolgerungen aus den Ergebnissen der Studie und mündet in Handlungsempfehlungen in Kapitel 18.

Dieses Buch hat den Anspruch, ein praxisbezogenes wissenschaftliches Werk zu sein, das Helfern dazu dient, Probleme mit Patienten, Kollegen und Organisationen besser zu verstehen und Lösungen zu finden. Als Ratgeber für den Praktiker werden jeweils an das Ende der Kapitel farblich hervorgehobene kurze Zusammenfassungen gestellt.

*Danksagung*

Zuerst danke ich allen meinen Interviewpartnern für ihre Bereitschaft, sich für diese Studie zur Verfügung zu stellen. Es war für einige stellenweise belastend und hat sie Überwindung gekostet, über diese Dinge zu sprechen. Umso mehr weiß ich ihre Offenheit zu schätzen, ohne die diese Studie nicht hätte gelingen können. Einige Interviewpartner empfanden das Gespräch mit mir entlastend und als eine Gelegenheit, über sich selbst und ihre Arbeit kritisch zu reflektieren.

Dann möchte ich meinen Mentoren und fachlichen Gesprächspartnern danken, mit denen ich meine Forschungshypothesen diskutiert habe: Monika Becker-Fischer, Gottfried Fischer, Judith Herman, Hans Keilson, Birgit Lie, Brigitte Lueger-Schuster, Fetsum Mehari, Petra Morawe, James Munroe, Jörgen Nystrup, Laurie Anne Pearlman, Andreas von Pein, Peter Riedesser und Annemarie Smith. Ton Haans, Johan Lansen und Luise Reddemann danke ich für das kritische Lesen des Manuskriptes und ihre zahlreichen Anregungen.

Mit Angelika Birck, Psychologin und Wissenschaftlerin am Behandlungszentrum für Folteropfer, habe ich die ersten Hypothesen und Entwürfe für diese Arbeit diskutiert. Ihr tragischer plötzlicher Tod war ein Schlag für alle, die sie kannten und mit ihr gearbeitet haben. Der Austausch mit ihr hat mir sehr gefehlt.

Ich möchte Sonja Schweitzer ganz besonders danken, die mir als wissenschaftliche Mitarbeiterin mit hohem Einsatz zur Seite gestanden, bei der elektronischen Auswertung der Interviews geholfen und mit vielen Ideen und ihrer Diplomarbeit über »stabile« Einrichtungen einen wesentlichen Teil zu dieser Studie beigetragen hat[24]. Ebenso danke ich Corinna Schmid, die in ihrer Diplomarbeit eine kritische Auseinandersetzung mit den verschiedenen Konzepten von Sekundärtraumatisierung vorgenommen hat[25], und Elisabeth Mayer, die mir bei der Erstellung der Statistik geholfen hat. Von den Kolleginnen des Zentrums Überleben/Behandlungszentrum für Folteropfer danke ich Leyla Schön und Ruth Dahners von der Fresenius-Bibliothek für ihre zuverlässige und freundliche Hilfe bei den Literaturrecherchen, Doris Felbinger und Christine Knaevelsrud für wertvolle Hinweise sowie Letzterer auch für die Übersetzung der niederländischen Sekundärliteratur.

---

[24]  Schweitzer, S.: Care for Caregivers – Eine qualitative Studie zur beruflichen Belastung von Traumatherapeuten. Diplomarbeit am Institut für Psychologie der Albert-Ludwigs-Universität Freiburg im Breisgau. Berlin 2007.

[25]  Schmid, C.: Zur beruflichen Belastung von Traumatherapeuten – Versuch einer Verhältnisbestimmung der Konzepte Burnout und indirekte Traumatisierung. Diplomarbeit. Freie Universität Berlin, Fachbereich Erziehungswissenschaften und Psychologie. Berlin 2006.

Diese Studie erforderte einen enormen Aufwand. Sie war verbunden mit zahlreichen Reisen. Viele Zuliefererarbeiten mussten nach außen vergeben werden an Dolmetscher, Übersetzer und Schreibkräfte zur Transkription der Interviews. Die Auswertung der Interviews über elektronische Datenverarbeitung und das Studium der umfangreichen Literatur konnte nicht von mir allein bewerkstelligt werden. Dazu braucht man einen großzügigen Förderer, der einem viel freie Hand lässt und die mit diesem Aufwand verbundenen Verwaltungsarbeiten zügig und unbürokratisch handhabt. Ich habe das große Glück, einen solchen Förderer in Gestalt der Hamburger Stiftung zur Förderung von Wissenschaft und Kultur gefunden zu haben. Die Stiftung hat diese Studie nicht nur finanziert, sondern auch in Person von Jan Philipp Reemtsma und Ann-Kathrin Scheerer inhaltlich mit vielen Anregungen begleitet.

# 1. Phasen der Organisations- und Gruppenentwicklung

Die Entwicklungsphasen der in den nächsten Kapiteln beschriebenen Einrichtungen und Teams sind kein Spezifikum von Traumazentren, wie Untersuchungen von Badelt et al. über Non-Profit-Organisationen zeigen. Ebenso ähneln die beobachteten Veränderungen in den Teams den von Bruce Tuckman und Wilfred Bion beobachteten typischen Phasen von Gruppenbildung.

## 1.1 Die Kultur von Non-Profit-Organisationen

*Badelt et al.* haben die Strukturen und das Management von Non-Profit-Organisationen (NPOs) untersucht, von gemeinnützigen Nichtregierungsorganisationen, die neue Felder besetzen in den verschiedensten Bereichen wie der Anti-Atom-, der Umwelt- und der Friedensbewegung, Obdachlosenhilfe etc.[26] Charakteristisch für diese Organisationen sei, dass ihre Aufgabe meist grenzenlos sei (soziale Not, Umweltschutz), weshalb das vorhandene Arbeitsvolumen ständig die personellen und finanziellen Ressourcen übersteige. Eine Überforderung der Organisation sei damit vorprogrammiert. Die NPOs seien meist von öffentlichen Geldern abhängig, sie müssten deshalb auch die Sprache der Politik sprechen. Kommunikation in wirtschaftlichen Kategorien werde von der Organisationskultur meist abgelehnt. So werde der von finanzierenden Auftraggebern oftmals erhobene Anspruch auf Evaluation der von den NPOs erbrachten Leistungen geradezu als Zumutung, als kränkend empfunden.

Die Autoren unterscheiden vier Entwicklungsphasen bei NPOs: Pionier-, Differenzierungs-, Integrations- und Assoziationsphase. Die Phasenübergänge seien jeweils mit krisenhaften Erscheinungen und

---

[26]  Badelt, C. (Hrsg.) (1999): Handbuch der Nonprofit-Organisation. Strukturen und Management. Stuttgart: Schäffer-Poeschel Verlag.

Brüchen in der Identität der NPOs verbunden und die einzelnen Phasen könnten nicht übersprungen werden. Die Übergänge seien aus der Sicht neuerer Systemtheorien unausweichlich, es seien Selbstveränderungen, die Lernprozesse begünstigen können.

*Pionierphase*
Kennzeichnend für die Pionierphase sei die zündende Idee des Gründers/des Gründerteams. Es herrschten direkte, personenbezogene, familienartige Kommunikationsstrukturen vor mit viel Improvisation. In ihrer »Mission« neigten sie dazu, in den handelnden Personen zuerst und vor allem engagierte Mitstreiter zu sehen. Weniger in den Blick komme die instrumentelle Seite, dass Mitarbeiter, die der Organisation ihre Arbeitskraft zur Verfügung stellen, immer auch Instrument der organisatorischen Zwecke und damit ersetzbar seien. NPOs neigten stärker als gewinnorientierte Unternehmen dazu, das Spannungsfeld von Nähe und Distanz zugunsten eines freundschaftlich-kameradschaftlichen Klimas zu ignorieren. Das verbreitete kollektive »Du« als Anredeform suggeriere Nähe und Vertrautheit, ohne dies auch faktisch leben zu können. Ebenso herrsche im Spannungsfeld von Vertrauen und Kontrolle eher das Muster symbolischer Vertrauensdeklamation als Ausdruck und Beweis der gemeinsamen normativen Basis vor. Der Bedarf an Kontrolle müsse sich mit einem ungemütlichen Platz im Informellen abfinden. Man neige dazu, Konflikte in den Bereich des Informellen zu verschieben und dort in quasi familiärer Atmosphäre kompromisshaft »unter sich« zu glätten. Infolgedessen bleibe der offizielle Strukturrahmen unberührt und NPOs erwiesen sich häufig als strukturkonservativ. Solange die Anfangsgröße nicht überschritten werde, es sich um eine kleine Gruppe (Primärgruppe) handele mit stabiler Organisationsumwelt, anhaltender Gründungsidee, die meist an die Anwesenheit bestimmter Personen, z. B. des charismatischen Gründers, gebunden sei, könne eine Pionierorganisation über lange Zeit erfolgreich sein[27].

---

[27] Heimerl-Wagner, P., Meyer, M.: Organisation und NPOs. In: Badelt, a. a. O., S. 209–240.

*Differenzierungsphase*

Wüchsen NPOs deutlich über die Größe von Primärgruppen hinaus, gerieten sie unter einen zunehmenden Professionalisierungsdruck und es werde eine Abkehr vom Egalitätsprinzip und eine vertikale Differenzierung unausweichlich mit Ausbildung einer Leitungsstruktur, horizontaler Aufgabenteilung sowie Abgrenzung von Kompetenzen und Verantwortlichkeiten. Diese Hierarchie beinhalte ein strategisches Management mit Aufbau stabiler Autoritäts- und Kommunikationsstrukturen. Es finde eine Spezialisierung statt, eine funktionelle Säulenbildung wie in einem Wirtschaftsunternehmen (Verwaltung, Produktion, Verkauf) mit standardisierten Abläufen. Diese Phase sei mit krisenhaften Erschütterungen verbunden besonders im Falle von Überorganisation, Erstarrung, Abteilungsdenken, interner Konfliktscheu und geringen Möglichkeiten zur Selbstreflexion.

*Integrationsphase*

In dieser Phase werde eine Identität und gemeinsames Leitbild entwickelt, eine »Corporate Identity.« Die Leitung beschränke sich auf strategische Planung, Finanzierung und Gesamtkoordination der operativen Einheiten und lege den Rahmen ihrer Autonomie fest. Das Mittelmanagement sei für die kontinuierliche Organisationsentwicklung verantwortlich mit genau definierten Kernprozessen und prozessorientierter Verantwortungsverteilung. Durch flache Hierarchien würden die Leitungsorgane entlastet, die Kommunikation verbessert und Entscheidungsprozesse verkürzt. Selbstkoordination und Teamorganisation führten zu gemeinsamen Werten, Normen und Qualitätsmanagement mit einem Feedback über Erfolg und Misserfolg.

*Assoziationsphase*

Diese Phase sei im Gegensatz zu den vorangegangenen nicht von Abgrenzung der Organisation gegenüber der Umwelt gekennzeichnet, sondern vom Aufbau vielfältiger Verbindungen zur Umwelt und strategischen Allianzen mit anderen Organisationen. Die NPO suchten Zugänge zu neuen Märkten und Technologien, neuen Spendermärkten, Entwicklung neuer Leistungen, für welche die internen Kompetenzen nicht ausreichen. Die Bildung strategischer Netzwerke bringe größere Flexibilität, dazu gehörten Kooperationsverträge, Zusammenarbeit in

Dachverbänden und die Gründung von neuen Gesellschaften (Joint Ventures)[28].

Die Besonderheiten der Kultur von NPOs stünden der erforderlichen Differenzierung und Assoziation jedoch oft im Wege. Die NPOs verdankten ihre Existenz einem gesellschaftlichen Konflikt und sie seien aus »Bewegungen« entstanden, positionierten sich somit häufig in kontrastreicher Weise auf der einen Seite eines ideologischen oder gesellschaftlichen Widerspruchs. Abweichungen von der herrschenden Aktions- oder Denkrichtung würden schnell als »Verrat« diffamiert. Mit dem Erreichen des aktionistischen Ziels der NPO ginge in der Regel nicht nur verbindende Außenfeinde, sondern auch der ursprüngliche Daseinsgrund selbst verloren. Konflikt generierend sei auch die Tatsache, dass die vielen ehrenamtlichen Mitarbeiter ihre Motivation ausschließlich auf ideelle Zwecke stützen müssen, während hauptamtliche Mitarbeiter für ähnliche Tätigkeiten bezahlt werden. Dazu komme, dass die Arbeit in NPOs in Relation zu anderen beruflichen Feldern oft schlechter bezahlt werde, was einer Einladung an Ehrenamtliche und Hauptamtliche gleichkomme, um die Opferrolle zu konkurrieren. Es gebe eine moralische Ablehnung von Streit oder Kampf. Mitarbeiter klagten über die Nachteile der sozialen Norm des »Immer-nett-sein-Müssens« und dass es schwer sei, jemanden zu kritisieren. Das führe dazu, dass Konflikte stärker als in anderen Organisationen unter der Oberfläche schwelten und Konfliktlösungen verhindert werden[29].

Der Übergang von der Pionier- zur Differenzierungsphase löse eine Krise aus mit den typischen Symptomen von Unterorganisation, geringer Verbindlichkeit der Mitglieder gegenüber der Organisation, Machtkämpfen, Überlastung, sinkender Motivation und zunehmenden Klagen der Klientel. Die Herausforderungen an das Management seien dann, dass die Akzeptanz formaler Strukturen und formaler Macht gering sei, Vereinbarungen nur ungern und zögerlich eingehalten würden und Mitarbeiter sowie Teams nur ungern ihre Autonomie an die Leitung abgeben. Wegen des Sichschwertuns mit formaler Organisation und der Skepsis gegenüber steuernden und koordinierenden Funktionen werde

---

[28]  Ebd.
[29]  Zauner, A., Simsa, R.: Konfliktmanagement in NPOs. In: Badelt a. a. O., S. 405 – 418.

die durch Hierarchie gegebene Möglichkeit entlastender Delegation an die nächsthöhere Ebene zu wenig genutzt. Aus den gleichen Gründen verfüge die Organisation kaum über eine Sanktionsgewalt. Wenn man als Organisation »Gutes tun will«, könne man schwer hart gegen Einzelne vorgehen. Dies könne aber bisweilen notwendig oder sinnvoll sein, wolle man nicht auf Dauer »Sozialfälle« oder andere Personen »mitschleppen«, deren Handeln der Organisation oder ihren Zielen eher schade als nütze. Die Tendenz zur Organisationsabwehr äußere sich auch in der Tendenz zur Personalisierung von Sachfragen. So würden »Killerphrasen« in Konflikten eingesetzt wie: der andere sei unsozial, unökologisch etc. (vgl. das Totschlagargument in Traumazentren, der andere verhalte sich wie ein »Täter«, Kapitel 9.6 Täter – Opfer)[30]. Entsprechend schwerfällig sei die Entscheidungsfindung in NPOs. Die Erfolgskriterien seien oft mehrdeutiger als in gewinnorientierten Unternehmen, die Erfolge nicht direkt messbar und nicht direkt zuordenbar. Da die Regulierung über den kompetitiven Markt fehle, sei die Wahrnehmung von Konsumenten, Geldgebern und Mitarbeitern oft widersprüchlich. Die mehrdeutigen Erfolgskriterien und Organisationsziele gäben infolgedessen wenig Orientierung und erzeugten Verunsicherung und hohen Diskussionsbedarf. Das führe dazu, dass Mitarbeiter leichter ihre persönlichen Interessen durchsetzen könnten. Die Mitarbeiterzufriedenheit, die per se instabil sei, werde zu einem maßgebenden Entscheidungskriterium, was im Widerspruch zu den langfristigen Zielen der Organisation stehen könne. Es gebe einen hohen Anspruch an Kontrolle und Mitbestimmung und es würden zu viele Personen oder Gruppen in Entscheidungen eingebunden, was die Handlungsfähigkeit der Organisation einschränke. So würden Leitungsentscheidungen informell konterkariert, Leiter schöben unangenehme Entscheidungen auf und die langen Diskussionen kosteten Zeit und Nerven[31]. In diesem Zusammenhang warnen die Autoren explizit vor einer Überschätzung und einem Missbrauch von Teamsupervision. Supervision als hoch gelobtes Allheilmittel gegen schwere berufliche Belastungen sei nur dann sinnvoll, wenn sie nicht Ausdruck von Per-

---

[30]  Ebda.

[31]  Eckardstein, D. v., Simsa, R.: Entscheidungsmanagement in NPOs. In: Badelt, a. a. O., S. 389–403.

sonalisierungsbestrebungen und vorwiegend für Klagen über Defizite missbraucht werde[32]. (Vgl. Teamsupervision als Spielfeld der Macht-ausübung in Traumazentren, Kap. 11.1 Team-Mythos.) Eine externe Organisationsberatung wird dagegen von den Autoren als notwendig erachtet, um die Organisation erfolgreich durch die notwendigen Transformationsphasen zu steuern.

## 1.2 Gruppenbildung

Bion unterscheidet an Regressionsvorgängen in unstrukturierten Kleingruppen drei Typen: die Abhängigkeitsgruppe, die Kampf-Flucht-Gruppe und die Paarbildungsgruppe[33]. Tuckman unterscheidet vier Phasen der Gruppenbildung: Forming, Storming, Norming und Performing[34]. In der Pionierphase von Traumazentren ähneln die Teams der Abhängigkeitsgruppe bzw. dem Forming. Die Gruppe fühlt sich vereint in einem gemeinsamen Gefühl von Unsicherheit und stützt sich auf den Leiter, der sie vor der feindlichen Außenwelt schützt (Abhängigkeitsgruppe nach Bion). Es ist die Zeit, in der man sich gegenseitig kennenlernt, ein Zusammengehörigkeitsgefühl entwickelt, sich über Ziele und Aufgaben verständigt und einen Minimalkonsens findet (Forming nach Tuckman, zu Deutsch: Einstiegs- und Findungsphase oder Kontaktphase). Später entdecken die Teammitglieder Differenzen untereinander und fangen an, miteinander zu konkurrieren und über kontroverse Vorstellungen und Ziele zu streiten (Storming nach Tuckman, zu Deutsch: Auseinandersetzungs- und Streitphase oder Konfliktphase). Das Team zeigt ein regressives Verhalten, spaltet sich auf in sich bekämpfende Fraktionen, wobei einige die Leitung unterstützen, andere diese attackieren oder die Flucht ergreifen (Kampf-Flucht-Gruppe nach Bion). Diese Phase kann als sehr unangenehm, schmerzhaft und destruktiv erlebt werden. Jedoch ist sie eine notwendige Phase der Gruppenbildung. Sie wird im Allgemeinen abgelöst von einer Periode des Sich-

---

[32] Eckardstein, D. v.: Personalmanagement in NPOs. In: Badelt, a. a. O., S. 257 – 276.

[33] Bion, W. R. (1970: *Experiences in Groups*. London: Tavistock Publications.

[34] Tuckman, B. W. (1965): Developmental sequence in small groups. Psychological Bulletin 63 (6): 384 – 399. http://findarticles.com/p/articles/mi_qa3954/is_200104/ai_n8943663. Retrieved on 2008 – 11 – 10. Reprinted with permission in Group Facilitation, Spring 2001.

aneinander-Gewöhnens, des Sich-Verständigens über Regeln, Werte, professionelle Standards, Arbeitsmethoden und -instrumente (Norming nach Tuckman, zu Deutsch: Regelungs- und Übereinkunftsphase oder Vertragsphase). Die Gefahren der Kampf-Flucht-Konfliktkultur lassen das Team nach einer integrativen Leitungsfigur suchen – oft ein zweigeschlechtliches Leitungspaar –, welche das Überleben der Gruppe sichert. Diese Paarbildungsgruppe deutet Bion als Zeichen eines reiferen Entwicklungsstadiums. Tuckman fügt eine vierte Phase hinzu, das Performing, zu Deutsch: die Arbeits- und Leistungsphase oder Kooperationsphase. Das Team ist in der Lage, effektiv als eine Einheit zu fungieren, die Mitglieder sind aufeinander angewiesen, motiviert, kompetent und haben zu einem inneren Gleichgewicht und Beständigkeit gefunden. Meinungsverschiedenheiten werden erwartet und toleriert, solange sie auf akzeptablem Wege zum Ausdruck gebracht werden.

Die Teams in der vorliegenden Studie haben mehr oder weniger alle diese Phasen durchlaufen. Einige sind im Stadium der Pionierphase, des permanenten Storming bzw. Kampf-Flucht-Verhaltens stecken geblieben. Einige stagnierten im Stadium eines rigiden Norming, welches die individuelle Kreativität beeinträchtigte und konformistisches Gruppendenken erzeugte (»groupthink«). Einige Teams haben diese Phasen wiederholt durchlaufen, in manchen Teams überlappten sich Elemente des Forming, Storming und Norming oder geschahen gleichzeitig.

## 2. Die Pionierphase von Traumazentren

### 2.1 Aufbruchstimmung – Forming

Übereinstimmend werden die ersten Jahre, die Aufbaujahre, von allen Interviewpartnern als eine sehr positive und inspirierende Erfahrung beschrieben: Es war wie ein Abenteuer, eine Entdeckungsreise in ein neues, bislang relativ unbekanntes Gebiet, eine Herausforderung, die alle Kräfte mobilisierte. Es herrschte ein großer Zusammenhalt in der Gruppe, man war eine Art verschworene Gemeinschaft, getragen von der Begeisterung, etwas Außergewöhnliches zu leisten. Man hatte das Gefühl, dass man unter Gleichgesinnten ist, alle das gleiche Ziel haben und man Freund mit allen ist. Es hatte etwas Wärmendes wie eine Familie. Das drückte sich in lockeren Umgangsformen aus, symbolisiert durch das allgemeine »Du«, und einer Diskussionskultur, in der alles gemeinsam besprochen und entschieden wurde.

*»Es gab damals keine vergleichbare Institution, und diese Pioniersituation hat den Beginn sehr stark geprägt, wir waren ein Stück weit euphorisch, erfüllt von unserer Mission …«* »Wir waren voller Begeisterung, und wir hofften, dass wir das Establishment in der Medizin und der Psychologie überzeugen können, dass das ein neues Gebiet ist und dass es sehr wichtig sei, dass Ärzte und Psychologen über die Folgen von Trauma aufgeklärt werden.«

*»Wir waren so eine verschworene Gemeinschaft … wir haben zusammen gefeiert … dadurch waren Arbeit und Privat nie richtig getrennt … und das erleb ich als was sehr Angenehmes … wir waren froh, uns gefunden zu haben.«*

*»Die Einrichtung war für mich wie ein Mutterschoß, in dem ich sehr viel Wärme und Zuneigung erfahren habe. Alle waren den Klienten gegenüber sehr interessiert und teilnahmevoll, und ich war überaus erstaunt und glücklich darüber. Das war etwas, was ich überhaupt nicht erwartet und erlebt hatte bis zu dem Tag.«*

*»Wir waren am Anfang begeistert auf eine naive Art, wir haben z. B. alle Briefe gemeinsam geöffnet und gelesen, solche Art von Basisprojekten*

*sind wichtig gewesen als Gegengewicht zum hierarchischen Medizin-betrieb.«*

*»Es war eine Mischung aus Enthusiasmus, auch Aufbruchstimmung, dass man hier etwas bewegt, was auch Neuland ist ... es ist uns auch ge-lungen, gute Leute im Team zu haben, die mit sehr viel Engagement, Idealismus, aber auch Professionalität die Institution hochgefahren haben ... die ersten fünf Jahre waren völlig problemlos.«*

*»Da war diese sehr idealistische Atmosphäre in der Einrichtung ... Ich hatte wirklich das Gefühl, dass ich für eine sehr wichtige Sache arbeitete. Es war eine große Veränderung. Es war sehr befriedigend ... vom Beruf-lichen her war es eine Offenbarung.«*

*»Es hat eine Anziehungskraft, weil es mit menschlichem Leiden zu tun hat und damit, das Leiden zu lindern, es ist auch ein sehr aufregendes, faszinierendes Gebiet, es ist gefährlich, sehr gefährlich, es ist tödlich und es hat mit Politik zu tun und mit Konflikten, es hat mit globaler Politik zu tun, internationaler Entwicklung, humanitärer Hilfe. Diese Inhalte sind sehr anziehend ... besonders für die Gesundheitsberufe ... für Ärzte, weil es offensichtlich eine bewundernswerte Art ist, seine medizinische Fähig-keiten anzuwenden ... es ist eine große Herausforderung, daran beteiligt zu sein, Wissen zu erwerben, etwas zu verändern, alles war da auf einem silbernen Tablett.«*

*»Am Anfang waren wir eine sehr kleine Gruppe in wenigen Räu-men ... mehr im produktiven Sinne teilten wir alles miteinander, wenn wir einen Fehler entdeckten, teilten wir ihn ... wir behielten nichts für uns. Manchmal stritten wir uns laut, aber es war nichts Tiefes, Verletzendes. Fünf Minuten später alberten wir rum ... in den ersten Jahren waren wir sehr naiv, alle Geschichten berührten uns sehr stark.«*

*»Wir waren eine kleine Gruppe, es war interessant, etwas Neues he-rauszufinden, wir waren in (Land X) nach dem Ende der Diktatur, wir waren das erste Ärzteteam aus dem Ausland dort, und da fing es an mit der Begeisterung. Denn wir bekamen Informationen, wir kamen in Kon-takt mit vielen Leuten, mit (Person Y), der selbst gefoltert worden war im Gefängnis ... so schrieben wir unsere ersten Berichte und Publikationen, das erfüllte mich mit Begeisterung. Doch danach gab es Probleme mit der Geldbeschaffung, aber als wir dann Geld bekamen, da herrschte wieder Begeisterung.«*

Diese Schilderungen geben das wieder, was Badelt et al. in ihren

Untersuchungen über die Strukturen und das Management von Non-Profit-Organisationen beschrieben haben: direkte, personenbezogene familienartige Kommunikationsstrukturen mit viel Improvisation. Ebenso entspricht es den Erkenntnissen von Tuckman und Bion über Gruppenbildungsprozesse[35].

## 2.2 Wachstum, Klimaveränderungen, Konflikte – Storming

Nach der enthusiastischen Aufbruchstimmung kam nach einigen Jahren die Ernüchterung ob eines zunehmenden Auseinanderklaffens von Anspruch und Wirklichkeit. Mit dem Bekanntheitsgrad der Einrichtung wuchs der Zulauf an Klienten. Es kamen zahlreiche neue Aufgaben auf die Mitarbeiter zu, Öffentlichkeitsarbeit, Fundraising, Forschung, Publizieren, Vernetzung mit anderen Einrichtungen etc. Manche Einrichtungen konnten über eine erfolgreiche PR-Arbeit und Mittelakquise ihr Budget erhöhen, neues Personal einstellen, in größere Räumlichkeiten umziehen und ihren Aktionsradius überregional und international ausdehnen. Die mit der Größe der Einrichtung gewachsenen Anforderungen waren innerhalb der familiären improvisationsartigen Kultur des »alle machen und entscheiden alles« der Gründerzeit kaum noch zu bewältigen.

Ein Beispiel: Über eine Einrichtung in einem Land der nördlichen Hemisphäre wurden innerhalb der ersten Jahre zwei Fernsehfilme gedreht, einer während der Aufbauphase, der zweite unmittelbar nach dem Ausbruch des ersten größeren Konfliktes. Im ersten Film strahlen die Mitarbeiter Energie, Engagement und Optimismus aus. Sogar die darin auftretenden Patienten erscheinen in relativ guter Verfassung. Im zweiten Fernsehfilm ist die Atmosphäre völlig verändert. Die Gesichter der Mitarbeiter erscheinen ernst und sorgenzerfurcht, manche sehen um Jahre gealtert aus. Es werden lange Sitzungen mit Patienten gezeigt, in denen die Patienten in einer passiven Rolle erscheinen und die Helfer erschöpft und hilflos wirken. Als die Mitarbeiter den zweiten Film zu Gesicht bekamen, waren sie schockiert und wütend auf den Filmemacher, welcher als einer der besten Dokumentarfilmer galt. Offenbar hatte

---

[35] Heimerl-Wagner, P., Meyer, M.: a. a. O; Tuckman und Bion, a. a. O.

der Filmemacher etwas von der Ernüchterung und Erschöpfung am Ende der euphorischen Aufbauphase eingefangen, das zunächst niemand wahrhaben wollte. Der zweite Film offenbarte die dunkle und schwere Seite dieser Arbeit.

*»Zur gleichen Zeit wuchs die Einrichtung von drei oder vier Personen auf 25 in drei Jahren. Das ist eine Explosion und sehr schwierig für eine Leitung. Aber der Leiter hat nie jemand um Rat gefragt, denn eigentlich hatte er das nicht gelernt ... er saß in seinem Büro und versuchte, überall seine Finger drin zu haben. Das war sein Schwachpunkt als Leiter. Wenn man eine Institution neu aufbaut, ist das o.k. Es war seine Idee und seine Leistung. Aber mit 25 Leuten kann man das nicht machen, er versuchte, versuchte und versuchte es.«*

*»Nach dem Umzug in ein neues Gebäude haben wir jetzt mehrere Stockwerke und viel mehr Personal. Und jetzt haben wir die größten Probleme ... weil wir den persönlichen Kontakt verloren haben. Wir diskutieren Probleme per E-Mail. Manchmal sieht man seinen Kollegen nur für fünf Minuten, manchmal weniger als fünf Minuten. Manchmal geht man in sein Arbeitszimmer, die Patienten kommen, und man geht wieder, ohne einige Kollegen gesehen zu haben. Wir haben versucht, dies zu verbessern mit täglichen Besprechungen. Aber mit der Menge an Arbeit ... und wenn jemand spät zur Arbeit kommt, hat das nicht gut funktioniert ... mein Gefühl ist, dass es die Trennung in der Arbeitsatmosphäre ist, wir sind sehr groß geworden. So haben wir jetzt nach sieben Jahren die größten Probleme ... Jetzt kann ich die Probleme in großen Organisationen verstehen.«*

*»Das veränderte sich, als es anfing, Geldprobleme zu geben und wir immer mehr wurden ... wir waren gezwungen, eine Zweigstelle aufzumachen, dann waren wir geteilt ... aber das hat sich zu einem schweren Konflikt ausgeweitet zwischen den Zweigstellen ... (als) die Strukturen auch undurchschaubar wurden mit den vielen Geldern, die da plötzlich kamen ... es gab auch Neid.«*

*»Es war alles zu schnell und zu viel ... alles sollte zu schnell gehen. Man hatte keine Zeit, es zu überdenken, man hatte keine Zeit, sich ein bisschen zu entspannen und über etwas anderes nachzudenken ... es herrschte eine Atmosphäre im Haus: ›Hey, wir brauchen Geld, wir brauchen Geld, wir sollten PR-Arbeit zum Thema machen ... das noch lesen und das noch tun.‹ Und dann, wenn man ruhig bei dem Klienten sitzt, dann ist es*

*schwer, sich zu konzentrieren ... es war sehr schwer, Fundraising zu machen ... und wir sollten etwas nach außen präsentieren ... aber man kann nicht lauter neue Dinge den Förderern präsentieren, bevor man etwas Neues zu berichten hat. Man braucht Zeit, mehr zu wissen, mehr zu lernen und was zu entwickeln ... aber da war zu viel Druck, dass wir jetzt das und das machen sollen ... zu viel Zeit wurde verwendet für PR-Arbeit. Ich denke, die Klienten gerieten dabei ins Hintertreffen ...«*

Der Abschied von der Illusion einer Gemeinschaft von Gleichgesinnten, in der alle an einem Strang ziehen, erfolgte, als unterschiedliche Interessen zutage traten. Diese äußerten sich u. a. in unterschiedlicher Arbeitsmoral, Konkurrenz und politischen Differenzen.

Die Engagierten, welche die Arbeit als eine Mission ansahen, arbeiteten bis zur Erschöpfung. Andere achteten mehr auf sich selbst und hielten mehr Haus mit ihren Kräften. Andere wiederum betrachteten ihre Arbeit als einen Job wie jeden anderen. Das führte zu Spannungen. Ein IP aus einem westlichen Land gibt den »Engagierten« die Schuld an der Verschlechterung des Klimas: *»Es wird sehr viel versucht, Ehrenamt und Job zu verquicken ... Wenn ich ehrenamtlich tätig sein will, dann mache ich das woanders, nicht hier, wo ich arbeite. Das halte ich für völlig falsch ... weil ich da so dieses ›Ach, was bin ich für ein guter Mensch‹ den anderen immer aufs Butterbrot schmiere ... das ist nicht gut für die Stimmung im Laden.«*

Die stark engagierten Gründer einer Einrichtung in einem Schwellenland berichten von Differenzen über das Arbeitnehmerverhalten von Kollegen, z. B. eines Kollegen, der in einer Stoßzeit, als plötzlich sehr viel neue Arbeit zu bewältigen war, den ihm zustehenden Urlaub nahm: *»Jeder, ich eingeschlossen, wandte sich gegen ihn, niemand konnte das akzeptieren, wir verstanden es nicht. Heute kann ich das gelassener sehen. Damals war es eine Art Verrat ... und wir ließen ihn unsere Wut spüren.«*

*»Wenn mir dann auffällt, dass sie pünktlich gehen, wenn Feierabend ist ... so etwas regt mich auf, weil ich opfere mehr, als von mir erwartet wird, und ich erwarte das Gleiche von meinen Mitarbeitern.«*

Nach einem langen Prozess des Umdenkens gab ein Gründer seine Vorwurfshaltung auf: *»Niemand von uns hat das Recht zu sagen: ›Ich mache Überstunden, ich arbeite sehr viel, ich bin ausgelaugt, aber du gehst einfach, wenn deine Stunden zu Ende sind.‹ Ich habe sieben, acht Jahre gebraucht, das zu lernen.«*

Spannungen entzündeten sich an der Konkurrenz zwischen denen, die ausschließlich Helferfunktionen im Rahmen der Alltagsroutine ausübten, und denen, die darüber hinaus danach strebten, repräsentativ, werbend und publizierend nach außen zu wirken und sich beruflich weiterzuentwickeln. Letzteren wurde vorgeworfen, sich auf Kosten der anderen zu profilieren.

*»Die Kollegen haben mich kritisiert, weil ich mich zu sehr in den Vordergrund schieben würde. Denn ich war kein Therapeut, der nur in der Einrichtung seine Arbeit tun will. Ich wollte hinausgehen in die Welt, publizieren, mehr Erfahrungen machen, mich an interessanten internationalen Projekten beteiligen, und ich wollte in meiner Karriere vorankommen.«*

Aus der Sicht eines Supervisors, der Spannungen zwischen einem Außenrepräsentanten und dem Team ausgleichen sollte: *»Es wurde dann vermutet, die Person würde es an sich reißen ... Aber die Person bekam die Aufgabe auch, weil sie eben durch ihre Ausbildung auch eher eingeladen wurde. Die andere Person, die hat zwar auch die Arbeit geleistet, aber hatte halt entweder das Auftreten nicht oder die Ausbildung nicht, oder dass sie nicht so gut reden kann.«*

Die Illusion, dass alle gleich seien, kehrt in anderen Zusammenhängen häufig wieder.

## 2.2.1 Politische und soziale Realität

Das gesellschaftliche Umfeld, in dem die meisten Einrichtungen operieren, ist gleichgültig bis feindlich eingestellt. Man rührte an ein Tabu und mobilisierte die allgemein verbreiteten Berührungsängste mit Opfern von Gewalt. In Ländern nach dem Ende einer Diktatur (Schwellenländern) verfolgten die staatlichen Behörden und die nach wie vor mächtigen Funktionsträger des alten Regimes diese Art von Arbeit mit großem Misstrauen. In demokratischen Ländern gerieten die Gründer unweigerlich mit der staatlichen Flüchtlingspolitik und den Einwanderungsbehörden aneinander.

IP aus westlichen Ländern: *»(Da ist eine) Unvereinbarkeit mit den anderen Entwicklungen in unserem Land ..., sodass ich denke: ›Bringt das etwas?‹ Wir wischen da in einer Ecke, und im großen übrigen Raum ist der Dreck knöcheltief ... wenn wir ein paar Therapiestunden machen ... und* daneben werden die Leute beruflich nicht integriert und respektlos behandelt als Migranten …«

»Es sind immer diese Unwägbarkeiten, die dazwischenkommen … Gerichtstermine … Schwierigkeiten mit den Ämtern … wo dann die Leute wieder einen Rückfall haben …«

»Jetzt habe ich Leute in schlechterem Zustand, sie sitzen in ihren Asylheimen … ihre Kinder gehen nicht zur Schule … was unser System ihnen antut … es zerstört Menschen … es zerstört ihre Persönlichkeit, so haben sie jetzt kein PTSD wie bei ihrer Ankunft, sondern jetzt haben sie Persönlichkeitsveränderungen, die nicht verschwinden werden.«

Der Leiter einer Einrichtung plädiert aus Gründen der Stressreduzierung mehr für politische Abstinenz: »Die Tendenz ist, dass man versucht, diese Arbeit … zu entpolitisieren, sie zu professionalisieren, um auch nicht so angreifbar zu sein. Ich denke, wir müssen uns zum Teil auch aus der Schusslinie nehmen, weil … der Kampf macht uns mürbe …«

IP aus Schwellenländern: »Ein Grund (für das Belastende an der Arbeit, d. V.) hat damit zu tun, dass die Menschenrechtsarbeit allgemein … in Bezug auf Wahrheit, Gerechtigkeit, Wiedergutmachung sehr frustrierend ist … die Verantwortlichen wurden bestraft, einige kamen ins Gefängnis. Aber meistens sind die Haftstrafen sehr gering … das heißt, man kommt kaum vom Fleck … Man sieht keine politischen Willen bei den Regierungen … also es sind sehr oft Scheinmaßnahmen, … was vielleicht noch ärgerlicher ist, als wie wenn sie klar sagen würden: ›Nein, wir wollen nicht.‹ Es wird immer wieder so getan, als ob …«

»Im Zusammenhang mit den Klienten verspüre ich eine Belastung, dass ihre Probleme vieldimensional sind, aber unsere Möglichkeiten sehr begrenzt … zum Beispiel die finanziellen Probleme der Klienten sind sehr gravierend. Wir versuchen, physische und psychische Behandlung zu vermitteln, aber unsere Klienten sind oft nicht einmal in der Lage, sich richtig zu ernähren … oder leben unter sehr schlechten Umständen von der Wohnung her … dass sie ein Jahr nach ihrer Entlassung aus dem Gefängnis immer noch arbeitslos sind, und ich denke, dass die größte psychosoziale Hilfe, die man eigentlich leisten kann, wäre, ihnen eine Arbeit zu finden. Sie brauchen das für ihren Selbstrespekt und für ihre Rolle in der Familie. Und deswegen scheint mir individuelle Psychotherapie oft wirkungslos … diese Diskrepanz belastet mich sehr …«

»Höchste Spannungen im Team … waren zu einer Zeit, wo die Mitarbeiter auch von außen unter großem Druck standen, Prozesse am Hals hatten ...«

Ein IP schildert die Belastungen während einer politischen Krise über die Zustände in Gefängnissen:»Wir arbeiteten sehr viel ... es war eine sehr traumatische Periode, als wir versuchten, innerhalb und außerhalb der Gefängnisse etwas zu tun. Und es gab wesentliche Einschränkungen, besonders finanzieller Art. So war es sehr beunruhigend.«

Einige wenige Einrichtungen in wohlhabenden westlichen Ländern wurden materiell relativ großzügig ausgestattet, da sie als Musterprojekte und Aushängeschilder galten. Die meisten jedoch, insbesondere diejenigen in Schwellenländern, leben am Rande des Existenzminimums, was für das Personal enorm belastend ist. Die chronische Geld- und Personalnot ist eine enorme Belastung für die Mitarbeiter und für die Leiter, die oft nicht wissen, wovon sie im nächsten Monat die Gehälter bezahlen sollen oder ob sie die Einrichtung demnächst schließen müssen.

IP in Leitungsfunktion aus westlichen Ländern berichten: »Das Problem mit all diesen gemeinnützigen Einrichtungen ist, dass wir in der Regel zu wenig Personal haben. Und wenn wir dann mehr einstellen können, halsen wir uns einfach mehr Arbeit auf.«

»Das Nebeneinander von Therapie, Beratung, Management, Personalproblemen und Fundraising, das war einfach zu viel, und ich habe irgendwo gemerkt, ich bring das nicht alles zusammen.«

»In dem Maße, wie die Einrichtung gewachsen ist und auch mehr und mehr Mitarbeiter auf dieses Geld angewiesen waren, hat sich das Problem weiter verschärft, das Problem der ständigen Liquiditätsnot ... es gab eine Grundgereiztheit ... die gepaart ist mit einer permanenten Überarbeitung, es gibt keinen therapeutischen Bereich, der mit solchen Restriktionen und Schwierigkeiten zu kämpfen hat ... mit finanziellen Restriktionen ... den Traumata der Betroffenen ... mit ungesichertem Aufenthalt ... und dass man bestenfalls nur zur Hälfte finanziert ist und auch nicht weiß, was im nächsten Monat sein wird. Das ist eigentlich ein unhaltbarer Zustand.«

IP aus Schwellenländern:»Zweifellos hat (der Leiter) oft die schwerste Last getragen, und zwar die Last zu sehen: ›wie überleben wir?‹ ... seit Jahren haben wir immer nur Geld für ein paar Monate ...«

»... und dann kommen immer wieder neue Fonds. Und dann arbeiten wir weiter. Dann verlängern wir. Aber es geht im Grunde genommen im-

*mer ... in diesem Rhythmus ... Wir durchleben also einen endlosen Sterbe-*
*prozess ... und dann kommen immer neue Fonds ... Es kann eigentlich*
*nicht weitergehen, aber es muss trotzdem weitergehen ... Und das zehrt*
*natürlich unheimlich an den Nerven.«*

*»Die Aufgaben, die sich unsere Einrichtung mit ihren begrenzten Mit-*
*teln stellen kann, sind ... begrenzt. Zum Beispiel sehen wir, dass unsere*
*Klienten ein schweres Nierenleiden haben ... aber wir können dafür keine*
*Medikamente verschreiben. Es gehört nicht zu unserem Mandat, wir kön-*
*nen nur Beschwerden behandeln, die Folge von Folter und Gefängnis-*
*aufenthalt sind. Oder ihre Kinder haben hohes Fieber und brauchen Be-*
*handlung, aber wir können nichts machen.«*

## 2.2.2 Spannungsabfuhr

Die Spannungen mündeten zunehmend in ein aggressives Klima. Es
kam zu Grenzverletzungen, es herrschte Angst, es gab Schuldzuweisungen und es wurden Sündenböcke gesucht. IP berichten davon, fertiggemacht zu werden, an den Pranger gestellt zu werden. Ein Klima, in
dem eine rationale Auseinandersetzung über inhaltliche Probleme der
Arbeit kaum noch möglich schien. Bei der Frage nach dem »Wieso, woher kommt das?« reagierten manche Interviewpartner zunächst ratlos
und fanden keine Erklärung. Im weiteren Verlauf der Interviews werden
zum Teil sehr interessante und für die Studie erhellende Interpretationen und Deutungen geliefert, auf die in den folgenden Kapiteln zurück-
gegriffen wird.

IP aus westlichen Ländern: *»Sie können sich das nicht vorstellen, das*
*geht seit vier, fünf Jahren so ... mit Heulen, mit Wegrennen, mit ... das ist*
*nicht mehr meine Einrichtung ... diese Tage, wenn wir Teamsitzung ha-*
*ben, ich kann Ihnen nicht sagen, wie ich die überlebt habe ...«*

*»Dann ist es zu diesem Eklat gekommen. Das hat das Team unheim-*
*lich erschüttert ...«*

*»... es wurde vom Team ein richtiges Tribunal gegen jemanden ver-*
*anstaltet ...«*

*»... manchmal gab es ausgesprochene Schuldzuweisungen.«*

Ein IP berichtet von einem Vortrag, den er über die Einrichtung gehalten hat, mit dem andere nicht einverstanden waren: *»Da habe ich*
*hinterher Dresche gekriegt ... dieser Vortrag ist mir so um die Ohren ge-*

*hauen worden, dass ich in meinem ganzen Leben nie wieder einen Vortrag*
*für die Einrichtung machen würde.«*

In Schwellenländern schwelten die Konflikte offenbar länger unter der Oberfläche, da der äußere Druck sehr viel größer war und einen stärkeren Zusammenhalt erforderte. Im Falle einer offenen Konfliktaustragung fürchtete man ein Auseinanderbrechen der Einrichtung. Die äußere Repression von außen machte es zu riskant, sich Blößen zu geben. Beim Besuch in diesen Einrichtungen waren dieser Druck und diese Furcht atmosphärisch deutlich zu spüren.

*»Die Angst, dass die Konflikte untereinander zu großen Explosionen*
*führen werden, ist so groß geworden, dass sie auch das Schweigen gestärkt*
*hat ... Und viele Konflikte, die schon längst Geschichte zu sein scheinen,*
*wurden über Jahre hinweg getragen ... also die Verletzungen wurden über*
*Jahre hinweg getragen.«*

## 2.2.3 Brüche, Enttäuschungen

Im Zuge dieser Konflikte kommt es mitunter zu plötzlichen Brüchen zwischen einstmals gut harmonierenden oder sogar befreundeten Kollegen, die als sehr schmerzhaft und enttäuschend empfunden werden.

IP aus westlichen Ländern: *»Es kann ganz schnell passieren und es*
*passiert manchmal bei Leuten, mit denen man lange Zeit ganz zuverlässig*
*zusammengearbeitet hat, von denen man die allerbesten Eindrücke hat,*
*und doch passiert plötzlich was ganz Chaotisches ... es ist auch eine Ent-*
*täuschung, es sind Leute, die mir Freund geworden sind, die gehen und*
*fallen einen an, und die Einrichtung, an der auch ein Stück meines Her-*
*zens hängt, ist zerstört.«*

*»Wenn man teilgehabt hat an den Anfängen eines Projektes und Ideen*
*beigesteuert hat, und es war schwierig, o. k., es war harte Arbeit, o. k., aber*
*dann plötzlich kommt dieser Bruch, und das war das Schlimmste für*
*mich ... es war so schrecklich. ... Denn mein Kollege hatte so viel Ver-*
*trauen zu mir in diesen vielen Jahren und er fragte mich immer um Rat ...*
*und jetzt war es sehr frustrierend, dass keine persönliche Reaktion mehr*
*von ihm kam, es war wie gegen eine Wand zu sprechen ... es war sehr*
*schmerzhaft ... Und ich habe es nicht verstanden. Ich habe nicht verstan-*
*den, was wirklich passiert ist ... es ist immer noch schmerzhaft auch noch*
*15 Jahre später...Und ich denke, bis zum Ende hatte ich alles versucht, und*

*dann gab es nur eine Möglichkeit, dann musste man gehen … Ich glaube, es ist ein schrecklicher Gedanke, dass so viele Leute spürten, dass die einzige Art zu überleben war, zu gehen …«*

*»… Der Kollege ging. Und das war in meiner Erinnerung eine sehr schlimme Zeit. Er isolierte sich sehr stark und er war sehr zynisch und giftig gegen alles …«*

Ein IP, der die Spannungen in der Einrichtung nicht mehr ertrug, berichtet davon, wie er dem Leiter seine Kündigung einreichte: *»… als ich sagte: ›ich werde gehen‹ … wurde er sehr traurig und war sehr überrascht und fragte, warum. Und dann habe ich ihm nicht die Wahrheit gesagt, warum … Ich hatte Angst, es zu sagen. Ich gab vor, einfach was anderes machen zu wollen … So war ich sehr überrascht, als er sagte: ›Wir müssen ein Abschiedsfest für dich machen.‹ Und dann hat er tatsächlich eine sehr schöne Rede auf mich gehalten, wie gut ich gewesen sei …* (der IP ging dann zu einer anderen als »feindlich« geltenden Einrichtung). *Und vielleicht ist das der Grund, warum er mich heute so hasst … Er fühlte sich von mir wirklich getäuscht …«*

Ein IP aus einem Schwellenland berichtet über Kollegen, die die Einrichtung verlassen haben: *»… es gibt die, die wir nie mehr gesehen haben, die nie wieder mit uns gesprochen haben. Im Gegenteil, wo es so extrem war, dass die an andere Organisationen … Briefe geschickt haben und gesagt haben: ›die gibt es nicht mehr … die besten Leute arbeiten dort nicht mehr‹, also sie sollten uns vergessen …«*

---

### Merkmale der Pionierphase

**Forming:**

- Kleines überschaubares Gründerteam
- Begeisterung, Euphorie
- Familiäre Atmosphäre
- Verschworene Gemeinschaft
- Idealismus, Missionsgeist

**Storming:**

- Wachsende Mitarbeiterzahl und Aufgaben
- Ernüchterung

- Die politische und soziale Realität setzt Grenzen
- Verlust von Gemeinsamkeit
- Neid und Konkurrenz
- Konflikte
- Suche nach Sündenböcken
- Grenzverletzungen
- Brüche, Enttäuschungen

Die nach dem Enthusiasmus der Aufbaujahre ausbrechenden Spannungen und Konflikte sind natürliche Erscheinungen der Gruppen- und Organisationsbildung und können mithilfe externer Supervision und Organisationsberatung gelöst werden.

# 3. Einrichtungen mit niedrigem Stress- und Konfliktpegel – vom Norming zum Performing, von der Differenzierung zur Integration

In einer separaten Studie wurden zum Vergleich drei stabile Einrichtungen mit einem niedrigen Stress- und Konfliktpegel untersucht und insgesamt acht Helfer interviewt. Es sind allesamt Einrichtungen aus westlichen Ländern[36].

Das Gemeinsame dieser Einrichtungen ist, dass sie später als die meisten anderen angefangen haben und damit in der Lage waren, aus den Fehlern anderer »Pioniere« zu lernen. Eine Einrichtung ist trotzdem in eine ähnlich schwere Krise hineingeraten, aber mithilfe von Organisationsberatern geläutert daraus hervorgegangen. Eine zweite hat sich während einer langen Vorbereitungsphase in anderen Organisationen umgeschaut und ihre Konzeption und ihre Struktur an den Schwächen und Stärken der Vorbilder ausgerichtet und somit von vorneherein das Schicksal der anderen zu vermeiden versucht. Man hört aus den Aussagen deutlich heraus, wie man bemüht ist, sich von den Fehlentwicklungen und den »Kinderkrankheiten« der anderen abzugrenzen, es besser zu machen. So haben sie davon profitiert, dass andere vor ihnen das Risiko des Experiments auf unbekanntem Terrain auf sich genommen haben.

Ein Gründer: *»Es dauerte neun Jahre bis zur Eröffnung … das gab mir die Möglichkeit, in anderen Landesteilen und anderen Ländern die bereits bestehenden Modelle zu studieren. So habe ich neun Jahre als Beobachter ihre Team-Meetings und ihre Entwicklung verfolgt, und so*

---

[36] Ich danke Sonja Schweitzer für die Überlassung der Ergebnisse dieser Studie, die sie als Diplomarbeit im Rahmen dieses Forschungsprojektes verfasst hat. Schweitzer, S. (2007): Care for Caregivers – Eine qualitative Studie zur beruflichen Belastung von Traumatherapeuten. Diplomarbeit am Institut für Psychologie, Wirtschafts- und Verhaltenswissenschaftliche Fakultät, Albert-Ludwigs-Universität Freiburg.

*konnte ich sehen, was sie gemacht haben, was gut lief und was nicht gut lief … und wir haben eine Bedarfsanalyse in unserer Region erstellt, um herauszufinden, was die Leute brauchen und erwarten. Und so basierte das Modell unserer Organisation auf den besten Erfahrungen der Orte, die ich besucht hatte. Und wir haben versucht, nicht von den schlechten Dingen beeinflusst zu werden … es hat sehr geholfen zu hören, was in anderen Einrichtungen los gewesen war. Denn dadurch war ich mir nicht im Unklaren darüber, dass solche Dinge hochkommen können.«*

Diese Einrichtung hatte eine horizontale Führungsstruktur, was der Kultur des Landes entsprach. Der erste große Konflikt entzündete sich um einen ausländischen Mitarbeiter aus einer militärischen Einrichtung. Er kam mit der Freiheit nicht zurecht, war gewohnt, dass man ihm sagte, was er zu tun habe, und warf dem Leiter Führungsschwäche vor. Der Konflikt wurde mithilfe eines externen Schlichters bearbeitet, der Betreffende verließ auf eigenen Entschluss die Organisation und räumte hinterher ein, dass die Probleme bei ihm gelegen hätten.

*»… wir haben es zu einem gewissen Grad gelöst und eine Menge gelernt. Ich habe eine Menge gelernt, wie es ist, ein Leiter zu sein. Verschiedene Dinge: eine Ausbildung als Leitungskraft zu machen, einen Angestellten aus einem anderen Land zu haben und der Betreffende hat eine andere Arbeit gefunden, weil es offenbar nicht passte …«*

Ein wesentlicher Stabilitätsfaktor bestand darin, dass die Leiter von zwei der untersuchten Einrichtungen sich in Schulungen für Führungskräfte weitergebildet haben. Ein Leiter absolvierte einen Managementkurs, der andere nahm an einem Coaching für Führungskräfte teil. Sie sahen es als notwendig und selbstverständlich an, dass jemand die Verantwortung für alles trägt: *»Man muss jemanden haben, der die Verantwortung übernimmt in Konflikten. Und es ist nicht, weil du der Boss sein willst, sondern weil jemand die Last der schlechten und schwierigen Dinge und die Last der organisatorischen Dinge auf sich nehmen muss und verantwortlich sein muss für das, was läuft.«*

Dabei geht es auch darum, die Mitarbeiter von externen Belastungen und Gefahren zu schützen. Der eine Leiter musste z. B. lange und aufreibende Verhandlungen führen mit staatlichen Stellen im Rahmen einer Neustrukturierung des Gesundheitswesens, welche die Einrichtung möglicherweise gefährdeten. *»Eines meiner wichtigsten Ziele entlang dieses Weges muss sein, das Team zusammenhalten zu können, ihnen* das Gefühl zu geben, dass das Terrain sicher ist, dass dafür gesorgt wird, sodass die tägliche Arbeit in der Einrichtung weitergeht wie gewohnt. So- dass sie nicht den Mut verlieren ... Wir hatten eine offene Diskussion und einen offenen Dialog, in dem informiert wurde, was passiert und welche Vorkehrungen ich treffe.«

Eine weitere Aufgabe sehen die Leiter in Vorgaben für erreichbare Ziele. Es gibt regelmäßige strukturierte Gespräche zwischen Leitung und Mitarbeitern über allgemeine und individuelle Ziele. »Wir werfen einen Blick darauf, was im nächsten Halbjahr passieren wird, und wir haben eine Strategie, wie wir es machen werden, was wir machen werden und wie wir es lösen wollen.«

Ein Mitarbeiter: »Und wenn ich den Leiter ein Jahr später treffe, dann fragt er mich (zu den Zielen) und wie es um sie steht: ›Sind sie noch deine Ziele, hast du sie umgesetzt?‹«

Dabei denkt der Leiter langfristig: »Man braucht eine lange Per- spektive. Vor zwei Jahren fing ich an, es in die Krankenhausplanung ein- zubringen. Jetzt ist es in den strategischen Plänen des Krankenhauses festgeschrieben, dass das Haus eine klare Verantwortung für die Migran- tenpopulation in der Region übernehmen soll ... man kann Ziele errei- chen, wenn man sich nicht alle halbe Jahre zu hohe Ziele setzt. Wenn man sie langsam bildet, dann geht es. Die Herausforderung ist, Ziele zu haben, die erreichbar sind, damit man nicht die Hoffnung verliert.«

Ein weiterer ganz wesentlicher Stabilitätsfaktor in allen drei Ein- richtungen ist eine stabile Finanzsituation zum Zeitpunkt der Unter- suchung. Zwei von ihnen werden vollständig vom Staat finanziert, eine ist als Teil eines großen karitativen Dachverbandes abgesichert. Das ver- schafft ihnen eine im internationalen Vergleich privilegierte Situation, da sie sich nicht laufend um Unterstützer bemühen und ihre Arbeit nicht an Projektgeldern ausrichten müssen. In der Gesellschaft werden sie als Einrichtungen angesehen, die eine notwendige Dienstleistung übernehmen, was ihnen Anerkennung verschafft. Damit wird den Mit- arbeitern der Rücken freigehalten und sie können sich auf ihren eigent- lichen Arbeitsauftrag konzentrieren.

Der Besuch von Fortbildungen und Kongressen wird stark geför- dert. Ein Leiter: »Wenn du auf diesem Gebiet arbeitest, musst du einen Input haben, um dich auf dem Laufenden zu halten, du musst dich ausbil- den, um besser zu werden. Und du musst dich mit Wissen ausstatten, um

*dich sicher zu fühlen in deiner professionellen und klinischen Arbeit. So
habe ich ziemlich darauf geachtet, die Mitarbeiter zu Ausbildung, zu Fortbildungen zu schicken.«* Ein Mitarbeiter sieht darin einen Schutz: *»Während ich mich sicherer fühlte in dem, was ich tat, hatte ich immer weniger
von diesen Symptomen* (flashbacks, d. V.). *Es war so, dass, wenn man mir
etwas auftrug, wusste ich, was ich damit machen würde.«*

Ein IP, ein Psychologe, berichtet, dass in seiner Einrichtung alle Hel-
fer eine klientenzentrierte Therapieausbildung haben: *»Das gibt eine gewisse Richtlinie. Und das Gute ist, dass das Personen-
zentrierte sehr offen ist für die anderen Sachen. Also, das macht den Boden
der Arbeit, und in den personenzentrierten Ansatz lassen sich leicht andere Sachen integrieren. Im Gesamten ist das wie ein größter gemeinsamer
Nenner. Und es gibt unter uns Leute, die stärker konfrontativ arbeiten. Es
ist allgemein akzeptiert, dass wir eine hohe Gewichtung auf eine profunde
Stabilisierung legen – dort liegt der Konsens. Und das andere, es wird …
nicht streitend ausgehandelt, sondern es gibt interessante Fachdiskussio-
nen: ›Was würdest du? – Was würde ich?‹«*

Das in anderen Einrichtungen so häufige übersteigerte Wir-Gefühl,
das Freund-Feind-Denken mit einer starken, mitunter auch von Neid
getragenen Abgrenzung gegenüber anderen Institutionen war hier
kaum anzutreffen. Man war vielmehr der Überzeugung, dass Netzwerk-
arbeit und Kooperation mit verschiedenen Einrichtungen von Gewinn
sind, dass sie dem eigenen Schutz dienen, zu neuen Aufgaben inspirieren und die Handlungsfähigkeit erhalten. *»Wir haben Projekte laufen
mit Aids, Trauma, über chronische Erkrankungen bei Migranten wie Dia-
betes und andere Dinge, die mehr in eine Main-stream-Richtung gehen in
den Behandlungsangeboten für unser Klientel. So sind wir auch in unserer Region zuständig für die Prävention der Zwangsbeschneidung von
Frauen.«*

Mitarbeiter werden dazu angehalten, zwischen drei Aufgabenberei-
chen – klinischer Arbeit mit Patienten, Beratungstätigkeit für andere
Einrichtungen und Lehre – zu rotieren, sodass sie nicht rund um die
Uhr immer das Gleiche tun. Dabei wird jedoch auf klare Rollen- und
Aufgabenverteilungen geachtet. Auf kontinuierlichen fachlichen Aus-
tausch untereinander wird Wert gelegt mit regelmäßigen verbindlichen
Terminen für Fallbesprechungen, Intervision und Supervision. Gleich-
zeitig gibt es eine ausgeprägte informelle Kommunikationsebene: *»Wir*

*haben eine wundervolle Kultur, dass jedem immer die Tür offen steht und jeder ein offenes Ohr für die Kollegen hat.«* Das garantiert, dass man die Probleme mit den Klienten nicht mit sich allein ausmachen muss: *»... weil ich mich schützen oder absichern will, ob das mitgetragen wird.«* Es wird betont, dass man *»sich untereinander fachlich versteht«*. Es werden aber keine übertriebenen Erwartungen und die Illusion gehegt, dass alle sich ständig verstehen sollen.

Im Behandlungsansatz ist Flexibilität gefragt: *»Ich glaube, die Probleme sind so komplex, dass man die Freiheit haben muss, flexibel zu arbeiten ... man kann wählen, das Augenmerk auf den Klienten zu richten, oder auf die Familie, die Umgebung. Es gibt für uns keine zu befolgende Richtlinie. Wir wählen das aus, von dem wir glauben, dass es das Beste ist. So arbeiten wir sehr individuell.«* Ein Leiter betont, dass mit jedem neuen Mitarbeiter Rollen und Aufgaben ein Stück weit neu definiert werden müssen: *»Man kommt nie damit zu Ende, weil jedes Mal, wenn man einen neuen Kollegen in die Gruppe bekommt, muss man wirklich eine Rolle für ihn finden, daran feilen, feilen und feilen. Aber wir sind jetzt besser darin als vor drei Jahren.«* Auf Flexibilität statt auf strenge Vorgaben zu setzen, beinhaltet, den Mitarbeitern zu vertrauen und ihnen viel Eigenverantwortung zu überlassen.

Die Grundhaltung in den untersuchten Einrichtungen ist pragmatisch, das fachliche Interesse steht im Vordergrund: *»Die Kollegen sind an dieser Arbeit interessiert, nicht weil sie die Welt retten wollen ... es gab eine Veränderung, die Mitarbeiter haben gewechselt, das Team ist gewachsen, hat sich entwickelt und ist gereift. Am Anfang gab es sehr viel mehr Idealismus. Vielleicht brauchten sie das, weil es viel mehr ›Guerilla-Arbeit‹ gab (lacht). Aber nun, wo das Team sich entwickelt hat, ist die Kultur vielleicht nicht mehr so bestimmt von Leuten, die so idealistisch sind.«*

Ein Leiter kritisiert den alleinigen Fokus auf das Politische. Er betont die Wichtigkeit von Professionalisierung und hat sich vor Übernahme seiner Leitungsposition habilitiert (PhD)[37]. *»Wenn du nicht professionell bist, wirst du nicht ernst genommen ... du kannst politisch sein, aber das hält am Ende nicht lange. Wenn du dich als ernsthaft professionelle Person etablierst, dann wirst du nicht so leicht zur Seite geschoben, als wenn du*

---

[37] Der PhD, Doctor of Philosophy, entspricht im angelsächsischen und skandinavischen Raum in etwa der deutschen Habilitationsschrift.

*nur als politischer Aktivist auftrittst ... und das war meine Hauptintention*
*für den PhD, weil einen PhD zu haben auf dem Gebiet macht dich seriöser*
*und dann kannst du politisch sein mit dem PhD.«* Es gibt ein Bewusstsein über die Gefahren, welche die Konfrontation mit diesem Thema mit sich bringen. Diese Gefährdung müsse sehr ernst genommen und die Arbeit als »risk work« anerkannt werden. *»Stellvertretende Traumatisierung ist nicht eine Sache von Entweder-oder, es ist nicht so, dass du es hast oder nicht hast. Es ist immer kontinuierlich präsent. So bist du mehr oder weniger davon betroffen. Du bist mehr oder weniger traumatisiert von dem, was du hörst. Manchmal weniger, weil es so viele positive Dinge in deinem Leben gibt, sodass du völlig immun bist. Und zu anderen Zeiten mehr, weil du verletzlich bist oder eine Trennung hinter dir hast. Was immer in deinem Leben vorgeht, bist du irgendwo in diesem Kontinuum. Und wenn du das nicht siehst, dann kannst du es nicht lange aushalten.«*

Ein IP, ein Newcomer, schildert das vorgefundene Klima im Vergleich zu einer ihm bekannten konfliktträchtigen Einrichtung:

*»Ich habe den Eindruck, dass sehr viel sorgfältiger umgegangen wird hier mit den schwierigen Patientenschicksalen ... es ist ein Bewusstsein da, das sind heiße Geschichten, die können einem nachgehen, die machen etwas mit einem ... Man weiß, dass man sich etwas aufgeladen hat am Tag. Und genau dieses Bewusstsein, dass es so ist, macht den Unterschied. Es wird nicht blindlings ausagiert am Nächsten im Team, sondern es wird reflektiert ... häufig haben unsere Fall-Besprechungen nicht diesen Charakter von ›Wer weiß es besser?‹, wie so oft in Institutionen, sondern von ›Was könnte man noch tun?‹ Und es gibt auch – ich erlebe es so – in diesem Therapie-Team ... nicht sehr starke Konkurrenz, weil wir wissen alle, es ist verdammt schwierig, was wir da machen ... Und es ist eher so eine Atmosphäre von gemeinsamem Suchen ... Was ich vorgefunden habe, war ein sehr angenehmes Arbeitsklima. Ein Arbeitsklima, in dem man besonders sorgfältig miteinander umgeht. Nicht übertrieben, es war für mich selber eine ganz tolle Teamerfahrung, dort einzusteigen. Bis auf den heutigen Tag hab ich den Eindruck, dass wirklich ein ›weicher‹ Umgang zwischen den Leuten herrscht. Was ich ganz besonders finde, ist: Wir haben einen wirklich streckenweise tollen Humor miteinander. Also, es wird sehr viel gelacht ... Ich denke, es gibt kaum einen Tag, wo nicht irgendjemand gut drauf ist. Diese zwei Sachen machen das zu einem guten Arbeitsplatz.«*

In einer Einrichtung achtet der Leiter sehr stark darauf, dass Überstunden die Ausnahme sind, dass jeder Helfer nur eine festgelegte Anzahl von Patienten betreut. Wenn die Helfer sich überlastet fühlen, können sie sich jederzeit an den Leiter wenden, eine Auszeit nehmen oder vorübergehend die Fallzahl reduzieren. Die meisten IP behandeln nicht nur Traumapatienten, sondern auch andere Patientengruppen in einer Privatpraxis nebenher. Ebenfalls wird darauf geachtet, dass das Leben außerhalb der Arbeit, dass Freizeit, Freunde und Familie nicht zu kurz kommen.

In zwei Einrichtungen unternehmen die Mitarbeiter etwa einmal jährlich eine gemeinsame Weiterbildungsreise. Dadurch erhalten sie Gelegenheit, außerhalb der Institution Zeit miteinander zu verbringen, was als Ressource für die Arbeit empfunden wird. In einer anderen finden regelmäßig Klausurtage statt, bei denen unter Anleitung eines externen Experten Probleme thematisiert werden. *»Diese Tage schaffen wirklich eine entspannte Atmosphäre, und hinterher fühlt man sich ein bisschen leichter und befreit von alten Lasten, die man mit sich rumträgt.«*

Ausufernde, unnötige und zermürbende Diskussionen auf Teambesprechungen werden vermieden. Die Mitarbeiter pflegen einen achtsamen Umgang miteinander und mit sich selbst, dazu gehören beispielsweise Meditation, eine gesunde Lebensweise, jeden Tag etwas zu tun, das positive Energie spendet. Sie finden persönlich für sich heraus, was ihnen guttut, achten auf ihre eigenen Grenzen und die der Kollegen. *»Ich meine, wir selbst sind das wichtigste Werkzeug in unserer Arbeit. Deshalb ist es sehr wichtig, dass wir gut für uns sorgen. Ich war mir dessen schon bewusst, bevor ich hier angefangen habe.«*

Gegenseitige emotionale Stützung wird großgeschrieben. Man achtet auf die gegenseitige Anerkennung und Wertschätzung dessen, was jeder leistet. In der Behandlung werden die kleinen Erfolge gewürdigt. Realismus und Pragmatismus statt Wunschdenken, man ist sich im Klaren darüber, dass es oft nur suboptimale oder auch gar keine Lösungen für die Probleme der Klienten gibt.

Was wesentlich zu einem niedrigeren Stresspegel in den untersuchten Einrichtungen beiträgt, ist die gelassene Grundhaltung zur Arbeit. Im Unterschied zu einigen der weiter oben erwähnten Einrichtungen herrscht ein lockerer, humorvoller Stil. Die Mitarbeiter lassen sich von der dunklen, bleiernen Schwere der Inhalte nicht so stark beeinflussen.

Sie suchen nicht die Hyperexposition und sind nicht auf das Thema Gewalt fixiert.

*»Es gibt eine Sache, die ich nicht brauche: Ich brauche kein Para-Gliding, ich brauche kein Bungeejumping, keine Grenzerfahrungen. Weil ich das Adrenalin nicht brauche. Ich glaube, da sind genug Herausforderungen im täglichen Leben. Ich brauche nicht mein Leben zu riskieren, um Herausforderungen zu spüren ... ich bin nicht blauäugig, ich weiß, was XX* (nennt Geheimdienst eines Landes, d. V.) *in Gefängnissen macht. Ich bin nicht naiv, ich bin eher realistisch ... (stellvertretende Traumatisierung) ist nicht unvermeidbar. Man sollte zwischen dem Stress bei der Arbeit unterscheiden und stellvertretender Traumatisierung an sich. Ich habe Menschen getroffen, die die Begegnung mit grausamem unmenschlichem Verhalten nicht ertragen können ... Wie kann ich es sagen? Ich höre nicht gerne über Folter. Aber ich höre zu. Ich spreche. Ich vermeide es nicht. Aber es ist nicht schön (lacht). Aber ich beschäftige mich nicht damit, weil ich es gerne höre. Ich beschäftige mich damit, weil ich glaube, dass es wichtig ist, dass die betroffene Person die Möglichkeit hat, jemandem zu begegnen, der es verkraften kann, ihn anzuhören. Ich nehme es nicht mit nach Hause«.*

In all diesen Strategien sehen die IP ein Gegenmittel gegen die Belastungen der Arbeit, sie sprechen vom *»Gegengewicht, das den Trauma-Pegel senkt, dem man täglich ausgesetzt ist«.*

Last but not least: Zwei der Leiter bzw. Gründer in den untersuchten Einrichtungen sind zu der Erkenntnis gelangt, dass die Organisation mit der Zeit auch ohne sie weiter existieren kann, sie halten sich nicht für unersetzlich. Einer hat sich bereits aus der aktiven Leitungsposition zurückgezogen, der andere sagt von sich: *»Nachdem ich so lange auf einem Gebiet wie diesem gearbeitet habe, ist es eine Herausforderung, es an einen anderen abzugeben, es weiterzugeben und nicht alles für sich zu behalten. Und das war eine Herausforderung für mich am Anfang und ist es immer noch natürlich. Weil sich eine Art Besitzanspruch daraus entwickelt, weil ich so lange schon dabei bin. Und ich glaube, manchmal gelingt es mir, was abzugeben, und manchmal nicht. Aber das ist schwierig für mich, das selbst zu erkennen.«*

## 3.1 Exkurs über die Niederlande

Eine besondere Situation im Traumasektor, die in keinem anderen Land so vorhanden ist, findet man in den Niederlanden. Hier hat sich unmittelbar nach dem Zweiten Weltkrieg eine professionelle Helferkultur im Umgang mit Kriegsveteranen, Widerstandskämpfern, Holocaust-Überlebenden und Flüchtlingen entwickelt, die über eine hohe Akzeptanz in der Öffentlichkeit verfügt und gut integriert ist in das soziale und gesundheitliche Versorgungssystem. Es gab früher als in anderen Ländern finanziell und personell großzügig ausgestattete Versorgungszentren und Forschungseinrichtungen. Die Niederlande sind das einzige europäische Land, in der die Betreuung von traumatisierten Flüchtlingen vor einigen Jahren in die Regelversorgung integriert worden ist[38]. Von jeher war ein höherer Grad von Professionalisierung vorhanden, und die größere materielle Sicherheit sorgte und sorgt für einen deutlich niedrigeren Stresspegel. Man hat zu Beginn die gleichen »Kinderkrankheiten« durchgemacht wie anderswo, jedoch früh Lehren daraus gezogen und begonnen, funktionale Strukturen aufzubauen.

Ein IP berichtet: *»Die Einrichtung X wurde Anfang der 70er-Jahre von einer charismatischen Person gegründet, einer Guru-Figur. Aber in der holländischen Kultur mag man keine großen Figuren, man ist sehr skeptisch gegenüber Autoritäten. Deshalb hat man sich bald von ihm getrennt. Das Ursprungsteam waren alte 68er, die für die Antipsychiatrie à la Ronald Laing schwärmten. Die Einrichtung wurde nach dem Modell der therapeutischen Gemeinschaft betrieben, es gab viele Konflikte, ständig neue Leiter, die nach kurzer Zeit verschlissen waren. Außerdem wurde die Einrichtung stark von Kriegsveteranen bestimmt, deren charakteristische Eigenschaft es ist, dass sie nach dem Ende des Krieges nicht aufhören zu kämpfen, sondern immer weiterkämpfen bis an ihr Lebensende. Aber unter Therapeuten in Holland ist das so, dass man in einem Dauerstreit irgendwann an den Punkt kommt, wo man sich fragt, ›was machen wir eigentlich hier, hören wir doch auf!‹ Es wurde dann ein eher despotischer Leiter eingestellt, der mehr Ordnung und Struktur reingebracht, aber die*

---

[38] Haans, T.: Gesellschaftliche Entwicklungen und therapeutische Versorgung im Centrum '45. Deutsche Übersetzung eines Beitrags zur Festschrift zum 30-jährigen Bestehen des Centrum '45 in Oegstgeest, NL.

*Einrichtung gespalten hat. Und dieser wurde schließlich von einem Leiter abgelöst, der ein gemischtes Modell aus Autonomie für die Helfer und geregelter Struktur fährt.«*

Ein IP, Leiter einer Einrichtung, berichtet: *»Früher war unser Aufsichtsrat aus Betroffenen zusammengesetzt, die nicht neutral waren, und es gab damit große Probleme. Vor ein paar Jahren sind sie freiwillig ausgeschieden, und jetzt ist ein Aufsichtsrat gebildet worden, der absolut unabhängig ist. Da sitzt ein Unternehmer drin, ein Parlamentsabgeordneter usw. Das war eine bewusste Auswahl. In Holland gibt es seit den Skandalen um korrupte Aufsichtsräte in den USA sehr strenge Gesetze, wie diese zusammengesetzt sein müssen. Ich als Leiter brauche solch einen rationalen Aufsichtsrat, der mich leitet, denn ich kann auch in die Emotionen des Mitarbeiterteams verwickelt werden. Ich brauche ein solches Gremium, das mich korrigiert.«*

In der Begegnung mit holländischen Kollegen spürt man diese Kultur. Sie wirken allgemein lockerer, besser gelaunt und zufriedener mit ihrer Arbeit und mit sich selbst. Sie mussten sich im Unterschied zu ihren Kollegen in anderen Ländern weniger aufreiben im verbissenen Kampf um Anerkennung. Man trifft auf weniger Märtyrertum, Fanatismus und ideologischen Tunnelblick. Aus diesem Grunde sind Supervisoren und Berater aus den Niederlanden weltweit sehr gefragt und gerne gesehen. Ich kann aus eigener Anschauung sagen, dass sie schon vielen Einrichtungen geholfen haben, ihre Probleme zu lösen.

## Merkmale »stressarmer« stabiler Einrichtungen

- Lange und ausführliche Vorbereitung und Planung der Einrichtung auf Grundlage einer Bedarfsanalyse
- Priorität von Professionalität vor Politik
- Pragmatismus, weniger Idealismus und Rettungsfantasien
- Konfliktmanagement, wenn nötig mithilfe externer Schlichter
- Klare Definition von Leitungsverantwortung
- Ausbildung der Leitungskräfte in Management und Betriebsführung
- Klare Definition von Rollen und Aufgaben der Mitarbeiter
- Realistische Zielvorgaben
- Regelmäßige Fallbesprechungen, externe Supervision und Intervision

▶

- Begrenzung von Arbeitslast und Fallzahl
- Betreuung anderer Klientengruppen in eigener Praxis zum Ausgleich
- Rotieren der Mitarbeiter zwischen Klientenversorgung, externer Beratertätigkeit und Lehre
- Starke Förderung von Aus- und Weiterbildung der Mitarbeiter
- Selbstfürsorge, Möglichkeit zu Auszeiten bei Erschöpfung
- Gemeinsame Teamaktivitäten wie Weiterbildungsreisen, Klausurtage
- Gelassene Grundhaltung gegenüber der Arbeit, Vermeidung von Hyperexposition und Fixierung auf das Thema Gewalt
- Nicht an Positionen kleben, zeitliche Begrenzung der Arbeit im Traumasektor
- Stabile Verankerung in der Gesellschaft, Einbettung in die Regelversorgung
- Stabile Finanzlage
- Vernetzung und Kooperation mit anderen Organisationen statt Abgrenzung und Feindschaft
- Kontrollorgan (Aufsichtsrat) mit unabhängigen externen Personen

Nach den Kategorien der Organisations- und Gruppenbildung ist diesen Einrichtungen der Übergang von der Pionier- über die Differenzierungs- zur Integrationsphase sowie vom Forming über das Storming zum Norming und Performing gelungen ohne allzu große Erschütterungen. Das war ihnen möglich, weil ihnen von Anfang an diese Entwicklungsphasen und mögliche Krisenherde bewusst waren und sie sich mithilfe externer Beratung und Ausbildung der Leitungskräfte in Management und Betriebsführung darauf vorbereitet haben.

# 4. Einrichtungen mit hohem Stress- und Konfliktpegel im Spiegel von Organisationsanalysen

Mithilfe von Organisationsanalysen und Organigrammen lassen sich die in den vorangegangenen Kapiteln beschriebene Dynamik und Strukturmerkmale aus organisationstheoretischer Sicht aus einem zusätzlichen Blinkwinkel veranschaulichen und auch bildlich darstellen. Der Vergleich von formellen und informellen Organigrammen nach *Malik*[39] veranschaulicht die Differenz zwischen Oberflächen- und der Tiefenstruktur. Erstere zeigt die offizielle formelle Struktur der Einrichtung, wie sie sich nach außen gegen die Öffentlichkeit und Geldgeber in Rechenschaftsberichten präsentiert. Letztere zeigt die verborgene Struktur, die über die tatsächlichen Beziehungen untereinander, informelle Macht, Koalitionen, Allianzen Aufschluss gibt.

## 4.1 Organisation A: Steckenbleiben in der Pionierphase – permanentes Storming

Im Bild 1 wird die Organisation A vorgestellt. Das formelle Organigramm zeigt, wie die offiziellen Organe, der Trägerverein, der Vorstand, der Leiter und die verschiedenen Helferteams einander zugeordnet sind. Die Mitgliederversammlung des Vereins ist das oberste Organ, aus dessen Reihen ein Vorstand gewählt wird. Nach den geltenden Rechtsnormen des Landes sind Vorstand und Verein Träger der Organisation und somit der Arbeitgeber. Die Mitgliederversammlung des Vereins tagt einmal im Jahr. Der ehrenamtlich tätige Vorstand tagt bis zu sechs Mal im Jahr und hat die Funktion eines Aufsichtsorgans. Er kontrolliert die Finanzen, setzt die allgemeinen Ziele der Organisation fest, beruft und kontrolliert den Leiter. Die Mitarbeiter sind nach Arbeitsbereichen

---

[39] Malik, a. a. O., Anm. 23.

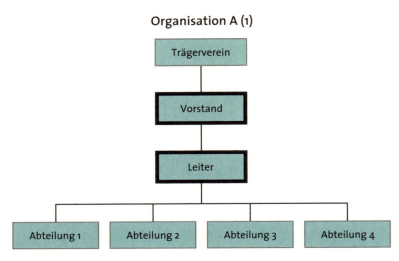

## Organisation A (1)

Trägerverein

Vorstand

Leiter

Abteilung 1 · Abteilung 2 · Abteilung 3 · Abteilung 4

Bild 1: Formelles Organigramm von Organisation A

in vier Teams aufgeteilt und sind dem Leiter gegenüber rechenschaftspflichtig. Von außen gesehen gleicht dies der allgemein üblichen Struktur von gemeinnützigen Einrichtungen im Sozial- und Gesundheitsbereich.

Das informelle Organigramm in Bild 2 zeigt die Tiefenstruktur der gleichen Organisation, wie sie sich aus den Beschreibungen von IP, aus Organisationsanalysen, Rechenschaftsberichten und eigenen Beobachtungen in der Organisation selbst darstellt. Hier sieht man die informellen Beziehungen der verschiedenen Organe zueinander. Was ins Auge fällt, ist dass die Mitarbeiter gleichzeitig Mitglieder des Trägervereins sind und damit Angestellte und Arbeitgeber in einer Person. Diese Konstellation ist so gewollt im Sinne der basisdemokratischen Ideologie der Organisation. Pro forma, weil es die Rechtsnormen erfordern und die Geldgeber verlangen, gibt es einen Vorstand und eine Leitung. Diese haben jedoch kein wirkliches »pro cura«, keine Macht und keine Befugnisse, außer die Organisation irgendwie zu verwalten und nach außen zu vertreten. Alle wichtigen Entscheidungen werden in der Mitgliederversammlung gefällt. Mehrfach haben Mitarbeiter Leitungsentscheidungen bezüglich Personal, Gehaltseinstufung, Arbeitsabläufen über einen Mehrheitsbeschluss der Mitgliederversammlung wieder ausge-

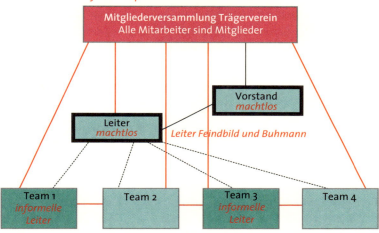

Bild 2: Informelles Organigramm von Organisation A

hebelt. Bei einigen Gelegenheiten wurden dazu eigens kurzfristig neue Mitglieder aufgenommen, um die Mitgliederversammlung zu majorisieren.

Es herrscht der Anspruch, dass alle Angelegenheiten in den Teams diskutiert und alles kollektiv in den Teams entschieden wird. Das kostet enorm viel Zeit und Energie, die Entscheidungsprozesse sind infolgedessen sehr schwerfällig. Manche Dinge werden über Jahre und Jahre immer wieder diskutiert ohne konkretes Ergebnis.

Vorstand und Leiter sind praktisch machtlos und sie dienen als Buhmann und als Blitzableiter für die Spannungen unter den Mitarbeitern. Informelle Leiter geben den Ton an und bekämpfen sich gegenseitig in ständig wechselnden Koalitionen. Infolge der Vermischung der Ebenen von Träger/Arbeitgeber, Aufsichtsrat/Vorstand und Mitarbeitern sind die Vorgänge in der Organisation kaum durchschaubar. Es herrscht eine Atmosphäre von Misstrauen und Feindseligkeit. Es gibt keine Transparenz über Kommunikationswege und darüber, wie Entscheidungen zustande kommen. Unter diesen chaotischen Verhältnissen gibt es keine verbindlichen Regeln, bzw. vereinbarte Regeln werden nicht eingehalten. Da die Leitung keinerlei Kontrollfunktion ausfüllt, kommt es zu Grenzverletzungen der Mitarbeiter untereinander und auch zu Grenzüberschreitungen zwischen Helfern und Patienten. Die Position des Leiters und das Amt des Vorstandes sind die am wenigsten begehrten Posten in der Organisation. Die Leiter sind im Allgemeinen nach kurzer Zeit verbrannt und werfen entnervt das Handtuch.

## 4.2 Von der Pionierphase zur Differenzierung – vom Storming zum Norming

### 4.2.1 Organisation B

Bild 3 zeigt das formelle Organigramm von Organisation B. Die nach außen hin präsentierte Struktur ist ähnlich wie die von Organisation A mit einem Unterschied: Die Abteilungen entsenden offiziell je einen Vertreter in die Mitgliederversammlung des Trägervereins. Die Mitglieder des Vereins setzen sich aus diesen Vertretern zusammen und einigen unabhängigen Personen, die aber in der Minderheit sind. Darüber haben die Mitarbeiter ein Mitspracherecht in Grundsatzentscheidungen des Trägervereins, sind also in gewissem Grade auch Arbeitgeber und Angestellte in einer Person. Ihr Einfluss ist allerdings dadurch begrenzt, dass die räumliche Distanz zwischen den Abteilungen sehr groß ist und die MV nur einmal jährlich tagt. Hinzu kommt, dass der Gründer noch präsent ist und die symbolische Rolle eines Ehrenmitgliedes spielt. Ferner, dass der Hauptförderer regen Anteil nimmt an den Aktivitäten der Organisation und engen Kontakt mit der Leitung pflegt. Diese Struktur kann einigermaßen gut funktionieren, wenn Vorstand und Leitung handlungsfähig sind und sowohl die Mitgliederversammlung des Vereins als auch Hauptförderer und Gründer sich aus dem allgemeinen Tagesgeschäft der Organisation heraushalten.

Bild 4 zeigt das informelle Organigramm der gleichen Organisation auf dem Höhepunkt einer Jahre andauernden Krise. Die Schwachpunkte in der offiziellen Oberflächenstruktur der Organisation treten hier offen zutage. Mitgliederversammlung des Vereins sowie Vorstand sind infolge Vermischung der Ebenen von Arbeitgeber und Mitarbeiter kein unab-

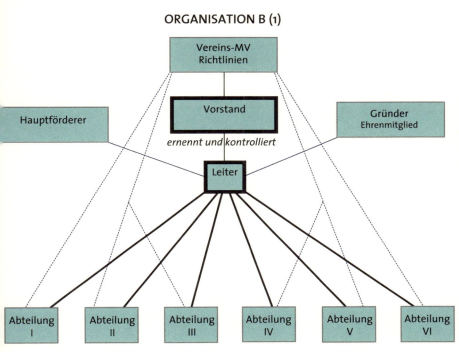

## ORGANISATION B (1)

Vereins-MV
Richtlinien

Hauptförderer

Vorstand

Gründer
Ehrenmitglied

*ernennt und kontrolliert*

Leiter

| Abteilung I | Abteilung II | Abteilung III | Abteilung IV | Abteilung V | Abteilung VI |

*Jede Abteilung wählt einen Vertreter in die Vereins-MV*

Bild 3: Formelles Organigramm von Organisation B

hängiges und souverän handlungsfähiges Aufsichtsorgan. Es gibt ständige Interessenkonflikte unter den Vereinsmitgliedern, die in der Mitgliederversammlung die Partikularinteressen ihrer jeweiligen Abteilung durchzusetzen versuchen und nicht das Wohl der Organisation als Ganzes im Blick haben. Diese Schwachpunkte werden dadurch verschärft, dass das informelle und reale Machtzentrum beim Gründer und dem mit ihm verbundenen inneren Kreis von Veteranen aus den Aufbaujahren der Organisation liegt. Dieser Kreis übt massiven Einfluss auf das Alltagsgeschäft aus. Er pflegt intensive informelle Kontakte zu allen Ebenen der Organisation: Mitgliederversammlung, Vorstand, Leiter und Mitarbeiter. Seine enorme Machtstellung stützt sich auf seine persönliche Freundschaft zum Hauptförderer der Organisation. In den Aufbaujahren waren einige Gründer in Personalunion Angestellte, Vorstand

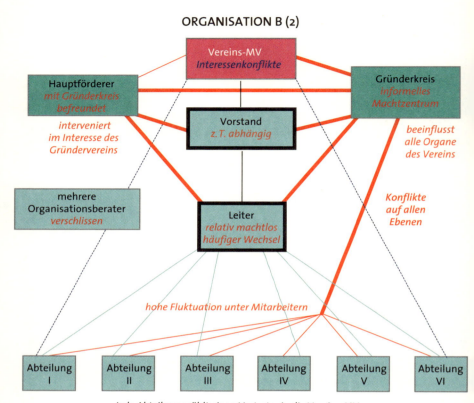

**ORGANISATION B (2)**

Vereins-MV
*Interessenkonflikte*

Hauptförderer
*mit Gründerkreis
befreundet*

*interveniert
im Interesse des
Gründervereins*

Gründerkreis
*informelles
Machtzentrum*

Vorstand
*z. T. abhängig*

*beeinflusst
alle Organe
des Vereins*

mehrere
Organisationsberater
*verschlissen*

Leiter
*relativ machtlos
häufiger Wechsel*

*Konflikte
auf allen
Ebenen*

*hohe Fluktuation unter Mitarbeitern*

| Abteilung I | Abteilung II | Abteilung III | Abteilung IV | Abteilung V | Abteilung VI |

*Jede Abteilung wählt einen Vertreter in die Vereins-MV*

Bild 4: Informelles Organigramm auf dem Höhepunkt der Krise

und Leiter in einer Person gewesen und hatten damit notwendige Reformen in der Organisation blockiert. Auf Initiative einiger öffentlicher Förderer wurde die Organisation von einer Expertenkommission evaluiert. An Mängeln stellten die Evaluatoren fest:

- Die Doppelrollen von Personal als Vorstandsmitglieder und Angestellte
- Die Konzentration der Macht in den Händen des Top-Managements und ein Mangel an horizontaler Struktur mit einer mittleren Leitungsebene, was charakteristisch sei für ein von der ersten Generation (den Gründern) gestaltetes Unternehmen

- Die fehlende Evaluation der Behandlungserfolge
- Eine mangelhafte Dokumentation
- Fehlende formalisierte Richtlinien für Arbeitsabläufe
- Eine hohe Fluktuation des Personals, Einstellung von jungen und unerfahrenen neuen Mitarbeitern, was das Sammeln und Festhalten von Erfahrungen erschwere.

Als Konsequenz empfahlen die Evaluatoren folgende Veränderungen:

- Erfolgreicher Übergang von einer »Erst-Generationen-« zu einer »Zweit-Generationen«-Organisation
- Mitglieder des Vorstands/Aufsichtsrats sollten nicht im täglichen Management oder anderweitig in der Organisation involviert sein und sie sollten nicht angestellt sein als Mitarbeiter oder Berater
- Um die Beziehungen zwischen Leitung und Mitarbeitern zu verbessern, sollte ein Vermittlungsausschuss eingerichtet werden
- Eine externe Evaluation der Behandlungskonzepte und der Forschung sollte vorgenommen werden
- Von allen Mitarbeitern sollten Arbeitsplatzbeschreibungen erstellt werden
- Die Organisationsstruktur sollte so verändert werden, dass mehr Entscheidungsgewalt, Kontrolle und Verantwortlichkeit nach unten delegiert wird.

Der Gründerkreis versuchte, den Bericht der Expertenkommission vor der Mitgliederversammlung des Vereins geheimzuhalten. Der Vereinsvorsitzende, eine unabhängige Persönlichkeit des öffentlichen Lebens, die nicht dem inneren Kreis der Gründer angehörte, machte jedoch den Bericht der Mitgliederversammlung zugänglich. Das löste einen großen Wirbel und heftige Debatten aus, in deren Folge einige der empfohlenen Veränderungen umgesetzt wurden. Der Vorstand wurde neu konstituiert mit einem höheren Anteil an externen unabhängigen Persönlichkeiten, und die Doppelfunktionen von Personal als Vorstandsmitglieder und Angestellte wurden abgeschafft. Formell nach außen hin traten die Gründer ins zweite Glied zurück und nahmen nur noch nicht exekutive Funktionen wie Berater, Fundraiser und Botschafter ein. Ein neuer Leiter wurde eingestellt, der einen Supervisor engagierte, der den Mitarbeitern dabei helfen sollte, besser mit den schweren Belastungen in der

Arbeit fertig zu werden. Der Leiter nahm den neuen Vorstand in die Pflicht, alle Empfehlungen der Expertenkommission umzusetzen. Insbesondere bemühte er sich um eine innere Konsolidierung der Organisation und eine Qualitätssteigerung der Arbeit. Aus seiner Sicht war die Qualität im Zuge der rapiden Vergrößerung der Organisation teilweise auf der Strecke geblieben. Er versuchte, klare Richtlinien für Arbeitsabläufe einzuführen und die Organisation nach außen hin zu öffnen über einen konstruktiven Dialog mit Partnerorganisationen. Jedoch wurden seine Bemühungen vom Gründerkreis, der unter der Oberfläche wie früher weiter agierte, unterminiert. Das hatte zur Folge, dass der neue Leiter sich schließlich resigniert zurückzog. Auch der Supervisor kapitulierte, da er den Eindruck hatte, dass sein Rat und seine Hilfe keine Wirkung zeigten.

Dieses Szenario wiederholte sich mehrere Male. Der Vorstand holte aus pragmatischen Erwägungen bei Einstellung neuer Leiter jedes Mal die Zustimmung des Gründerkreises ein. Mit hohen Erwartungen, großem Vertrauensvorschuss und Lob seitens aller – auch der Gründer – trat der Leiter sein Amt an. Sobald er jedoch eigenständige Vorstellungen entwickelte und Änderungen im Sinne der o. g. Empfehlungen einzuführen versuchte, begann der Gründerkreis ihn zu demontieren. Informell zog der Gründerkreis nach wie vor die Fäden auf sehr subtile und effektive Art und Weise. Er ließ dabei seine informellen, persönlichen Verbindungen zu Mitarbeitern und Vereinsmitgliedern spielen und unterminierte in Form von Stimmungen und Gerüchterzeugung die Entscheidungen des Vorstands und des Leiters. Er beeinflusste die Wahl der Abteilungsvertreter in die Mitgliederversammlung des Vereins und sicherte sich somit eine Mehrheit von ihnen genehmen Personen in diesem Organ.

Ein Leiter der 3. Generation hatte ebenso vielversprechend wie seine Vorgänger begonnen und die Reform der Organisation einen Schritt weit vorangebracht. Jedoch zeigte er sich ähnlich wie seine Vorgänger den nach wie vor waltenden reformfeindlichen Kräften in der Organisation nicht gewachsen. Er versuchte einen Spagat zwischen Eigenständigkeit, Reform und gutem Einvernehmen mit den Gründern. Um deren Einfluss zurückzudrängen, versuchte er sich eine eigene Hausmacht aufzubauen und entwickelte einen überkontrollierenden und autoritären Führungsstil. Dabei kopierte er, wie er später einräumte, unbewusst den

Führungsstil der Gründer und beförderte ungewollt eine Spaltung der Mitarbeiter. Unter diesen breitete sich eine zunehmende Unzufriedenheit mit seinem Führungsstil aus, und die Mitarbeitervertretung rief eine offizielle Arbeitsschutzkommission an, die Arbeitsbedingungen zu untersuchen. Ein Groß-Förderer, dem die Dauerkrise zunehmend Sorgen bereitete, beauftragte eine externe Organisationsberatungsfirma mit einer Evaluation.

Letztere und die Arbeitsschutzkommission kamen in ihren Berichten zu folgenden Ergebnissen:

- Einige Mitarbeiter litten an seelischen Problemen, Stress und Burnout infolge mangelnder Fürsorge und mangelnden Schutzes gegen die Auswirkungen des traumatisierenden Materials, mit dem sie in der täglichen Arbeit konfrontiert seien
- Es fehle eine externe Supervision
- Viele seien überarbeitet, Rahmenbedingungen für Arbeitszeiten und Arbeitslast seien nicht festgelegt
- Es herrsche ein Mangel an Vertrauen zwischen Mitarbeitern und Leitung
- Es gebe keine Transparenz über die Leitungsentscheidungen und unklare Botschaften seitens der Leitung
- Abweichende Meinungen würden sanktioniert
- Ungelöste alte Konflikte, offene Wunden und »Leichen im Keller« suchten die Organisation heim.

Die beiden Berichte sahen einen Teil der Schuld an diesen Problemen im Führungsstil des Leiters, aber ebenso in der fortdauernden Einmischung des Gründerkreises. Die Hauptschuld gaben sie jedoch den fortbestehenden strukturellen Mängeln der Organisation, den frühere Evaluatoren bereits festgestellt hatten. Paradoxerweise gelang es dem Gründerkreis, die Berichte in eine alleinige Abstrafung des Leiters und nicht ihrer selbst umzudeuten. Es gelang ihnen, den Leiter als Despoten hinzustellen und unter den Mitarbeitern eine offene Revolte gegen ihn zu schüren. Ein vom o.g. Groß-Förderer engagierter Konfliktmoderator, ein in der Teamberatung erfahrener Psychologe, versuchte, die Lage in den Griff zu bekommen. In seiner Bestandsaufnahme fand er einen hohen Angstpegel, ein hohes Maß an Verwirrung und Desorientierung unter den Mitarbeitern und der Leitung. Die Mitarbeiter fühlten sich vom Gründerkreis und Teilen des Vorstandes in Konflikte aus der Vergangenheit hineingezogen, mit denen sie nichts zu tun hatten. Ein Mitarbeitervertreter sprach davon, dass diese Konflikte offenbar »in den Mauern der Einrichtung verborgen« weiter ihr Unwesen trieben. Wilde Gerüchte und Fantasien kursierten über Intrigen und Fraktionierungen, dass Telefone abgehört und E-Mails kontrolliert würden. Vergleiche zu »CIA« und »KGB« wurden gezogen. Einige Mitarbeiter litten an psychosomatischen Beschwerden, einige wurden manifest krank, ein Mitarbeiter erlitt einen Nervenzusammenbruch, fiel über Monate aus und verließ schließlich die Einrichtung.

Der Vorstand stellte sich schützend vor den Leiter und versuchte, den Gründerkreis zu entmachten, indem er alle dessen noch bestehende Beraterverträge kündigte. Daraufhin aktivierte dieser seine persönlichen Verbindungen zum Hauptförderer, der in einem offiziellen Schreiben an den Vorstand seine Förderung einzustellen drohte, falls der Gründerkreis nicht umgehend in seine alten Funktionen wieder eingesetzt werde. Gegen diese Drohung war der Vorstand machtlos. Das Damoklesschwert eines drohenden Bankrotts brachte eine Mehrheit der Mitarbeiter als auch der Vereinsmitglieder gegen den Vorstand auf. Die Gegner des Gründerkreises im Vorstand wurden abgewählt, und der Leiter wurde entlassen. In Personalunion übernahm ein Vertrauter des Gründerkreises sowohl die Funktion des Vorstands-Vorsitzenden als auch die Funktion des Leiters. Eine Minderheit des Vorstands und der Vereinsmitglieder sprach sich warnend gegen diese Vermischung der Ebenen und die zu große Machtfülle dieser Person aus. Sie wurden jedoch überstimmt mit dem Argument, in dieser schweren Führungskrise müsse eine starke Hand wieder Ordnung schaffen.

Die Warner sollten recht behalten. In einer Art Säuberungsaktion versuchte der neue starke Mann alle noch verbliebenen unabhängigen und kritischen Leute innerhalb des Vorstands und der Mitarbeiter mit formalen Tricks auszubooten. Er arbeitete mit Einschüchterung und erzeugte ein Klima von Angst und Duckmäusertum, zahlreiche Mitarbeiter kündigten. Es ging rapide mit der Organisation bergab, und ihr drohte der vollständige Kollaps.

Schließlich gelang es den verbliebenen unabhängigen Mitgliedern des Vorstands, gegen den Willen des starken Mannes einen neuen hoch qualifizierten, erfahrenen Profi und durchsetzungsfähigen Leiter einzustellen. Dieser neue Leiter erwies sich als eine sehr starke Persönlichkeit und den sofort einsetzenden Intrigen des »starken Mannes« gegen ihn gewachsen. Er schaffte es, eine Mehrheit im Vorstand hinter sich zu bringen, das völlig zerrissene und verstörte Team wieder zu stabilisieren und mit fähigen neuen Mitarbeitern aufzufüllen. Als schließlich auch finanzielle Manipulationen des »starken Mannes« ruchbar wurden, wurde er von einer knappen Mehrheit der Mitglieder per Misstrauensvotum von seiner Vorstandsfunktion entbunden. Entscheidend trug dazu bei, dass der Gründer selbst die Fronten wechselte und sich hinter den neuen Leiter stellte. Letzterem war es gelungen, das Vertrauen des Gründers zu erringen, ihm eine Sonderstellung als Ehrenpräsident anzubieten im Austausch zu einem Verzicht auf jegliche Einmischung in das Alltagsgeschäft. Offenbar war der Gründer der vielen Turbulenzen und Führungswechsel müde und hatte wohl eingesehen, dass der von ihm mit in den Sattel gehobene, starke Mann außer Kontrolle geraten war und das Lebenswerk des Gründers zu zerstören drohte.

Dies markierte den Schluss- und Wendepunkt einer jahrelangen Agonie von inneren Konflikten, von Dauerkrisen mit einem hohen Verschleiß an Führungskräften und fähigen Mitarbeitern, einer inhaltlichen Aushöhlung mit Qualitätsverlust, einem Verlust an institutionellem Gedächtnis und einem Verlust an Ansehen in der Öffentlichkeit. Die von den Experten empfohlenen Strukturreformen wurden vom neuen Leiter nun endlich weitgehend umgesetzt, im Zuge dessen sich die Organisation allmählich stabilisierte und regenerierte (siehe Bild 5, informelles Organigramm nach Stabilisierung). Nach den Kategorien der Organisations- und Gruppenbildung ist Organisation B sehr lange in der Pionierphase, in einem permanenten Storming stecken geblieben. Es erfolgte zwar frühzeitig eine vertikale Differenzierung mit Herausbildung einer Leitungsstruktur. Diese war jedoch sehr zentralistisch, und es wurde kaum Verantwortung an das mittlere Management delegiert, was die Kreativität der Mitarbeiter und die Weiterentwicklung der Einrichtung zur Integrationsphase blockierte. Die starre Haltung der Gründer ließ die Gruppenbildung in einem rigiden Norming mit »groupthink« und Zwang zum Konformismus stagnieren, in dem jegliche Reformversuche als Verrat an den ursprünglichen Zielen der Einrichtung diffamiert und sanktioniert wurden.

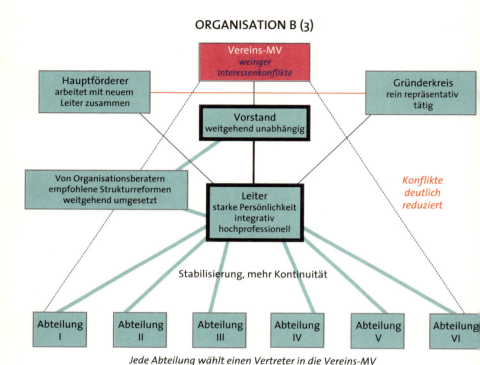

Bild 5: Informelles Organigramm von Organisation B nach Stabilisierung

Festzuhalten ist, dass die unabhängigen Persönlichkeiten im Vorstand die Organisation vor dem völligen Kollaps bewahrten. Voraussetzung dafür war, dass sie in keinem Abhängigkeitsverhältnis zur Organisation standen und in keiner Weise persönlich oder finanziell mit ihr verstrickt waren oder in einem irgendwie gearteten Abhängigkeitsverhältnis zu ihr standen. Das versetzte sie in die Lage, frei nach bestem Wissen und Gewissen zu entscheiden, ohne in Interessenkonflikte zu geraten. Wesentlich zur Lösung der jahrelangen Dauerkrise beigetragen hat auch, dass der Gründer schließlich über seinen Schatten springen und loslassen konnte. Er hatte trotz aller irrationalen Fixierung dann doch genügend rationales Urteilsvermögen bewiesen, wobei die starke Persönlichkeit des neuen Leiters wohl den Ausschlag gab.

## 4.2.2 Organisation C

Im Folgenden wird die Entwicklung einer Einrichtung nachgezeichnet, die von ihrer Organisationskultur eine Mischung aus Beispiel A und B darstellt. Zunächst das formelle Organigramm in der Aufbauphase:

Hier sehen wir formal nach außen hin eine ähnliche Struktur wie in Organisation A mit dem Unterschied, dass von Beginn an Team- und Fall-Supervision fester Bestandteil der Einrichtung sind.

Das informelle Organigramm zeigt eine nicht ganz so durchgängige basisdemokratische Struktur wie Organisation A, denn es gibt eine funktionierende – wenn auch in ihrer Handlungsfähigkeit eingeschränkte – Leitung, und es gibt einen unabhängigen und handlungsfähigen Vorstand. Es herrscht daneben eine basisdemokratische Struktur mit dem auch vom Leiter teilweise mitgetragenen Mythos, dass alle alles entscheiden. Ein erheblicher Teil von informeller Macht liegt bei weiteren Mitgliedern des Gründerteams und einem informellen Team-

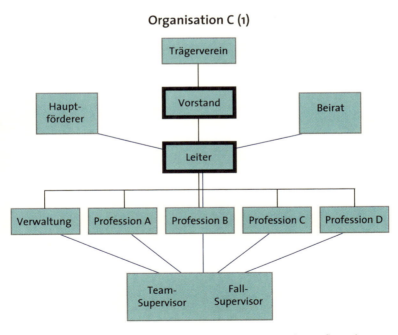

**Organisation C (1)**

Bild 6: Formelles Organigramm von Organisation C in der Aufbauphase

sprecher. Das Team ist gespalten in Gefolgsleute dieser zwei informellen Machtzentren, die sich gegenseitig bekämpfen. In manchen Schlüsselfragen nimmt der Leiter seine Führungsrolle wahr. So widersteht er z. B. im Unterschied zu Organisation A allen Versuchen von Mitarbeitern, über Gehaltsfragen mit zu entscheiden. Auf anderen Gebieten beeinträchtigen die informellen Machtstrukturen, die Fraktionskämpfe und die nicht deutlich festgelegten Kompetenzen des Leiters das Funktionieren der Einrichtung. Das betrifft das Festlegen von Arbeitszeiten, die Fallzahl pro Behandler, die Behandlungsphilosophie und die Kontrolle der Aktenführung. Hin und wieder greift hier der Vorstand disziplinierend ein und stärkt dem Leiter den Rücken. Der Team-Supervisor, ein Selbstdarsteller, hat keine Erfahrung in der Arbeit mit Traumapatienten

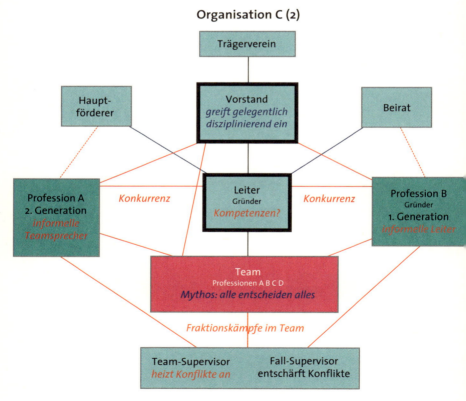

Bild 7: Informelles Organigramm von Organisation C in der Aufbauphase

und mit interkulturellen Teams. Er ist von der explosiven Dynamik überfordert und, statt haltend und de-eskalierend zu wirken, er heizt nach der Devise »alles muss auf den Tisch, es gibt keine Tabus« die Konflikte im Team zusätzlich an. Auf dem Höhepunkt eines schweren und die Einrichtung als Ganzes bedrohenden Konfliktes, als man ihn am nötigsten braucht, wirft er das Handtuch und lässt Leitung und Mitarbeiter im Regen stehen. Der Fall-Supervisor dagegen, ein eher bescheidener und gestandener Fachmann, der selbst jahrelang ein Traumazentrum geleitet hat, spielt in dieser Phase eine stabilisierende Rolle, da er die personalisierten Konflikte auf die Sachebene und auf die Bewältigung von Arbeitsinhalten zurückbringt.

Nach der erwähnten Krise erfolgt eine Umstrukturierung (Bild 8). Dem Leiter werden zwei vom Team gewählte Teamsprecher als Co-Lei-

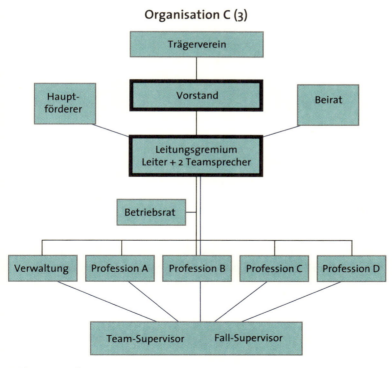

Bild 8: Formelles Organigramm von Organisation C nach Krise in der Aufbauphase

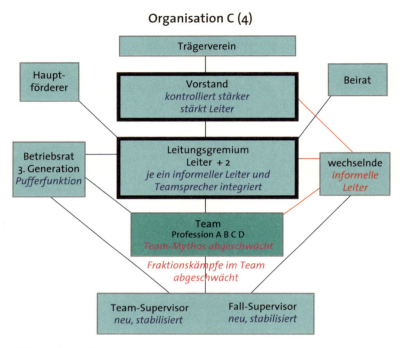

**Organisation C (4)**

Trägerverein

Haupt-förderer

Vorstand
*kontrolliert stärker
stärkt Leiter*

Beirat

Betriebsrat
3. Generation
*Pufferfunktion*

Leitungsgremium
Leiter + 2
*je ein informeller Leiter und
Teamsprecher integriert*

wechselnde
*informelle
Leiter*

Team
Profession A B C D
*Team-Mythos abgeschwächt*

*Fraktionskämpfe im Team
abgeschwächt*

Team-Supervisor
*neu, stabilisiert*

Fall-Supervisor
*neu, stabilisiert*

Bild 9: Informelles Organigramm von Organisation C nach Krise
in der Aufbauphase

ter zur Seite gestellt. Ein Betriebsrat wird installiert. Es wird ein neuer
Team-Supervisor engagiert. Das informelle Organigramm (Bild 9) zeigt
jetzt eine gewisse Eingrenzung der informellen Machtstrukturen, da die
informellen Leiter in die Leitung als Teamsprecher/Co-Leiter integriert
worden sind. Es herrscht zwar nach wie vor der Teammythos, dass alle
alles mitentscheiden, jedoch schwächen sich die Fraktionskämpfe im
Team ab. Stabilisierend wirkt der neue Team-Supervisor, der die Team-
Supervision mehr auf das Ziel Teambildung und Verbesserung der
Arbeitsabläufe fokussiert und den Personalisierungen von Konflikten
entgegenarbeitet. Es wird auch ein neuer Fall-Supervisor engagiert,
nachdem der alte einen Wechsel angeregt hatte. Der neue bewirkt durch
seine andere Methodik, seine anderen Schwerpunkte und seinen anderen persönlichen Stil einen Perspektivenwechsel mit einem Lerneffekt
und einer Erweiterung des Horizonts, welche das gemeinsame Reflek-

tieren des Teams über schwierige Behandlungsfälle weiter fördert. Eine Pufferfunktion zwischen Team und Leitung übernimmt der Betriebsrat, der die Anliegen der Mitarbeiter bündelt und gegenüber der Leitung vertritt und damit einen Rückgang der endlosen fruchtlosen Teamdebatten herbeiführt. Ebenso stabilisierend wirkt auch der Vorstand, der die Vorgänge in der Einrichtung stärker kontrolliert und dem Leiter den Rücken stärkt.

In der Folgezeit sehen wir eine längere Übergangsphase von der ursprünglichen Aufbau- bzw. Pionierphase in ein zunehmend differenziertes und professionell geführtes Unternehmen, im Zuge derer die meisten Akteure aus der Gründergeneration einschließlich des Leiters nach und nach die Einrichtung verlassen. Diese Übergangsphase ist von wiederholten Krisen gekennzeichnet, die jeweils mithilfe eines Organisationsberaters bewältigt werden und zu schrittweisen Umstrukturierungen führen (Bild 10). Diese Umstrukturierungen passen sich der gewachsenen Größe der Einrichtung an. Die Mitarbeiterzahl hat sich gegenüber der Pionierphase verdreifacht, und es sind neue Arbeitsfelder entstanden, die eine Unterteilung in verschiedene Abteilungen erforderlich machen. Die Förderstruktur hat sich diversifiziert, was die anfängliche Abhängigkeit von einigen wenigen Großförderern reduziert. Es wird eine starke Doppelspitze aus zwei Direktoren geschaffen sowie eine mittlere Leitungsebene mit Abteilungsleitern für die verschiedenen Arbeitsbereiche. Diese Abteilungen arbeiten relativ eigenverantwortlich. Im Vergleich zur Aufbauphase wird insgesamt mehr Verantwortung an die mittlere Leitungsebene und an die Mitarbeiter der Abteilungen delegiert. Die Gesamt-Teamsitzungen werden in Frequenz und Dauer erheblich reduziert. Sie dienen nur noch dem Austausch von wichtigen Informationen, und es werden dort keine Entscheidungen mehr debattiert oder gefällt. Ein- bis zweimal pro Jahr finden Klausurtagungen mit allen Mitarbeitern statt in Anwesenheit eines Organisationsberaters, wo die Zukunftsperspektiven, Strategien und notwendige Veränderungen und Verbesserungen diskutiert werden. Die Team-Supervision wird ganz abgeschafft, da sie zu einer Arena zur Austragung persönlicher Fehden geworden, ihr ein Großteil der Mitarbeiter ferngeblieben war und auch der Supervisor dies nicht mehr mittragen wollte. Es gibt weiterhin eine Fall-Supervision für die Therapeuten. Darüber hinaus hat sich die Einrichtung diversifiziert, sie hat zahlreiche

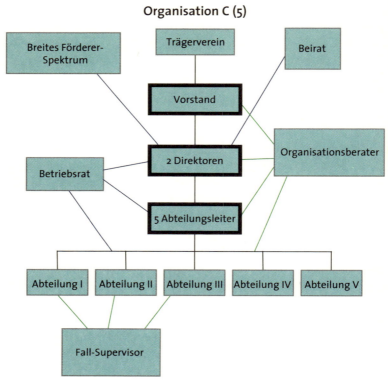

## Organisation C (5)

Bild 10: Formelles Organigramm nach wiederholten Strukturreformen
mithilfe eines Organisationsberaters

neue Projekte und Tätigkeitsfelder übernommen in Kooperation mit
anderen Organisationen und dazu Tochtergesellschaften gegründet
(Assoziationsphase).

Der Betriebsrat übernimmt eine konstruktive Rolle bei der Neustrukturierung. Was weiter zur Stabilisierung beiträgt, ist der Weggang
der informellen Leiter, die das basisdemokratische Modell und den
Teammythos am stärksten vertreten hatten. Des Weiteren wird im Lauf
der Zeit eine ganze Reihe neuer jüngerer Kollegen eingestellt, die mehr
professionell, pragmatisch und weniger ideologisch orientiert sind. Im
Vergleich zur Pionierphase haben sich die meisten in der Patientenver-
sorgung Tätigen mittlerweile weiterqualifiziert, insbesondere auch psy-

chotherapeutisch weitergebildet mit einem hohen Selbsterfahrungsanteil. Ebenso wurde bei Neueinstellungen mehr auf diese Voraussetzungen geachtet. Im Vergleich zur Aufbauphase ist der Spannungs- und Konfliktpegel deutlich niedriger. Konflikte werden weniger personalisiert und mehr auf der Sachebene ausgetragen.

Reste der informellen Strukturen und des Teammythos von einst sind nach wie vor vorhanden und flackern gelegentlich wieder auf. Sie sind jedoch nicht mehr so beherrschend für die Dynamik in der Einrichtung, insofern gibt es weniger informelle Macht. Die Notwendigkeit von Leitung und Delegation von Verantwortung auf die verschiedenen Leitungsebenen wird allgemein akzeptiert.

Nach den Kriterien der Organisations- und Gruppenbildung ist der Übergang von der Pionierphase in die Differenzierungs- und Integrationsphase bis zur Assoziationsphase dieser Einrichtung, begleitet von zahlreichen Krisen, gelungen. Nach einer langen Phase des Storming haben Leitung und Team sich mithilfe von Supervisoren und Organisationsberatern auf zahlreiche Regelungen der Arbeitsabläufe und Abmachungen geeinigt (Norming), arbeiten inzwischen effektiv zusammen und haben zu einem inneren Gleichgewicht und zu Beständigkeit gefunden (Performing).

Einer der entscheidenden Gründe, warum dieser Einrichtung die Transformation einigermaßen gelungen ist, ist das Vorhandensein eines Vorstandes/Aufsichtsrates mit unabhängigen externen Personen, die in keiner Weise mit den Mitarbeitern der Einrichtung verquickt sind und keine »Aktien« im Unternehmen haben. In den härtesten Zeiten der Konflikte und Krisen war der Vorstand nie in seiner Handlungsfähigkeit beeinträchtigt und hat, soweit notwendig, schlichtend, ordnend, reformierend, aber auch sanktionierend eingegriffen. Die gleiche Einrichtung wäre im Falle einer Vermischung der Ebenen von Vorstand, Leitung und Mitarbeitern der destruktiven Dynamik schutzlos ausgeliefert gewesen, wie die Beispiele in den vorangegangenen Kapiteln zeigen. Weitere Gründe für das Gelingen waren, dass diejenigen, die an den Mythen und dysfunktionalen Strukturen der Pionierphase festgehalten und sich den notwendigen Veränderungen widersetzt haben, nach und nach gegangen sind. Der Leiter hat die Strukturreformen selbst noch mit auf den Weg gebracht, aber die Einrichtung dann auch verlassen. Ihn hatten die jahrelangen Konflikte zermürbt, und er hatte den Eindruck gewonnen, dass seine Person zu sehr mit den Mythen und Illusionen der Pionierphase behaftet war und er deshalb weiteren Veränderungen eher im Wege stehen würde.

## 4.2.3 Organisation D

Im Folgenden wird Organisation D dargestellt, die in einem Schwellenland gegründet wurde unmittelbar nach dem Ende einer Diktatur mit bürgerkriegsähnlichen Zuständen. Die Organisation wurde von einem charismatischen Pionier und einer engagierten kleinen Gruppe von Mitstreitern aus der Taufe gehoben. Man ging mit großem Elan und viel Idealismus zu Werke. Die ersten zwei Jahre ging das ganz gut, es gab sehr viel zu tun, und es floss Geld von internationalen Fonds. Nach ein paar Jahren war der Gründer völlig ausgebrannt und verließ Hals über Kopf die Einrichtung. Er kürte einen jungen, neu hinzugekommenen Kollegen als Nachfolger, der sich als Netzwerker bewährt und die Einrichtung auf internationalem Parkett erfolgreich vertreten hatte. Nach außen hin stabilisierte sich die Einrichtung, da es dem neuen Leiter gelang, das drohende Wegbrechen von Fördergeldern abzuwenden. Nach innen taten sich jedoch tiefe Gräben auf. Der neue Leiter wurde von älteren Mitarbeitern aus dem Gründungsteam nicht akzeptiert und hielt sich aus der inneren Leitung heraus. Die Arbeitsabläufe waren nicht klar geregelt, und es gab sehr viele Reibungen untereinander. Als der Leiter einmal aus einem längeren Urlaub zurückkehrte, hatte ein informeller Leiter aus dem Team das Heft in die Hand genommen. Der Leiter fühlte sich kaltgestellt und trug sich mit Ausstiegsgedanken. Sein Vorgänger, der Gründer, hing noch mit einem Bein in der Einrichtung und versuchte in den internen Konflikten zu vermitteln. Er übernahm auch die Rolle des Fall-Supervisors und Konfliktmoderators, war jedoch damit nicht sehr erfolgreich.

Daraufhin engagierte der neue Leiter einen externen Supervisor. Dieser fand bei seiner Bestandsaufnahme ein hoch motiviertes, hoch kompetentes, jedoch fragmentiertes Team vor, in dem verschiedene informelle Leiter sich gegenseitig bekämpften und der eigentliche Leiter auf ziemlich verlorenem Posten stand. Die Arbeitsabläufe waren chaotisch, es gab kein gemeinsames Behandlungskonzept, keine regelmäßigen Fallbesprechungen, keine klaren Aufgabenverteilungen, keine ein-

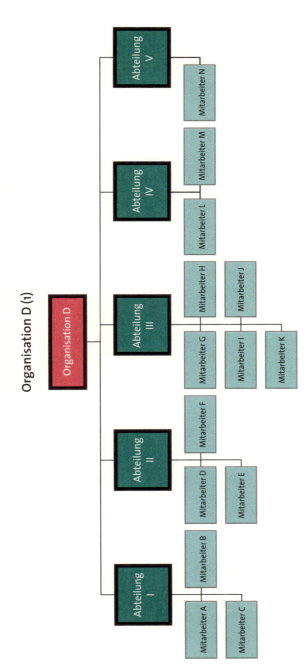

Bild 11: Formelles Organigramm der Organisation D

heitliche Aufnahmeprozedur für Klienten und keine festen Arbeitszeiten. Die Leute kamen und gingen, wann sie wollten. Infolgedessen gab es sehr viel Doppelarbeit im Sinne von »alle machen alles«, viele Reibungsverluste, keine gegenseitige Abstimmung in der Zusammenarbeit und insgesamt einen hohen Grad an Unzufriedenheit und Frustration. Formell bestand die Leitung aus drei Personen, dem Gesamtleiter, einem fachlichen Leiter und einem Verwaltungsleiter. Diese arbeiteten jedoch nebeneinander her und so gut wie kaum zusammen. So trafen sie sich z. B. niemals zu gemeinsamen Besprechungen. Aufschlussreich war in diesem Zusammenhang ein Organigramm, welches das Leitungsteam für eine Vorstellung der Einrichtung vor Geldgebern und Besuchern angefertigt hatte. (Bild 11)

In diesem Organigramm setzten die Autoren an oberste Stelle einen Kasten mit dem Namen der Organisation. Auf Nachfrage konnten sie nicht sagen, was dieser Kasten bedeutet. Die Einrichtung ist eine Non-Profit-Organisation, aber es gibt keinen Verein mit Mitgliedern, es gibt keinen Vorstand oder Aufsichtsrat, da solche formellen Organe in diesem Land unüblich sind. Es stellte sich heraus, dass der Leiter bereits einen Aufsichtsrat berufen hatte. Jedoch hatten die angesprochenen Mitglieder ihr Amt nicht ausgefüllt, noch kein einziges Mal zusammen getagt und sich noch nie in der Einrichtung blicken lassen. Das hat ebenfalls mit der Kultur des Landes zu tun, in dem die Annahme eines solchen mit Verantwortung verbundenen Ehrenamtes unüblich ist.

Weiterhin aufschlussreich ist, dass die Autoren in dem Organigramm die drei Leitungskräfte unter »ferner liefen« in der Säule der Abteilung III, Verwaltung subsumiert haben. Sie sind dort lediglich als Mitarbeiter G, H und I mit Namen aufgeführt, aber nicht als Leitungskräfte gekennzeichnet. Ein Außenstehender muss denken, dass die Einrichtung überhaupt keine Leitung hat, sondern nur eine Verwaltung, die auf gleicher Ebene mit den anderen Abteilungen steht. Über dem Ganzen schwebt wie ein Phantom, wie eine imaginäre übergeordnete Instanz, der Kasten mit dem Namen der Organisation.

Das Organigramm spiegelt die Gemengelage in der Organisation wider. Es gibt einen Gesamtleiter, es gibt einen fachlichen Leiter sowie einen Verwaltungsleiter, die aber kaum als solche wahrgenommen und auch nicht allgemein akzeptiert werden. Das haben die Leiter, die dieses Organigramm angefertigt haben, so weit verinnerlicht, dass sie sich

## Organisation D (2)

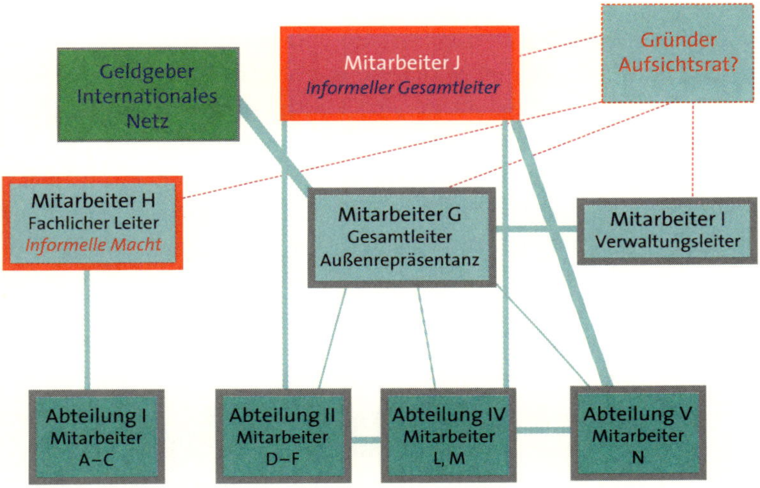

Bild 12: Informelles Organigramm der Organisation D

selbst darin unterschlagen und gewissermaßen hinter den Mitarbeitern versteckt haben.

Das informelle Organigramm zeigt den o. g. Zustand, wie der Supervisor ihn vorgefunden hat. Beim informellen Leiter J laufen die Fäden zusammen. Der formelle Gesamtleiter G hat sich auf die Außenrepräsentanz verlegt und die Kontakte zu den Geldgebern. Ansonsten steht er innerhalb der Einrichtung ziemlich allein und verfügt über wenig Einfluss. Der Aufsichtsrat ist ein Phantom, auch die weiter bestehende Rolle des Gründers ist unklar. Der fachliche Leiter H verfügt als einer aus dem Kern der Ursprungsteams über relativ großen Einfluss. Er hält sich aber weitgehend aus organisatorischen Dingen heraus.

Dem Supervisor gelingt es in mehrfachen Team-Trainingstagen, dem Team diese Strukturschwächen zu spiegeln und einsichtig zu machen. Eine Mehrheit der Mitarbeiter macht sich in der Folge daran, die organisatorischen Abläufe mithilfe des in regelmäßigen Abständen wiederkehrenden Supervisors zu verbessern. Sie schaffen sich ein klareres Regelwerk über Arbeitszeiten, Patientenaufnahme, Behandlungskonzept, Grenzziehungen in der Klientenbetreuung, Arbeitsteilung,

Delegation von Aufgaben, besserer Koordination untereinander und Fortbildung. Regelmäßige inhaltlich klar eingegrenzte Teambesprechungen und Fallkonferenzen werden eingeführt. Schritt für Schritt werden diese Veränderungen umgesetzt. Wesentlich zur Stabilisierung trägt bei, dass der Gesamtleiter G sich mit dem informellen Leiter J verständigt. Sie bilden zusammen ein starkes und sich gut ergänzendes Leitungsduo. Der Gesamtleiter G wächst in seine Leitungsrolle mehr und mehr hinein, und er wird in der Folge von fast allen anerkannt und respektiert. Die beiden Leiter sind sich darin einig, dass die bisherige lockere, informelle, familiäre und freundschaftliche Kultur mit dafür verantwortlich sei, dass die Leute sich nicht an Regeln hielten und diese Regellosigkeit und Beliebigkeit einer gegenseitigen Respektlosigkeit gleichkomme. Damit der Laden besser funktioniere, müsse man zu einem mehr formalen Umgang miteinander finden. Regelverletzungen müssten sanktioniert werden. Dieser Abschied von der »Familie« sei sehr schmerzlich, aber schon allein angesichts der gewachsenen Größe der Einrichtung mit mittlerweile drei Zweigstellen unumgänglich.

Eine erste Bewährungsprobe besteht das Team in seiner neuen Konstellation während einer gesellschaftlichen Krise mit einer staatlichen Repressionswelle. Die Mitarbeiter sind davon teilweise selbst betroffen, es kommen viele neue Klienten, für die Krisenintervention und Erste Hilfe zu leisten sind. Diese Ereignisse schweißen die Mitarbeiter zusammen, sie überwinden einen Teil ihrer Fragmentierung und entwickeln einen neuen Teamgeist.

Die Veränderungen sind im formellen Organigramm der Organisation abzulesen (Bild 13).

Die Leitungsfunktionen sind geklärt. Es gibt eine Doppelspitze aus dem Gesamtleiter G, der schwerpunktmäßig für die Außenvertretung und Vernetzung zuständig ist, und dem Teamleiter J, der für die Innenleitung zuständig ist. Der fachliche Leiter H, der sich bislang aus vielem herausgehalten hatte, hat mehr Kompetenzen erhalten wie z. B. die Zuständigkeit für externe und interne Fortbildung und die Forschung. Damit ist er wieder mehr in die Einrichtung integriert. Der Mitarbeiter I, ursprünglich für die Verwaltung zuständig, ist nur noch für die Finanzen zuständig und nicht mehr Teil des Leitungsgremiums. An die Mitarbeiter der Abteilungen werden von der Leitung vermehrt Aufgaben

## Organisation D (3)

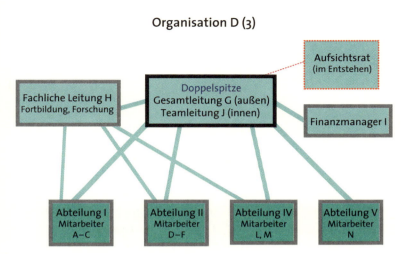

Bild 13: Formelles Organigramm der Organisation D nach Erweiterung und Strukturreform

delegiert und entsprechend Professionen und Fähigkeiten aufgeteilt. Diese Struktur ist mithilfe des Supervisors nach mehreren Teamtagen so im weitgehenden Konsens vereinbart worden. Jedoch zeigt es sich, dass die alten Strukturen sehr zäh sind und der alte Trott sich schnell wieder einschleift. Die Entwicklung in dieser Organisation gleicht einem ständigen »zwei Schritte vor – ein Schritt zurück«.

Die Einrichtung hat mithilfe eines Supervisors die Krise nach dem überstürzten Weggang des Gründungsleiters erfolgreich überwunden und sich auf den Weg von der Pionierphase in die Differenzierungsphase begeben mit Ausbildung einer funktionsfähigen Leitung, Abgrenzung von Kompetenzen und Verantwortlichkeiten etc. Das Team hat sich nach der Fragmentierung und Zerstrittenheit (Storming) auf Regeln und eine bessere Arbeitsorganisation geeinigt (Norming). Ein großer Risikofaktor in Organisation D ist das nach wie vor ungelöste Problem des nicht vorhandenen Aufsichtsrates als Kontrollorgan aus unabhängigen Persönlichkeiten. Das Fehlen dieses Organs hat sich in der schweren Krise um den Weggang des Gründers besonders bemerkbar gemacht. Es fehlte eine übergeordnete Instanz, die zwischen den zerstrittenen Fraktionen des Teams vermitteln und den unsicheren und überforderten Leiter stützen konnte. Als eine Art Ersatzinstanz für den fehlenden Aufsichtsrat holte der Leiter sich schließlich den externen Supervisor.

## 4.2.4 Organisation E

Organisation E (in einem westlichen Land) geriet wie so viele andere nach einer euphorischen Pionierphase in eine schwere Krise, die weder mithilfe von Supervisoren noch des Aufsichtsrates zu lösen war. Daraufhin beauftragte der Aufsichtsrat die wirtschaftswissenschaftliche Abteilung einer Universität, deren Expertenteam über Monate mittels Personalinterviews und Präsenz in der Einrichtung eine sehr sorgfältige Organisationsanalyse erstellte. In ihr wird nachgezeichnet, wie die strukturellen Defizite der Aufbauphase in die Krise geführt haben. Hier findet man im Mikrokosmos der einen Einrichtung fast alle in dieser Studie zutage tretenden Phänomene. Ich zitiere aus dieser Analyse, da die gleichen Prozesse, die von meinen Interviewpartnern beschrieben werden und die in den vorherigen Organigrammen bildlich zur Darstellung kommen, hier rein aus der nüchternen externen Sicht von Management-Spezialisten geschildert werden. Es handelt sich um Fachleute, die weder aus dem Sozial- und Therapiebereich noch aus der Menschenrechtsarbeit kommen. Sie haben eine dementsprechend andere Blickrichtung und benutzen auch eine etwas andere sehr prägnante Begrifflichkeit, was dem Leser eine zusätzliche Perspektive eröffnet und dem tiefer gehenden Verständnis der Vorgänge dient. Es folgt eine Zusammenfassung der wesentlichen Ergebnisse dieser Organisationsanalyse:

Mit der Gründung der Einrichtung wurde Neuland betreten. Es wurden hohe Erwartungen daran geknüpft, ein führendes Kompetenzzentrum in der Region zu werden, und das in einem politisch und emotional hoch beladenen öffentlichen Raum. Im Verhältnis dazu waren relativ geringe Ressourcen vorhanden, die eine der Spannungsquellen waren. Dazu kam ein relativ unerfahrenes Ursprungsteam ohne spezialisiertes Wissen auf diesem Gebiet. Es waren Menschen dazu ausgewählt worden, von denen man erwartete, dass sie die fachlichen Defizite durch Engagement ausgleichen würden. Die Anfangsphase war gekennzeichnet von spannungsgeladener Unsicherheit und einer erwartungsvollen

Aufbruchstimmung. Das ging eine Weile gut, da Unsicherheit und Spannungen über das gemeinsame Ziel kanalisiert wurden, ein innovatives Projekt gegen den gesellschaftlichen Mainstream zu verwirklichen. Die Strategie der Akteure war vor allem darauf gerichtet, die eigene Unsicherheit zu bewältigen. Die Multiprofessionalität komplizierte das Ganze. Es ging zuallererst darum, selbst Boden unter die Füße zu bekommen und sich selbst fachlich in diesem neuen Feld zu positionieren. Das stand im Widerspruch zu den Anforderungen der Multiprofessionalität, die die fachliche Positionierung als geklärt voraussetzte.

Um die eigene Unsicherheit zu kaschieren, wurde als Defensivstrategie Diffusität zum Schutz der eigenen Person ausgebaut, einer Rollen- und Kompetenzdiffusion im Sinne von »alle machen alles«. Eine weitere Strategie, die eigene Unsicherheit zu kompensieren, war, sich als Pioniere zu definieren, die alle in einem Boot sitzen. Es ist klar, dass in einer Pioniersituation nicht alles perfekt sein kann, dass man improvisieren muss und auch Fehler passieren. Diese legitime und sinnvolle Entlastung verdichtete sich zu einem absoluten Recht auf gegenseitige Anerkennung als Person unter einer Ideologie der Gleichheit. Unter dem Deckmantel dieser Ideologie entwickelten sich jedoch Positionierungskämpfe, in denen es um Einflusszonen und Macht ging. Macht und Einflusszonen sind aber notwendig zur Regelung von Arbeitsbeziehungen, und in dieser Einrichtung war die multiprofessionelle Zusammenarbeit nicht geklärt. Wenn es keine fachliche oder sachliche Ebene gibt, Entscheidungen zu begründen, dann bleiben nur Macht und Einflusszonen als Basis für Entscheidungen übrig. So wurde es zu einem Merkmal der sozialen Dynamik, sachliche Entscheidungen über Macht unter dem Deckel der Ideologie der Gleichheit zu regeln.

Alle wollten den Status des Therapeuten erhalten. Auseinandersetzungen drifteten von der sachlichen Ebene sehr schnell auf die Beziehungsebene. Wenn sich jeder als Therapeut definiert und für sich beansprucht, dass das, was er und wie er es tut, o. k. ist, dann kann er damit jede Annäherung an die Klärung sachlicher Probleme unterlaufen. Die Multiprofessionalität blieb auf Dauer ungeklärt. Dieses System trug pathogene Energie in sich und mündete in gravierende Konflikte und eine auffällige Häufung von schweren Erkrankungen. Der Status als Pionier verlor mit der Zeit seine Tragkraft. Der Druck, »erwachsen zu werden«, sich zu einer kompetenten Einrichtung zu entwickeln – verbunden mit einer vertikalen Differenzierung in Leitung und Mitarbeiter –, wurde stärker. Die Leitung schwankte zwischen dem Wunsch, Teil des Teams zu sein, als Person anerkannt zu werden, und der wachsenden Notwendigkeit, auch wirklich zu leiten. Die daraus resultierenden Enttäuschungen führten bei der Leitung zu unkontrolliertem Verhalten, woraus ein »Mythos des Despoten« entstand. Während die Mitarbeiter den entlastenden Status als Pionier verloren, sich weiterhin als unsicher und nicht genügend kompetent erlebten, empfanden sie den anstehenden Systemwechsel als Bedrohung. Indem diese Bedrohung auf die Leitung projiziert wurde, gelang es, die Paradoxien und Tabus – Ideologie der Gleichheit bei gleichzeitigen erheblichen machtgesteuerten Positionierungskämpfen – zuzudecken. (Zu Paradoxien und Ideologie der Gleichheit siehe Kapitel 11. und 12.)

Das »Team« wurde zur Quelle und zum Ort für Sicherheit im Widerstand gegen die Leitung, wo die diffuse und mangelhafte fachliche Basis aufrechterhalten werden konnte. Es entwickelte sich eine tabuisierte, nicht hinterfragbare Solidarität des Teams, ein »Team-Mythos«, gegenüber der unrechtmäßigen, da »despotischen« Macht der Leitung. Das therapeutische Wissen um Übertragungsphänomene wurde strategisch – wenn auch nicht bewusst – eingesetzt, indem ständig Analogien zwischen der Thematik der Gewalt und der Situation in der Einrichtung hergestellt wurden: Opfer–Täter, Macht–Ohnmacht, Widerstand–Kontrollverlust (vgl. Kapitel 9.6). Das führte zu einer erheblichen Dramatisierung der Wahrnehmung und zu einer Verzerrung, die erfahrenen Therapeuten eigentlich nicht passieren dürfte. Es kam zu einer ausgewachsenen Blockade der inhaltlichen Weiterentwicklung der Einrichtung. Das Team schloss seine Reihen, erhob den Anspruch auf totale Autonomie und eigene Maßstäbe gegenüber der Leitung. Gleichzeitig vernachlässigte und verweigerte man, sich an anderen Leistungsbereichen zu beteiligen wie Weiterbildung. Zahlreiche Supervisionen, Organisationstage und Beratungen führten letztendlich nicht weiter. Die Dynamik war so weit fortgeschritten und hielt die Akteure in ihren paradoxen Strukturierungen so gefangen, dass alle diese Bemühungen nichts ändern konnten. Im Gegenteil trugen die damit verbundenen Enttäuschungen zum Anheizen und zur Eskalation der Konflikte bei.

Die Autonomie des Teams wurde im Hinblick auf die fachliche Autonomie zunehmend rigide verteidigt, ohne dass wirkliche Fortschritte zu beobachten waren. Es kamen informelle Machtmittel zum Einsatz wie Solidarität, Diffusität und das Aussitzen von Initiativen. Das wurde bedrohlich für die Leitung, die mit den überfälligen Änderungen nicht durchkam. Ein wahrer Teufelskreis nahm seinen Gang. Beide Seiten hatten aus ihrer Sicht völlig recht und konnten nicht verstehen, was auf der jeweilig anderen Seite eigentlich ablief.

Die Leitung versuchte, die informellen Führer des Teams in die formelle Verantwortung einzubinden, was als Strategie zur Schwächung des Teams aufgefasst und daher abgelehnt wurde. So blieben nur noch radikale Schritte übrig. Es wurde eine Kündigung ausgesprochen, die das System zum Überkochen brachte, eine weitere Kündigung folgte, im Zuge dessen verließen weitere Akteure das System. Das wurde als »Zerschlagung des Teams« aufgefasst. Für die Leitung bestand die Wahl nur im Selbergehen oder die Kündigung aussprechen. Die Kündigung hat zunächst den Mythos des Despoten bestärkt. Auf der anderen Seite hat sie aber den Mythos des Teams als Mythos entlarvt. Denn die Solidarität hat sich nicht als tragfähig erwiesen, weil sie von jeher eine Selbsttäuschung der tragenden Teammitglieder war, mit der die inneren Widersprüche, die Unsicherheit und die fachlichen Defizite verdrängt wurden. Auch der Mythos des despotischen Leiters verschwand schließlich aus dem Handlungssystem (vgl. Kapitel 11.1). So weit die Zusammenfassung der Organisationsanalyse der Wirtschaftswissenschaftler.

Der Leiter von Organisation E schied wenig später aus seinen Leitungsfunktionen aus. Unter einem neuen Leiter mit einem erneuerten Team stabilisierte sich die Situation weiter in Richtung Integrationsphase und Performing und ähnelt in vieler Hinsicht der Entwicklung von Organisation C.

**Krisen müssen nicht in die Stagnation und Zerrüttung führen, sie bergen eine Chance zur Weiterentwicklung**

Viele kleben an der Illusion, dass die Begeisterung und der Idealismus, der Missionsgeist, das Gemeinschaftsgefühl und die egalitären, familiär-freundschaftlichen Arbeitsbeziehungen der Pionierzeit auf Dauer aufrechterhalten werden können. Mit dem Wachstum an Mitarbeitern, Anforderungen und Vielfalt der Aufgaben werden diese Strukturen dysfunktional, und eine Abkehr vom Egalitätsprinzip, eine Diffe-

▶

renzierung zu mehr Hierarchie, Arbeitsteilung, Spezialisierung mit mehr funktionalen Arbeitsbeziehungen ist unausweichlich. Dieser Prozess ist sehr schmerzhaft. Widersetzen sich die Gründer bzw. die Bewahrer des Team-Mythos dieser Transformation, kommt es zu einer Erstarrung, einer Stagnation im Gruppenbildungsstadium des Storming mit zermürbenden Dauerkonflikten, Reibungsverlusten und Fraktionierungen sich bekämpfender informeller Leiter. Die schwerfälligen Entscheidungsprozesse führen zu Lähmungserscheinungen, Motivationsverlust und chaotischen Arbeitsabläufen. Hoher Stresspegel, hohe Fluktuation von Mitarbeitern und Leitungskräften führen zu Verlust des institutionellen Gedächtnisses, Verlust von Erfahrung und Kompetenz mit entsprechenden Auswirkungen auf die Qualität der Arbeit.

Auch wenn eine solche Erstarrung und Zerrüttung schon Jahre andauert, ist es für einen Ausweg aus der Krise nie zu spät. In allen Teams schlummern enorme regenerative Kräfte, die mit neuen unverbrauchten Mitarbeitern und Leitungskräften, mithilfe von außen seitens eines unabhängigen Aufsichtsorgans, eines externen Supervisors oder Organisationsberaters mobilisiert werden können. Die Strukturanalysen über NPOs von *Badelt et al.* sowie die Studien über Gruppenbildung von *Tuckman* lassen einen die mit heftigen Konflikten und Erschütterungen einhergehenden Transformationsprozesse besser verstehen. Es möge für Mitarbeiter von Traumazentren, die mitten im Geschehen drin sind, ein Trost sein, dass solche Krisen überwindbar sind und die beängstigenden Phänomene nicht das Ende der Welt bedeuten. Das hohe Konfliktpotenzial und das Chaotische liegen in der Natur der Sache, sie sind Teil eines Entwicklungsprozesses, wie er in allen Gruppen stattfindet, und sie sind eine unumgängliche Folge der Inhalte und Ziele sowie der gesellschaftlichen Außenseiterposition von NPOs allgemein. Das kann den Konflikten etwas von ihrer Sprengkraft nehmen und Ängste reduzieren. Man wird etwas gelassener und souveräner damit umgehen können, wenn man weiß, dass es sich um notwendige Entwicklungsphasen handelt, die nicht einfach übersprungen werden können.

# 5.  Die Kultur von Traumazentren mit hohem Stress- und Konfliktpegel

## 5.1  Moralischer Anspruch, Märtyrerkomplex, Selbstaufopferung

Das Thema lässt keinen kalt, das Schicksal der Klienten erzeugt Betroffenheit, verbunden mit einem hohen moralischen Anspruch an sich selbst. Auf der Seite der Opfer zu stehen, heißt, sich aufzuopfern. Eigennützige Motive wie Egoismus, Karrierestreben, Ansprüche auf gute Bezahlung, die in anderen Arbeitswelten selbstverständlich sind, werden abgespalten und unterdrückt.

IP aus westlichen Ländern:

*»Es entsteht ein erhebliches Ausmaß an Selbstanspruch ... Ich glaube, dass die Arbeit in diesen Einrichtungen über kurz oder lang einen erheblichen Druck erzeugt ... das eigene Gutsein und das auf der richtigen Seite stehen und der hohe moralische Anspruch ... ich muss sozusagen ein guter Mensch sein und ich bin ein guter Mensch, weil ich mich auf die Seite der Opfer stelle ... ich muss in einem erheblichen Ausmaß meine eigenen destruktiven Tendenzen, also auch dieses Egoistischsein, Geld haben wollen, am Konsum teilnehmen wollen, das muss ich alles auf extreme Weise abkapseln, muss ich von mir isolieren, muss ich von mir trennen ... stark unterdrücken.«*

*»Es gibt diese Tendenz, immer für die Patienten da zu sein. Eigentlich im Grunde genommen Tag und Nacht.«*

*»Es sind wahrscheinlich zum Großteil Leute mit Helfersyndrom, die hier arbeiten, wo ich immer der bessere Mensch als der andere sein möchte. Und zum Zweiten kommt dazu, dass ich im Grunde genommen immer zugewandt und freundlich sein muss, weil ich's ja immer mit Patienten oder Klienten zu tun habe, die was brauchen ...«*

*»Der Kollege hat ein großes Herz, diese Art von, sagen wir, Enthusiasmus und Aktivismus ... er ist derjenige, der, wenn wir entschieden haben, nicht vor Gericht zu gehen, vor Gericht geht ... er ist der Einzige, der mit-*

ten in der Nacht kommen wird … er ist derjenige, der für seine Patienten bis zum Äußersten geht.«

IP aus Schwellenländern:

»Alle, die hier arbeiten, sind hochgradig engagierte Personen … politisch engagiert. Es sind Leute, die … sehr große Anforderungen an sich selbst stellen und deswegen sehr streng sind mit sich selbst und mit den anderen, weil sie immer das Beste geben wollen … immer das Beste für die Patienten … es ist so, dass sie sich überfordern … in jeglicher Weise und nicht nur jetzt im streng klinischen Bereich, im persönlichen Bereich auch. Also immer versuchen, weiter zu studieren, weiter nachzuforschen, … zu betreuen, wen sie betreuen können oder betreuen müssen … immer über das Thema sprechen … auf Seminaren … bei Schulungen … wir arbeiten mit Personen, die ganz große Schäden, ganz große Verletzungen erlitten haben. Und das betrifft uns. Da fühlt sich jeder individuell natürlich sehr betroffen, und wir fühlen uns auch kollektiv betroffen und fühlen eine ganz große Verantwortung, diesen Menschen helfen zu können.«

»Anerkennung ist sehr wichtig, aber gleichzeitig steht dem die Ansicht gegenüber, dass eine Karriere, die sich auf dem vergossenen Blut unter Folter aufbaut, nicht richtig ist, als Gegenanerkennung.«

Ein IP nennt das den »Märtyrerkomplex«. Andere benutzten die Metaphern »Mutter Teresa«, »Samariter«, »Heiligenschein«. Es gab keine Grenzen, man arbeitete bis zum Umfallen mit einer spartanischen Härte im Umgang mit sich selbst und anderen.

IP aus westlichen Ländern:

»Man entwickelt einen Märtyrerkomplex. Die ganze Welt lastet auf deinen Schultern. Jeden Tag fühle ich mich überarbeitet und dass ich nicht genug getan habe …«

»Ich glaube, dass alle mehr arbeiten, als sie bezahlt kriegen …«

Ein Supervisor beobachtet an vielen seiner Supervisanden, dass es ihnen »… schwerfällt, ihr Privatleben auszufüllen … Der Druck von

Märtyrer mit Heiligenschein

diesen komplexen Patienten ist so groß, dass man sich schwer davon absentieren kann«[40].

Als ein IP, der sich mit den Klienten überfordert fühlte, um kollegiale Hilfe und Entlastung bat, wies ihn ein Kollege zurück: *»Der Kollege sagte zu mir, du kannst mit mir nicht darüber sprechen, du musst das für dich behalten. Du musst dich beherrschen ... Du musst in der Lage sein, Frustrationen auszuhalten.*«

Als IP anregten, Supervision zur Entlastung der Mitarbeiter einzuführen, bekamen sie seitens der Leitung zur Antwort: *»Das ist Zeitverschwendung, sich damit zu beschäftigen, was es mit uns macht ... das ist Nabelschau.*«

*»Diese Arbeit dreht sich nicht um dich, sondern um die Klienten ... er* (der Leiter, d. V.) *... er trug das vor sich her, dass wir das alles für die Klienten tun. Und wenn du etwas forderst, dann bist du zu selbstsüchtig und egoistisch.*«

IP aus Schwellenländern:

Ein Supervisor berichtet, wie er die asketische Kultur in der Einrichtung etwas auflockern wollte: *»Ich brachte zu den Sitzungen immer irgendwas mit, Blumen und eine Kerze. Am Anfang haben sie mich so angemacht: ›Eine Kerze und so, was soll das? Bist du hier, irgendeine Predigt zu halten, oder was?‹*«


## 5.2 Therapie als Kampf

In Schwellenländern kommen viele Helfer aus der Opposition gegen die Diktatur und den Befreiungsbewegungen. Sie haben Jahre im Gefängnis, im Untergrund oder im Exil verbracht. Enrique Bustos, ein chilenischer Emigrant, Psychologe und Mitgründer eines der ersten europäischen Traumazentren, bezeichnet diesen Typus als Helfer, der den politischen Kampf mit anderen Mitteln in der therapeutischen Einrichtung weiterführe, was an den Bedürfnisse der Klienten vorbeigehe[41]. Im Untergrundkampf waren Konspiration, militärische Tugenden, Härte,

---

[40]   Schmid, a. a. O. S. Anhang, Interviewtranskript, S. 12.
[41]   Bustos, E. (1990): Dealing with the Unbearable. Reactions of Therapists and Therapeutic Institutions Working with Survivors of Torture. In: Suedfeld, P. (Hrsg.): Psychology and Torture. Hemisphere Publishing Corporation, Washington.

keine Schwäche zeigen, Abspaltung von Gefühlen überlebenswichtig. Im therapeutischen Raum sind diese Eigenschaften kontraproduktiv. Aus den Schilderungen einiger IP wird deutlich, dass diese Eigenschaften unter den Pionieren von Traumazentren in Abstufungen häufig zu finden sind.

IP aus Schwellenländern:

Ein Therapeut:»*... Die Verführung, von sich und seinem Team sagen zu können:* ›*Wir leisten Widerstand, wir machen politisch das und das*‹, *die ist sehr groß, und dabei kann sehr schnell der Maßstab verloren gehen* ...«

Ein Supervisor:»*... eine Person ... vor der ich hohen Respekt hatte, sie war wirklich ein alter Kämpfer, war im Gefängnis gewesen ... die hatte so etwas, dass sie in keiner Situation weinen würde, ... Das hat sie aber offensiv vertreten* ...«

In den Einrichtungen setzten sich häufig Richtungskämpfe aus der Zeit des politischen Aktivismus fort. »*Meine Generation ... wir waren und sind stark politisiert. Und die meisten, die im Menschenrechtsbereich arbeiten, sind auch an bestimmte politische Parteien gebunden. Und dadurch entstehen natürlich auch Schwierigkeiten ... Also es gab endlose Diskussionen zwischen ... Parteien. Es war sehr, sehr schwer, ... wirklich etwas gemeinsam zu machen. Im Grunde hat meistens jeder für sich gearbeitet. Es gab ein Komitee, das der Partei (A) nahe stand, ein anderes, das der Partei (B) nahe stand ... es ist doch bemerkbar, dass politische Parteien versuchen, Einfluss auf bestimmte Organisationen zu gewinnen ... es entstand so ein Generalverdacht, dass ich jemanden verteidige, weil er zu einer bestimmten politischen Gruppe gehört* ...«

»*Teilweise waren die Konflikte mehr politischen Ursprungs ... es gab eine Gruppe innerhalb der Einrichtung, die meinte, dass die Einrichtung zu stark die Politik seitens der neuen Regierung kritisieren würde ... die andere Gruppe war die außerparlamentarische Opposition ... die Gruppe, die die Regierung voll unterstützte, die hat dann irgendwann gesagt:* ›*also unter den Bedingungen arbeiten wir hier nicht mehr weiter*‹ *und sind gegangen* ...«

IP aus westlichen Ländern:

»*Wir haben alle etwas Don-Quichottisches.*«

»*Ich glaube auch, dass in diesem ganzen politisch korrekten Anspruch, den unsere Bewegung so hat – ich gehöre ja auch dazu –, dass da ganz viel*

Don Quichotte und Sancho Pansa vor dem Sturm auf die Zentren
der Macht

*Menschliches bei weggeht, dann auch nicht wahrgenommen werden darf,*
*weil es nicht ins Bild passt. Und das finde ich immer was Gefährliches.*
*Besonders wenn … wir sind ja in einem Beruf, wo es so viel mit Begegnung*
*zu tun hat und mit Authentizität … sobald es so was kriegt, finde ich, ist*
*die Gefahr, dass abgespalten werden muss, um da reinzupassen … Also*
*besonders die Schublade, wie X zu sein hat, wie Y zu sein hat, wie Z zu*
*sein hat.«*

Ein IP wurde in seinem Team wegen seiner unpolitischen Haltung
angegriffen: »*Er kommt nicht aus der ai-Szene* (amnesty international,
d. V.) *und ist nicht so menschenrechtsbewegt und kriegt das unendlich um*
*die Ohren gehauen, dass er nicht die richtige Haltung hat …*«

Einem Arzt, der ebenfalls nicht über Politik und Menschenrechte
sozialisiert wurde, ist die Kultur der Menschenrechtsszene eher fremd:
»*Ich war ein Quereinsteiger … ich komme eher wenig von einer Ideologie*
*oder von politischen Überzeugungen … Folter und Menschenrechtsverlet-*
*zungen … war für mich nicht aus ideologischen oder politischen Gründen*

105

*eine Aufgabe, sondern es ist so, wie ich in einem Verband für Suizidver-*
*hütung bin, weil ich einfach weiß, dass Suizid eine schreckliche Sache ist,*
*engagiere ich mich für das. Das ist eigentlich relativ simpel ... Da* (in der
Menschenrechtsszene, d. V.) *fühle ich mich immer etwas als ein Außen-*
*seiter ... ich gehöre nicht zu diesem Kreis ... und ich will eigentlich auch*
*nicht. Für mich ist die Medizin, die gesundheitlichen Aspekte das Wich-*
*tigste. Dass wir solide professionelle Arbeit machen, das ist für mich das*
*Beste. Ich bin nicht interessiert an Politik im engeren Sinne ... So weit ich*
*sie (die Szene) kenne, erlebe ich sie etwas erregt, und manchmal etwas*
*abgehoben. Auch teilweise mit rechten Feindbildern, so Stereotypen, die*
*mich eigentlich ärgern und wo ich Mühe habe ... Die haben wahnsinnige*
*Mühe, mit Andersdenkenden in Kontakt zu kommen ... ich bin eigentlich*
*am meisten daran interessiert, mit der X-Partei* (konservative Partei in
seinem Land, d. V.) *in Kontakt zu kommen, ich muss doch nicht die*
*Y-Partei* (progressiv-linke Partei, d. V.) *überzeugen ... ich habe einen*
*Anruf gekriegt von einem Polizisten, ob wir irgendwie etwas bei denen*
*machen. Da gab das Auseinandersetzungen und Diskussionen* (im Team,
d. V.). *Das ist für mich unverständlich. Ich habe gesagt, das ist doch das*
*beste Kompliment, das wir kriegen ...«*

Die Auseinandersetzungen und Fraktionierungen in vielen Teams
beherrschten das Schubladendenken im Sinne von »Systemkritiker«
gegen »Systemimmanente«. Erstere unterstellten Letzteren, dass sie sich
verkaufen und korrumpieren, wenn sie eine Benefizveranstaltung in
einem feinen Hotel mit hohen Leuten aus Wirtschaft, Bankwesen und
Politik organisieren, um Spenden für die Einrichtung zu akquirieren,
oder wenn sie sich nicht an Aktionen gegen staatliche Asylpolitik beteiligen wollten. Dabei ging der »Maßstab« verloren, von dem der o. g. IP
aus einem Schwellenland spricht, der Maßstab nämlich, dass man in
einer Behandlungseinrichtung und nicht in einer politischen Kampf-
organisation arbeitet. Eine Behandlungseinrichtung ist dazu da, im
zähen alltäglichen Verhandeln und Tauziehen mit Behörden und Politik
das Beste für die Klienten herauszuholen, und nicht dazu, Klienten dazu
zu benutzen, die politischen Träume und Lebensperspektiven von Helfern zu verwirklichen (oder die gescheiterten zu kompensieren).

## 5.3 Realitätsferne

Ein IP, der im Rahmen seiner Stellung in einem Berufsverband als Berater für Traumazentren tätig war: »*In der Helferszene ist so eine realitätsferne Jammer- und Dramatisierungskultur, die alle Ansätze, mit der Gegenseite, mit Behörden zu verhandeln, Kompromisse zu schließen, verteufeln und in einem Klagemarathon ersticken. Sie sind unfähig, über den eigenen Tellerrand zu schauen.*«

Ein IP, der jahrelang in einem nicht therapeutischen Beruf in der Wirtschaft gearbeitet hat, findet, dass die Therapeutenkultur eine lebensferne Realität hat: »*Ich kann das Leben der Menschen realistisch einschätzen, weil ich es selber erlebt habe … ich weiß, wie schwierig es ist, spät im Leben noch Ausbildungen zu machen, was ja den Flüchtlingen oft bevorsteht. Ich glaube, dass es nur von Vorteil ist, wenn ein Psychologe, ein Therapeut andere Erfahrungen gemacht hat. … Diese Therapeutenkultur hat eine lebensferne Realität.*«

Er kritisiert die Überbetonung des Politischen im Milieu, er nennt es den »Helferkampf«: »*Es ist dieses mit allem Engagement mich reinzuschmeißen, aber nicht die Realitäten zu sehen und dann innerhalb dieser Realitäten zu kämpfen, innerhalb dieser Gesetze das Bestmögliche zu erreichen für unsere Klienten – nach den geltenden Gesetzen. Wenn ich immer gegen das Gesetz kämpfe, erreiche ich für den Einzelnen nichts … Ich bin der Meinung, diese politischen Sachen sind Aufgabe der Rechtsanwälte, und unsere Aufgabe ist psychische Gesundheit oder auch die körperliche … wenn ich da anfange zu kämpfen, verkämpfe ich mich … Ich kann's momentan nicht ändern, die Politik kommt aus X* (der Hauptstadt des Landes, d. V.).«

Ein Supervisor sagt dazu: »*Therapeuten müssen auch hinnehmen, dass sie scheitern, dass sie nichts ausrichten können, dass sie eine Abschiebung nicht verhindern können … Viele Helfer können die Tragik, die in dem Schicksal der Patienten liegt, nicht akzeptieren, sie haben keinen Sinn für die Tragik der menschlichen Existenz überhaupt und können damit nicht umgehen. Sie sind so naiv liebenswürdig, als seien sie von ihren Eltern immer vor den Härten des Lebens geschützt worden. Sie leben in der Illusion, man könne eine heile Welt schaffen für die Patienten.*«

Ein IP beschreibt, in welcher Weise die Sozialisation als Arzt für ihn ein Realitätstraining gewesen ist: »*Für mich waren nie diese Schreckens-*

*bilder das Problem, da bin ich recht cool … es ist nicht der Schrecken der Folterkammer, das kann ich recht erfolgreich bewältigen, was man alles an Grausamkeiten machen kann. Als Mediziner habe ich eben auch Leichen gesehen, irgendwo haben wir es da einfach vielleicht leichter als Psychologen … es ist die Hilflosigkeit, die Ungerechtigkeit … alle bemühen sich, es gut und recht zu machen, und irgendwo gibt es so viele Widrigkeiten in dieser Welt, die einem das einfach verunmöglichen … das zu akzeptieren, dass man es eigentlich nicht schafft, auch wenn man ›das Herz auf dem rechten Fleck‹ hat … Ich hatte einmal einen Patienten, der hat sich den Kopf an der Wand blutig geschlagen und dem habe ich im Erstinterview aus einer Spontaneität heraus gesagt, ›wenn Sie zu mir in Therapie wollen, dann hören sie heute und jetzt auf, sich zu schlagen. Fertig. Sonst nehme ich Sie nicht in Therapie‹. Ich hatte dann eine schlaflose Nacht, was ich da Untherapeutisches gemacht habe. Dieser Mann ist dann regelmäßig gekommen, hat damit aufgehört und hat etwa nach drei, vier Monaten gesagt, ich sei der einzige Helfer in X* (Land des IP, d. V.) *gewesen, der ihn mit Respekt behandelt und von ihm etwas gefordert hätte. Das war für mich ein Schlüsselerlebnis.«*

## 5.4 Überidentifikation: Opfer sind bessere Menschen

In vielen Einrichtungen herrscht eine Grundhaltung, dass Opfer per se die besseren Menschen seien, man a priori immer auf ihrer Seite stehen müsse. Das ist auf den ersten Blick nicht falsch, geht es doch um eine empathische Haltung zu den Klienten, die Schlimmes durchlitten haben. In der Praxis ist es allerdings nicht so einfach und eindeutig. Viele Opfer haben auch eine Täterbiografie, insbesondere solche aus Bürgerkriegsgebieten, wo die Fronten verwischt sind und wo beide Seiten Grausamkeiten begehen. Hinzu kommt, dass Opfer zum Täter werden können, indem sie z. B. die ihnen widerfahrene Gewalt an Partnern oder Kindern abreagieren. Dem Helfer fällt es leichter, sich mit der Opferseite eines Klienten zu identifizieren als mit der Täterseite. In der in Kap. 11.2 zitierten Broschüre der Berliner Anti-Gewaltprojekte klingt diese Opferidentifikation an in Formulierungen wie »Position beziehen aus der Perspektive der Betroffenen« und »betroffenenkontrollierter Ansatz«.

Einige IP aus westlichen Ländern beschreiben, wie sie eine Entwicklung durchgemacht haben, die zur Korrektur dieser Grundannahme geführt hat. In der ersten Zeit, berichtet ein IP, war die Situation: »*Wo wir eindeutig auf der Seite der Opfer waren ... die Opfer sind gut und die Täter sind schlecht ... was wir heute wesentlich umfassender wahrgenommen haben über die vielen Forschungen und auch eigenen Erfahrungen, haben wir festgestellt, dass Opfer nicht nur gut sind ... Klienten, die selber misshandelt wurden, die dann im Handumdrehen ihre Kinder verprügelt haben ... auf der einen Seite waren sie Opfer, aber auf der anderen Seite waren sie keinen Deut besser ihren Kindern gegenüber, wo sie die Mächtigeren waren ... Diejenigen, die mit dem Thema gearbeitet haben, brauchten einige Jahre, um zu verstehen, den Parallelprozess*[42], *dass diese starke Identifikation mit den Opfern noch mal reinszeniert worden ist* (im Kollegenkreis, d. V.), *und das hat immer was damit zu tun, wer der Mächtigere und wer der Ohnmächtige ist. Heute würde ich sagen, auch die Opfer haben ihre Macht.*«

Ein IP/Supervisor sieht in der Opfer-Identifikation eine Verleugnung von Selbstzweifeln an der eigenen moralischen Qualität, einer Verleugnung der eigenen Schattenseite: »*Sie* (die Helfer, d. V.) *wissen, dass das eindeutige Stehen auf der Seite der Opfer noch kein eindeutiger Beleg für die eigene moralische Qualität ist ... Die meisten dieser Personen, die da arbeiten, sind sehr sensible Personen, sie sind nicht naiv, sie haben immer ein hohes Ausmaß an Selbstzweifeln der eigenen Dignität gegenüber ...* (Sie wissen, d. V.), *dass sie sich nie ganz sicher sein können, ob sie unter anderen Bedingungen nicht, in anderen Situationen nicht auf einer ganz anderen Seite stehen würden. Nur in diesen gesellschaftlichen und moralischen Brennpunkten kann ich mir eigentlich nicht diese Selbstzweifel an mir leisten.*«

David Becker berichtet aus seiner Erfahrung als Supervisor von Zentren für Folterüberlebende: »*Im Grunde erwartet man von Opfern, besonders von Gefolterten, die schwer gelitten haben, dass sie nett sind. Man ist bereit, mit ihnen zu trauern, das erlittene Unrecht anzuerkennen*

---

[42] Als Parallelprozess bezeichnen Holloway und andere Autoren den Prozess, wenn die pathologischen Beziehungsmuster, die der Patient unbewusst in der Beziehung zum Therapeuten agiert/reinszeniert, sich parallel dazu ebenfalls unbewusst in der Beziehung zwischen Supervisand und Supervisor spiegeln. Holloway, E. L. (1995): Clinical Supervision. A Systems Approach. Sage Publications, Thousand Oakes, 97–98.

Überidentifikation[43]

etc. *Aber es fällt uns schwer, zu akzeptieren, dass Opfer durchaus unangenehme Personen sein können.«*[44]

»*Wir waren alle eigentlich recht überidentifiziert … wir haben die Klienten rückblickend einfach in Watte gepackt … wir haben toleriert, dass Leute die Rechnung nicht bezahlt haben, aber von der Krankenkasse das Geld zurückerstattet erhalten haben, und solche Dinge. Das ist einfach nicht tolerabel, auch für Traumatisierte und Flüchtlinge nicht. Und wir haben das lange Zeit gesagt, ›ja das sind arme Menschen, es ist zwar nicht recht, was sie machen‹, wir haben es aber toleriert.*«

Ein IP sieht die Ursache für die Möglichkeit, sich von Klienten instrumentalisieren zu lassen im schlechten Gewissen und Schuldgefühlen des Helfers aus einem reichen, privilegierten Land gegenüber dem unterprivilegierten Klienten.

»*Wenn du zu idealistisch bist, zu involviert bist auf diesem Gebiet, dann lässt du dich zu sehr in die Geschichten hineinziehen. Vielleicht*

---

43  Karikatur (ohne Worte) aus: Serre, C.: Weiße Kittel – leicht schwarz gefärbt. Verlag Gerhard Stalling, Oldenburg 1977.

44  Becker, D.: Die Erfindung des Traumas – Verflochtene Geschichten. Edition Freitag, S. 161.

*fühlst du dich schlecht, hast ein schlechtes Gewissen, fühlst dich schuldig, dass du diese Dinge nicht erlebt hast. Vielleicht lässt du dich zu sehr hineinziehen, um zu kompensieren, dass du die Dinge nicht erlebt hast.«* Das spüren Klienten instinktiv und wissen das zu nutzen, wie die folgenden Beispiele zeigen:

Ein Helfer wird von seinem Klienten gebeten, ihm Geld zu geben. Er brauche Geld für Familienangehörige, die in Not sind. Der Helfer gibt ihm Geld aus der eigenen Tasche. Das wiederholt sich mehrere Male. Schließlich wird es dem Helfer zu viel, er wird misstrauisch ob der vorgetragenen Notlage, und er sagt, dass er nun kein Geld mehr geben werde. Daraufhin schneidet sich der Klient demonstrativ die Adern auf.

Ein von weither angereister Klient stellt sich in einer Einrichtung vor und verlangt ein Attest im Zusammenhang mit seinem Asylverfahren. Der aufnehmende Kollege erfährt vom Anwalt des Klienten, dass alle notwendigen Unterlagen bereits vorhanden seien und kein weiteres Attest benötigt werde. Als er dies dem Klienten eröffnet, zeigt dieser demonstrativ seine Narben am Körper und beschimpft den Kollegen, dieser sei dafür verantwortlich, wenn er, der Klient, in sein Heimatland abgeschoben werde, er werde hier wie ein Tier behandelt. Man schickt ihn nach Hause zurück, jedoch kampiert der Klient mehrere Tage und Nächte vor der Einrichtung, bis er einen anderen Kollegen findet, der sich dazu breitschlagen lässt, dem Klienten ein Attest auszustellen.

In einer Einrichtung wird eine Debatte darüber geführt, wie man mit Klienten umgeht, die Legenden erzählen und traumatische Symptome fingieren. Anlass ist eine gewisse Häufung von Fällen und Vorwürfe von Behörden und Gerichten, dass Gefälligkeitsatteste erstellt würden. Mehrere Mitarbeiter berichten, dass sie mehrfach von Probanden getäuscht worden seien und sich damit als Sachverständige vor Behörden und Gerichten blamiert haben. Dabei spielte eine Rolle, dass sie aufgrund der Geschichte ihres Landes, von dem ein Völkermord ausgegangen ist, aus einem Schuldgefühl heraus dazu tendierten, den Opfern immer recht zu geben. Es würden Opferbiografien nicht so leicht hinterfragt und es habe sich gezeigt, dass Klienten, die ihre falsche Biografie später offenbart haben, ihre Täteranteile bewusst verschwiegen haben. Ein Mitarbeiter berichtet, wie Klienten nach Gerichtsverfahren mehrfach ihren Stolz über die Tricks äußerten, mit denen sie Richter überlistet hatten, und die Therapeuten als Komplizen sahen. In der Debatte äußert dieser

Mitarbeiter seinen Ärger darüber, von Klienten hinters Licht geführt und instrumentalisiert worden zu sein. Es werden dann Vorschläge gemacht, wie man sich besser gegen solche Täuschungen schützen könne. Man scheut jedoch davor zurück, diese Vorschläge umzusetzen, da man fürchtet, zu sehr in eine Misstrauenshaltung gegenüber den Klienten zu geraten und zu sehr zum Erfüllungsgehilfen der Behörden zu werden.

Es fällt auf, dass IP aus Schwellenländern weniger Über-Identifikation zeigen, weniger dazu geneigt sind, ihre Klienten in Watte zu packen, und sich sehr viel deutlicher von Simulanten abgrenzen. Das mag damit zu tun haben, dass sie weniger Schuldgefühle gegenüber den Klienten haben. Ein IP aus einem Schwellenland berichtet von ca. 5 – 10 % fingierten Folteranamnesen unter seinen Klienten. Oft handelte es sich um Arbeitsmigranten, die keine Aufnahme im Einwanderungsland gefunden hatten und jetzt auf der Schiene politischer Verfolgung es erneut versuchen wollten. Manche waren offensichtlich instruiert, welche Symptome sie dem Arzt schildern sollten, und nannten »PTSD« als ihre Diagnose. Nach Verweigerung eines Attestes durch den Arzt fügten sie sich Verletzungen zu oder standen kurze Zeit später mit ihren kleinen Kindern wieder in der Tür, um den Arzt moralisch unter Druck zu setzen. Der IP berichtet, welchen Ärger diese Lügengeschichten bei ihm auslösten und wie sie ihn von den Klienten ein Stück weit entfremdeten.

## 5.5 Der charismatische Pionier

Sehr häufig sind es die Gründer, welche diese Kultur der Askese, der Selbstaufopferung, des überhöhten moralischen Anspruchs, der Strenge und Härte gegenüber sich selbst und anderen verkörpern. Ein solcher Pionier aus einem Schwellenland (wir nennen ihn Albert) sagt – typisch für Pioniere dieser Art – in seltener Offenheit von sich selbst: *»Es gibt eigentlich keinen Albert jenseits dieses Arbeitsfeldes. Also was nicht mit Gewalt und Menschenrechten zu tun hat ... Ich habe keine Hobbys, aber ich ruhe mich natürlich auch aus ... aber wenn ich für einen längeren Zeitraum fernbleiben sollte von der Arbeit ... gegen das System, dann fühle ich mich unwohl. Länger als 15 Tage kann ich mich von so einer Arbeit nicht trennen. Dann bin ich nicht Albert ... Wenn ich aus dem Ausland eingeladen werde* (zu Vorträgen, d. V.), *dann zähle ich das auch zum Urlaub. Also, ich war letztes Jahr in X, C und U. Aber auch dort kann ich* *nicht lange bleiben ... wenn ich länger als 10 Tage im Ausland bin, dann bekomme ich ein schlechtes Gewissen, weil ich hier Aufgaben habe. Ich versuche jedes Jahr, bis zu einem Monat Ferien zu machen, aber es gelingt mir nicht. Ich habe immer noch Urlaubstage vom letzten Jahr zu verbuchen ... die Organisation ist für mich kein Arbeitsplatz in dem Sinne. Sie ist für mich eine sehr wichtige Stätte, die zum allgemeinen Kampf um Menschenrechte, Demokratie und Freiheit gehört. Deswegen kommt bei mir sehr schnell die Wut hoch, wenn ich den Eindruck habe, dass andere diese Stätte als einen Arbeitsplatz begreifen.«*

Es waren meist ausgesprochen charismatische Persönlichkeiten, die über eine enorme Energie und die Fähigkeit verfügten, andere zu faszinieren und von ihrer Mission zu überzeugen. Aus dem Nichts waren sie in der Lage, gegen alle Widerstände und Hürden etwas Großes aufzubauen. Ihr Stil hatte etwas von einer monomanen Besessenheit.

*»Ich glaube, er kann sich nicht erholen vom Thema Folter. Ein Freund, der ihn kennt, fragte mich mal: ›Kann er über etwas anderes als Folter reden?‹ Und ich sagte: ›nein!‹ ... Er hat eine Idee und er ist wirklich sehr clever im Entwickeln von Ideen, aber dann bleibt er dabei und macht weiter ... Andere Leute wie wir brauchen es, auch ein anderes Leben zu haben, etwas anderes, das nichts mit unserem Arbeitsplatz zu tun hat. Wir haben Familien, wir wollen auch ein schönes Leben haben ... er ist eine sehr energische Persönlichkeit.«*

*»Er hat gottgegebene Fähigkeiten, Menschen zu überzeugen.«*

*»Der Leiter war eine Art Magnet, der viel Aufmerksamkeit auf sich zog ... er scharte Leute aus aller Welt um sich für Konferenzen und Seminare ...«*

*»Man war ... fasziniert von seinem Schwung. Innerhalb weniger Minuten konnte er mächtige Männer dazu bringen, ihre Taschen zu leeren, ihr Herz erweichen und zum Weinen bringen.«*

Ein Supervisor/Organisationsberater typisiert diesen Pioniertypus als ›exzessiv charismatischen Unternehmer‹: *»Dieser gehört zu einer Gruppe von Leitern, die detailliert in klinischen und organisationswissenschaftlichen Studien beschrieben worden sind, ... er kann ganze Organisationen aus dem Nichts schaffen in kurzer Zeit, ... er kann eine engagierte Anhängerschaft inspirieren und an sich binden, weit mehr, als die meisten Manager das vermögen.«*

In der Organisationsanalyse einer Einrichtung heißt es: *»Organisa-*

*tionen, die geprägt sind von charismatischer Führung … geschaffen von
starken Individuen …, haben bedeutende Stärken.* Sie sind oft sehr flexibel,
unbürokratisch mit einem hohen Grad an interner Empathie zwischen
Personal und Leiter. *Es kann enorm befriedigend sein, mit charismatischen Leitern zu arbeiten …«*

Ähnlich sieht es ein Supervisor: *»Solche Persönlichkeiten, die haben
das Zeug, ganz schnell was aus dem Boden zu stampfen … sie sind auch
sehr gute Könner, vor allem im kognitiven Bereich, … die sie befähigen,
eine bestimmte Aufgabe so gut zu machen, dass andere, einflussreiche
Menschen sagen, ich geb' dir Geld, ich geb' dir Macht, und mach das! …
D. h., über die kognitiven Fähigkeiten und über die Ausbildung sind sie in
der Lage, Dinge zu bewegen, das ist die Lichtseite.«*

In einer im Auftrag der Förderer vorgenommenen Evaluation einer
von einem solchen Pionier aufgebauten Einrichtung heißt es:*»… beeindruckende Ergebnisse in der Lobby und PR-Arbeit … Vorreiterrolle darin,
Menschenrechtsverletzungen auf die Tagesordnung zu setzen … großer
Bekanntheitsgrad … erfolgreicher Aufbau eines Netzwerkes von Fachleuten, Organisationen und Behandlungseinrichtungen …«*

Zur Lichtseite des charismatischen Pioniers gehört auch, dass er fürsorgliche Seiten hat und etwas von seiner Energie, seinem Wissen und
Können an andere weitergibt.

*»Er war immer wie eine nährende Mutter zu seinen Mitarbeitern.«*

Ein Leiter, der die Nachfolge eines Pioniers antrat: *»Ich habe viel
Gutes von ihm (dem Pionier) gelernt, … wenn etwas oben auf der Tagesordnung steht, gibt er dem Priorität, dann arbeitet er intensiv daran. Und
das zahlt sich oft aus … Er bleibt akribisch an einer Sache dran … im
Wesentlichen ist es Vernetzung, Gelegenheiten zu erkennen und aus dem
Nichts Projekte hochzuziehen. Darin ist er gut …«*

Traumazentren und Menschenrechtsorganisationen brauchen solche charismatischen Persönlichkeiten. Sie wären ohne diese gar nicht
entstanden und könnten ohne diese gar nicht die Unterstützung in der
Öffentlichkeit, die Spendenbereitschaft mobilisieren, die die Einrichtungen zum Überleben brauchen.

*»Es gibt Führungspersonen, deren Ego eine gute Sache ist. Wir brauchen Führer, wir brauchen charismatische Menschen, die sichtbar sind.
Jedes menschliche Unternehmen hat das … Wir müssen sichtbar sein, um
Spenden zu akquirieren.«*

## 5.6 Die Kehrseite – Narzisstische Größenfantasien

Einer der zuvor zitierten Supervisoren sprach von der »Lichtseite« der enormen Tatkraft und unternehmerischen Fähigkeiten dieses Pioniertypus. Aus den Schilderungen der IP wird die Kehrseite der Medaille bei manchen dieser Personen deutlich: Größenwahn, Spaltungstendenzen, Unfehlbarkeitsgestus. Sie duldeten keine abweichende Meinung, wollten ständig gepriesen werden, den Ruhm mit niemandem teilen und scharten einen Hofstaat von Dienern um sich. Wer heute noch Liebling war, konnte morgen schon in Ungnade fallen und ihren Hass zu spüren bekommen.

Ein IP aus einer Menschenrechtsorganisation (westliches Land): »Es gibt manche Leute in diesem Bereich mit einem großen Ego, so wie ein Held angesehen zu werden ... Ich bin zufrieden damit, hinter den Kulissen zu wirken ... Ich hätte viel lieber, wenn die Person, die am meisten Ahnung hat von einem Thema, sichtbar wird und man die Anerkennung teilt. Ich wollte, mehr Leute in unserem Bereich wären so, jeder bekäme einen Teil der Anerkennung und es wäre viel besser.«

»Vielleicht fand er (der Pionier) über die Arbeit für diese Sache, dass er etwas Fantastisches werden konnte wie Mutter Teresa, der Welt guter Samariter, der Retter der Welt ...«

»(Man) nennt dieses Verhalten ›Leiden am Gottes-Virus ...‹«

»Er hat megalomanische Züge, er will den (Soundso, d.V.) Preis haben ...«

»Ich gehörte nie zu seinen (des Pioniers, d.V.) Lieblingen. Er hatte eine Art, das Team zu spalten ...«

»Er war immer gut darin, andere anzupreisen, voranzubringen, aber immer mit ihm selbst im Mittelpunkt. So wird ihm und den Leuten geschmeichelt ... Ich glaube, Leute sind oft käuflich für diese Art von Förderung ...«

»Er braucht das, andauernd hofiert zu werden ...«

Der Mitstreiter eines Pioniers beschreibt, wie dieser anfangs noch lernfähig und empfänglich war für andere Meinungen und seine anderen Charakterzüge erst mit dem wachsenden Erfolg und Größe der Einrichtung zutage traten: »... dies ist sein Lebensprojekt ... Es gab in den ersten Jahren Zeiten, wo er auch sich selbst infrage gestellt hat, weil er dazu gezwungen war, wenn es eine Krise gab ... aber mit der Zeit war er mehr

Der Helfer als Titan:
»Die ganze Welt lastet auf
meinen Schultern«[45]

und mehr fixiert in seiner Haltung, denn es lief sehr gut, sie bekamen Geld und so konnte er einfach weitermachen ... (früher) hatte er sich mehrfach verändert, weil man Wissen erlangt, wenn man mit anderen Menschen spricht, und er akzeptierte auch, wenn man ihm widersprach, aber der Erfolg schuf ein Milieu, wo er, wissen Sie ... warum sollte er? ...«

»Ich ging (zum Leiter, d. V.) und sagte, ich glaube, dass jede größer werdende Einrichtung einen externen Supervisor haben sollte. Er war wütend ... niemand wisse mehr über diese Arbeit als er ... niemand könne ihm was erzählen ... niemand könne ihn etwas lehren ...«

Ein IP berichtet von anfänglicher Bewunderung, gefolgt von Ernüchterung:

»Bevor ich dort anfing, hatte ich sehr viel Hochachtung vor dieser Einrichtung ... Und dann von Anfang an war ich überrascht über die Atmosphäre. Leute standen in den Ecken und flüsterten: ›sag ihm das nicht (dem Leiter), sieh dich vor‹. Es gab einen Stil, die Leute dazu zu bringen, genau nach dem Modell der Einrichtung zu arbeiten ... Und ich war überrascht, welche Angst viele hatten vor der Reaktion des Leiters und wie sie nicht wagten, ihm mit neuen Ideen zu kommen.«

Der Organisationsberater einer Einrichtung stellt in seiner Analyse des »exzessiv charismatischen Führers« die Licht- und Schattenseite

---

[45] Atlas (griechisch: Träger) war der Bruder des Prometheus und Sohn des Titanen Iapetos und der Meeresnymphe Klymene. Als Strafe für seine Teilnahme am Kampf der Titanen gegen die Götter verdammte ihn Zeus dazu, für alle Zeiten den Himmel auf seinen Schultern zu tragen.

einander gegenüber:»... *entweder Menschen bewundern ihn oder sie hassen ihn ... diese Art Manager kennen weder Furcht, Hemmung noch Reue ... wenn sie gut sind, sind sie besser als nahezu jeder andere ... aber wenn sie schlecht sind, sind sie entsprechend fürchterlich ... Der Punkt ist, dass viele Leute nur die schöne, einträgliche und inspirierende ›gute‹ Außenseite der Medaille kennen – und den Aussagen derer, die das Gegenteil erlebt haben, kaum glauben können. Andere können dem vollen Ausmaß von Anschwärzen, Herablassung, Selbstsucht und Hass ausgesetzt sein ... Führer dieser Art können Gefolgsleute tatsächlich dazu überreden, von einem Dach zum anderen zu springen. Und vielleicht kann ihr Charisma so viel Selbstvertrauen in denen erzeugen, dass nur die Hälfte der Springer herunterfallen und sich das Genick brechen – was für diese Führer nur zeigt, dass sie nicht aus dem richtigen Holz geschnitzt waren und früher oder später ohnehin hätten gehen müssen. Die Kehrseite der Medaille ist, dass das Bedürfnis nach Bewunderung, im Rampenlicht zu stehen, als auch die Aggression, die Gier, der Mangel an gesunder Selbsteinschätzung ebenso sehr hervortritt wie alle Wärme und hingebungsvolle Inspiration. Ein solches Verhalten kann katastrophal sein für die Betroffenen.«*

Ein Organisationsberater:»*Wenn der narzisstische Mensch Chef ist, dann leidet er nicht mehr selber, dann lässt er andere leiden.*«

Ein IP sagt über seine Erfahrungen mit einem narzisstischen Leiter: »*Wer wird es schon wagen, schlecht über eine Person zu reden, die so selbstaufopfernd gegen das Schlimmste auf der Welt kämpft. Deshalb kann sie sich nahezu alles erlauben und kommt damit durch.*«

IP, die in Ungnade fielen und die Kehrseite zu spüren bekamen:»*Es war wirklich sehr sehr unangenehm ... sie (der ›exzessiv-charismatische‹ Pionier und seine Verbündeten, d. V.) ließen kein Mittel aus. Es war zutiefst bösartig, verantwortungslos gegenüber der Arbeit. Die Arbeit spielte keine Rolle, es war eine Schlacht, es war ein politischer Kampf und er war gegen meine Person gerichtet. Verglichen mit dem Bild, das ich von mir habe, war das unglaublich ... Es ist sehr mysteriös, dass es möglich war, eine Einrichtung so auf den Kopf zu stellen ... eine Einrichtung, in der normale Leute arbeiten.*«

Ein Organisationsberater:»*Je länger solche (narzisstischen, d. V.) Menschen die Möglichkeiten haben, ihre Macht auszubauen, umso schwerer wird das ... Wenn ich mir anschaue, welche Menschen da im*

Umfeld postiert worden sind, dann sind das alles Wasserträger, die applaudieren, die reden nach dem Mund, die unterwerfen sich, aber keinesfalls Menschen, die noch einen kritischen Ton wagen ... es gibt eine Politik nach außen hui, nach innen pfui. Ich kriege mehr das nach innen mit, also die Leidseite, aber auch die schlechte Professionalität ... wie gute Mitarbeiter so rund gemacht werden, dass sie nicht mehr ihren Namen aussprechen können.«

Ein Betroffener, der über Jahre die Rolle des Dieners ausübte und daran zerbrochen ist: »Ich war 24 Stunden im Dienst. Und er (der Leiter, d. V.) hatte die schlechte Angewohnheit, mich jeden Morgen um 8 Uhr anzurufen und mir zu sagen, was ich zu tun hatte ... sobald eine Krise vorüber war, schuf er eine neue Krise. Obwohl Krisenbewältigungsstrategien vorhanden waren ... Aber er konnte nicht ohne Krise leben ... ich habe keine Bücher mehr gelesen, ich bin nicht mehr ins Theater, nicht mehr ins Konzert und nicht mehr in Ausstellungen gegangen, weil ich so viel arbeiten musste ... ich habe einen Brief an das Preiskomitee entworfen ... ich habe ihm die Nominierung, den ... Preis zu bekommen, geschrieben ... all diese Dinge habe ich gemacht ... sie sahen mich als einen nützlichen Idioten ... ich löste all die Aufgaben, die kein anderer lösen konnte, sie landeten auf meinem Schreibtisch, die hoffnungslosen Fälle im Sinne von: ›dem wird schon was einfallen‹ ... mir gefiel die Herausforderung, ich fühlte mich nützlich ... die Medienkontakte, die Kriseneinsätze ... ich war die ganze Zeit in Sitzungen, wenn ich in meinen Kalender aus den Jahren schaue: Sitzungen, Sitzungen, Sitzungen ... und dann habe ich mich selbst entlastet, indem ich angefangen habe zu trinken ... aber als ich zum Problem wurde, ließen sie mich fallen ... das war nicht fair ... Dann behandelte er (der Leiter, d. V.) mich ... wie einen Nigger ... und das tat sehr weh ... alle, die gingen, wurden als geisteskrank diagnostiziert, sie haben das und das. Es war scheußlich, wenn er Leute loswerden wollte ... es war sein Hass ...«

## 5.7  Quellen des Narzissmus in Traumazentren

Besonders erhellend und aufschlussreich sind Aussagen von IP, die sich selbst kritisch und aus einer gewissen Distanz einschätzen und beurteilen. Bei dem oben beschriebenen Pioniertypus ist das sehr selten, da eine hohe Verleugnungstendenz über diese Seite des eigenen Tuns vorhanden ist. Alle Aussagen in diesem Kapitel stammen von IP aus westlichen Ländern.

Einige Gründer, die mittlerweile aus ihren ursprünglichen Funktionen ausgeschieden sind, sagen rückblickend über sich selbst: »*Es ist ein bisschen was Narzisstisches, wir sind hier was Besonderes, niemand macht so eine Aufgabe wie wir, das ist durchaus, was in der Einrichtung zum Tragen kommt, aber auch in der Außendarstellung.*«

»*Man ist vom ›Gottesvirus‹ befallen … man glaubt, man ist etwas ganz Besonderes …*«

»*Wir waren überdurchschnittlich narzisstisch, würde ich sagen, die Mehrzahl irgendwie beschädigt … darunter bei einigen glaube ich, schon eher ein schlechtes Selbstwertgefühl, ich eingeschlossen … Wir sind so eine Art Elite der Gutmenschen … Da kam so viel Wertschätzung rüber von der Öffentlichkeit … ›das ist toll, was ihr macht‹ … das tat unseren beschädigten Selbstwertgefühlen schon gut … eine Größenfantasie kompensatorischer Art … im Nebeneinander mit der Hilflosigkeit … über die man kaum spricht … Ich bin überzeugt, viele würden sagen, ›das stimmt nicht, das habe ich so nicht gehabt‹, aber für meine Person würde ich sagen, ich habe das gehabt … dass ich ein Erleuchteter bin … so ein Gefühl von Stolz …*«

Vom Selbstbild seiner Einrichtung, wir nennen sie »R«, sagt ein IP: »*… es hat auch so was von: ›ich bin ein besserer Mensch‹ … Z. B. wenn ich einen normalen Arbeitsvertrag kriege, dann verliere ich meine R-Identität … Also unsere Einrichtung hat auch einen Glorienschein … ich bin stolz, R-Mitarbeiter zu sein. Und das ist auch, was ich erlebe, wenn ich wohin komme, dann heißt es: ›ach du bist von R, ah toll!‹ … Du wirst entweder auf- oder abgewertet und dieses Normale, das ist seltener.*«

»*Es hat mehr mit einer Art Macht zu tun, diese Machtbesessenheit … wenn dann gesagt wird, wir sind die Ersten, die Besten, die Einzigen … und man entdeckt, dass das Thema Folter einem Macht gibt.*«

Ein Supervisor: »*Mir kommt das so vor, als wenn das lauter Therapiekünstler wären … (die anderen, d. V.) haben alle keine Ahnung … dann habe ich schnell einen Therapieheiligenschein auf … das hat auch eine narzisstische Dimension …*«

Ein Organisationsberater: »*Eine Hypothese, die sich mir aufdrängt, ist, dass Institutionen wie so ein Traumazentrum möglicherweise solche narzisstische Persönlichkeiten anziehen, weil im Lichte der Öffentlichkeit*

*sind sie plötzlich die guten Menschen, aber nach innen entfalten sie natür-*
*lich ihre Schattenseite.*«

Ein Supervisor: »*Ich tue ja etwas Besonderes, was ich anderen nicht*
*zumute, ich kann etwas Besonderes, was andere nicht können ... ich wage*
*mich in den Löwenkäfig der menschlichen Niederungen und bin damit*
*etwas Besonderes ... andere wissen gar nicht, wie die wahre abgründige*
*Welt aussieht ... Das sehe ich, dem stelle ich mich. Ich bin sozusagen von*
*der destruktiven Seite an der Front der menschlichen Abgründe. Das ist so*
*wie ein Stahlwerker, der vorm Hochofen ist, da ist es am heißesten ... das*
*zieht natürlich auch an. Ich hebe mich heraus aus der üblichen Thera-*
*peutenschar. Ich meine, 'ne Phobie behandeln, das kann ja jeder ...*«

In der Arbeit »an der Front der menschlichen Abgründe« liegt offenbar eine große Verführung zur Selbstüberhöhung, die von den Reaktionen aus dem sozialen Umfeld der Helfer und von einem Teil der
Gesellschaft gefördert wird. Man macht etwas Außergewöhnliches, Besonderes, von dem andere keine Ahnung haben und das andere nicht
können und nicht wollen. Das lobende und bewundernde Auf-die-
Schulter-Klopfen der Mitmenschen, dass man was ganz »Tolles« mache,
ist im Grunde genommen eine Abwehr, die deren eigenem Schutz dient.
Sie möchten mit diesen angstbesetzten Abgründen möglichst wenig zu
tun haben und sind froh, dass es Leute gibt, die diese unangenehme
Arbeit machen, die sonst keiner machen will. Die Gesellschaft delegiert
gewissermaßen die Aufräumarbeit aus den Trümmern, die sie selbst mit
Kriegen, Armut und Flüchtlingselend angerichtet hat, an die Trauma-
helfer, welche die seelischen und körperlichen Folgeschäden beheben
sollen. Die Helfer werden im Allgemeinen schlechter bezahlt und erfahren weniger Wertschätzung als andere Berufe. Dafür bekommen sie hin
und wieder einen Menschenrechtspreis, oder ein Unternehmen über-
reicht ihnen bei einer Gala einen Scheck. Es herrscht ein Ungleichge-
wicht im Geben und Nehmen.

Die Selbstüberhöhung, die Selbstglorifizierung hat offenbar eine
kompensatorische Funktion für den eigenen Seelenhaushalt. Sie dient,
wie es ein IP formuliert, der Kompensation des mangelnden Selbstwert-
gefühls. Ebenso häufig ist von Gefühlen der Hilflosigkeit und Ohnmacht die Rede im Zusammenhang mit der Arbeit. Darüber entstehen
Rettungsfantasien. Ein IP erzählt, wie er alle Hebel in Bewegung setzte,
um eine Klientin vor der drohenden Abschiebung zu retten. Er ver-

steckte sie in einem Haus und zahlte die Kosten dafür aus eigener Tasche. Er besorgte einen Anwalt und brachte den Fall vor das Parlament. Es gab ihm das Gefühl, etwas tun zu können. *»Es war auch für mich ein Weg, zu überleben … statt sich machtlos zu fühlen … ich wurde zu einer Mutter Teresa.«*

Ein Leiter sagt über einen ähnlich agierenden Kollegen: *»Er geriet in ein Überengagement, hatte keine Distanz mehr und verlor sich vollkommen im Leiden des Patienten im narzisstischen Glauben, er könne ihn retten.«*

Ein niederländischer Gesprächspartner: *»Man muss unbedingt aufhören mit der Vermengung von Gutachter- und Therapeutenfunktion in vielen Einrichtungen. Es erhöht das Risiko von stellvertretender Traumatisierung. Es ist zu konfliktträchtig, weil es die Retter- und Allmachtsfantasien der Helfer verstärkt.«*

Eine Quelle der Selbstüberhöhung liegt in der Natur der Beziehung zwischen Helfer und Patient. Patienten manövrieren Therapeuten in eine Position des Überlegenen, indem sie ihn idealisieren, indem sie ihm in der Übertragung die gleichen magischen Fähigkeiten zur Lösung ihrer Probleme zuschreiben, wie sie diese als Kinder von ihren Eltern erwartet haben. Das gilt besonders für Flüchtlinge in westlichen Ländern, die oft überhöhte Erwartungen an die Helfer des reichen Landes richten und ihnen viel mehr Macht und Einfluss zuschreiben, als diese in ihrer marginalen Position wirklich haben. Der Freud-Schüler und -Biograf Ernest Jones schrieb über Menschen, die vom unbewussten Glauben beseelt seien, dass sie Gott gleichen. Vom »Gotteskomplex« befallene Menschen neigten dazu, Psychologen zu werden. Er meinte, dass der medizinische Psychologe der Zukunft so wie der antike Priester eine Quelle praktischer Weisheit und damit ein Stabilisator in einer chaotischen Welt sein werde, ein unentbehrlicher Berater der Gemeinschaft in wichtigen sozialen oder politischen Unternehmungen. Solche Überlegungen seien möglicherweise »reinste Megalomanie«, fügte er selbstkritisch hinzu[46].

In einer Einrichtung gibt es einen Raum, der für besondere Ereignisse wie den Empfang prominenter Besucher reserviert ist. In diesem

---

[46] Jones, zit. nach Maeder, T. (1989): Wounded Healers. The Atlantic Monthly. January 1989, p. 37–47.

»Ich wurde zu einer Mutter Teresa« – Noch zu Lebzeiten zur Ikone werden[47]

Raum sind die Medaillen und Ehrenurkunden der Gründer in einer Glasvitrine ausgestellt. An der Wand hängt das Porträt eines Gründers in Öl, der nach wie vor in der Einrichtung arbeitet. Man kennt Ähnliches aus Krankenhäusern und Universitätskliniken, in deren Foyers eine Galerie der Porträts früherer Chefärzte und Professoren aushängt. Ungewöhnlich ist, dass wie in diesem Fall noch amtierende Personen wie eine Ikone auf einem Ölbild verewigt werden.

Bei den Helfern aus Schwellenländern finden sich weniger Hinweise auf einen solchen Narzissmus. Äußerungen zum Selbstbild klingen sehr viel bescheidener. Über seine Motivation zu schreiben und zu publizieren sagt ein IP: »*Ein kleines Kapitel zu schreiben … wenn du es dann siehst, ›ich habe das geschrieben‹, dann bist du wieder motivierter … du willst dir erlauben zu sagen: ›du bist ein guter Mensch‹, wenn du dich im Spiegel siehst.*« Er sieht seine Arbeit mehr im Zusammenhang damit, seinem Leben einen Sinn zu geben: »*Es ist eine Art Naivität, innere Unschuld. Ich empfinde es als etwas Bedeutsames, Sinnvolles. Vielleicht sage ich das einfach nur zu mir selbst: ›ich habe diese guten Taten vollbracht‹.*« Das mag daran liegen, dass anders als in unserer behüteten, privilegierten Welt in diesen Ländern Gewalt und Zerstörung zum Alltag gehören. Nahezu jeder hat in seiner Familie oder näheren Umgebung mit Überlebenden zu tun. Hilfe für diese ist eine Selbstverständlichkeit, nicht so etwas Außergewöhnliches, Besonderes und es wird deshalb nicht so viel Aufhebens darum gemacht. Die Hilfe wird eher von

---

[47] Lebensgroße Bronzeplastik der Mutter Teresa von Marlies Hof in Niederfischbach. Glocken- und Kunstgießerei Petit & Gebr. Edelbrock.

der Gemeinschaft getragen als an einen professionellen Dienstleister delegiert wie eine Klinik oder eine Beratungsstelle.

Ein IP aus einem westlichen Land sieht im Unterschied zur Kultur südlicher Länder die Größenfantasien ihrer Kollegen als ein Spezifikum der nordeuropäischen Kultur. Über deren Vorstellung, Gewalt und Folter abschaffen zu können, sagt er: »*Es ist eine Illusion, die, glaube ich, zur nordischen Kultur gehört, sie stammt von Max Weber, und unterscheidet sich sehr von der Südeuropas und der ganzen Welt. In Nordeuropa glauben wir, dass wir mechanisch Dinge ändern können, Tragödien vermeiden können. Die Südeuropäer nehmen Tragödien hin. Wenn ihnen so etwas begegnet, müssen sie sich nicht einmischen ... sie glauben, dass die Götter oder sonst jemand das geschaffen hat, und so ist es eben. (In Nordeuropa) stellt man zu hohe Forderungen an sich selbst ... Max Weber hat diese Theorie über die katholische Kirche und die protestantische Richtung in Nordeuropa ... (Die Protestanten) wussten, dass sie sehr viel arbeiten, sehr viel Geld verdienen mussten, um von Gott gesehen und anerkannt zu werden. Und so waren sie gute Menschen und kamen ins Paradies. In Südeuropa in der katholischen Kirche dagegen kann man einfach zum Priester gehen und beichten, dass man etwas falsch gemacht hat. Dann kann man gehen und ist wieder ein freier Mensch. In Nordeuropa dagegen versuchen wir immer, besser zu werden, eine Stufe höher zu kommen.*«

Das entspricht der Beobachtung eines Supervisors, dass viele Helfer die Tragik des Schicksals der Patienten und die Tragik der menschlichen Existenz nicht akzeptieren können (vgl. S. 107).

**Stichworte zur Kultur von »Hhigh-stress«-Einrichtungen**

- Auf der Seite der Opfer zu stehen, heißt, sich aufzuopfern (Märtyrerkomplex)
- Härte gegen sich selbst
- Eigennützige Impulse werden abgespalten
- Therapie als Fortsetzung des Kampfes gegen Unterdrückung
- Lebensferne
- Schubladendenken
- Überidentifikation – Opfer sind bessere Menschen
- Täteranteile von Patienten werden ausgeblendet
- Patienten werden in Watte gepackt

123

- Vermengung von Gutachter- und Therapeutenfunktion
- Charismatische Gründer
- Man ist etwas ganz Besonderes
- Größen- und Retterfantasien kompensatorischer Art im Nebeneinander mit der Hilflosigkeit
- Dogmatismus, Unfehlbarkeit
- Narzisstische Helfer vollbringen enorme Leistungen nach außen und sind destruktiv nach innen

# 6. Symptome von Stress und Überlastung

Die IP berichten im Zusammenhang mit dem Stress bei der Arbeit von Symptomen, die in der Literatur unter Burnout firmieren bzw. unter stellvertretender Traumatisierung. Es werden nur die Symptome der Häufigkeit nach, von wie vielen IP sie genannt werden, aufgeführt, ohne sie einer der beiden Kategorien zuzuordnen. In den Begegnungen mit den Interviewpartnern war bei vielen ein Gezeichnet-Sein von den Belastungen nicht zu übersehen. Wie ich schon erwähnte, hatten einige enorme Angst, dass etwas über ihre Aussagen nach außen dringen und dies von ihrer Einrichtung als Verrat sanktioniert werden könnte. Auch wenn die Ereignisse Jahre zurücklagen, löste das Interview mitunter eine Reaktualisierung aus, standen plötzlich die Angst, Angespanntheit, Verzweiflung und Traurigkeit von damals wieder im Raum. Einige Interviewpartner, die ich über einen längeren Zeitraum aus Arbeitszusammenhängen kannte, hatten eine sichtbare Veränderung durchgemacht. Solche, die ich in den Anfängen der Arbeit als frisch, voller Energie und Optimismus erlebt hatte, wirkten jetzt müde, ausgezehrt und gesundheitlich angeschlagen. Solche, die ich auf dem Höhepunkt interner Konflikte als angespannt und angeschlagen erlebt hatte, strahlten jetzt, nachdem sie die Einrichtung verlassen hatten und einer befriedigenderen, weniger belastenden Tätigkeit nachgingen, wieder Energie und Lebensfreude aus.

Viele der aufgeführten Symptome zeigen sich bei IP aus westlichen und aus Schwellenländern gleichermaßen. Nur bei einer unterschiedlichen Verteilung werden die Aussagen nach den Herkunftsländern der IP aufgeschlüsselt.

## 6.1 Überarbeitung, Workaholismus

Im Kampf um Menschenrechte gibt es nie eine Pause. Immer geschieht irgendwo auf der Welt etwas, wo man sofort intervenieren müsste, ein Bürgerkrieg, ein Völkermord, eine Razzia gegen Oppositionelle. In Ländern der nördlichen Hemisphäre stehen traumatisierte Flüchtlinge auf der untersten Stufe der sozialen Hierarchie, vielfach leben sie unter armseligen Bedingungen mit unsicherem Aufenthalt, Angst vor Abschiebung in ihr Heimatland, wo ihnen erneute Verfolgung und Folter drohen. In den Traumazentren und Menschenrechtsorganisationen gehören die Notfälle und die »urgent actions« zum Alltag und erzeugen einen enormen Handlungs- und moralischen Druck. Es gilt als Verrat an der Sache, wenn man auch mal an sich selbst und seine Grenzen denkt. Vom hohen Grad an Selbstausbeutung, der chronischen Überarbeitung der Helfer war in vorangegangenen Kapiteln schon die Rede. Ein Coping-Mechanismus mit dem hohen Stresspegel und den hohen Anforderungen ist, einfach noch mehr zu arbeiten, in die Nacht hinein, an Wochenenden, im Urlaub. Das geht eine Zeit lang gut, bis die Kräfte versagen. Es geht häufig einher mit Größen- und Rettungsfantasien, dass man unersetzlich sei. Die Arbeit wird zum alleinigen Lebensinhalt und nimmt Suchtcharakter an. Von Überlebenden der Konzentrationslager und von Vietnamveteranen ist bekannt, dass viele sich in Arbeit gestürzt haben, um zu vergessen und sich von den quälenden Wiedererinnerungen abzulenken. Die Überarbeit ist ein Coping-Mechanismus mit dem Trauma. Bei den Helfern könnte es sich um ein Abbild dieses Coping, um einen Parallelprozess[48] handeln.

*»Ich habe immer gedacht, ich muss noch schneller rennen, ich muss noch mehr schaffen, ich habe mir noch weniger Freizeit gegönnt, ich habe abends noch alles Mögliche gemacht ... Aber es ist nicht mehr reingekommen. Ich war eigentlich schon zu. Und habe in mir immer stärker diesen Motor gespürt, du musst, du musst noch mehr, streng dich an, streng dich an, und da war ich wirklich platt am Ende ...«*

Ein IP, auf dessen Tisch sich Berichte, Gutachten stapelten, versuchte der Situation Herr zu werden, indem er bis spätnachts im Büro blieb und dann noch Arbeit mit nach Hause nahm: *»... es ist eine Art Besessenheit ... irgendwie war ich ein Workaholiker, ich war arbeitssüchtig ...«*

Ein IP berichtet, dass er kaum Freizeit hat, und wenn er sich mal freinimmt, sich weiter mit Themen aus der Arbeit beschäftigt, indem er eine Dissertation über Gewalt schreibt.

---

48  Zu Parallelprozess siehe Anm. 42, S. 109.

Ein Supervisor versuchte in einer Einrichtung, in der die Mitarbeiter ständig in Aktion waren, sich keine Pause gönnten, mit guten Beispiel voranzugehen, indem er sich in den Pausen zwischen den Supervisionsstunden demonstrativ auf einen Liegestuhl in die Sonne legte. »… *in ihren Pausen haben sie oft noch, weil jemand einen Vortrag zu halten hatte über ihre Dokumentation, schreckliche Fotos rausgesucht, was sie in der Weiterbildung vorbringen würden … Also das fand ich nicht gut, was die da gemacht haben …*« Es dauerte lange, bis die Mitarbeiter seine Botschaft verstanden und sich selber eine wirkliche Pause gönnten.

## 6.2 Erschöpfung, Unlust

Die chronischen und unlösbaren Konflikte mit Kollegen, der Kampf mit widrigen äußeren Umständen, das Sisyphus- und Hamster-im-Rad-Gefühl erzeugen Unlust und Widerwillen gegen die Arbeit.

Davon zeugen Äußerungen wie: »*Ich bin einfach müde … das ist nicht mehr meine Einrichtung.*« – »*… ich kann nicht mehr …*« – »*… ich werde müde, es turnt mich nichts mehr an … es befriedigt meine Lust nicht mehr …*« – »*… irgendwann hören die Kräfte auf.*«

Ein IP berichtet, wie er bei einer Tagung plötzlich einen Aussetzer hatte: »*Plötzlich habe ich einfach den Faden verloren. Ich habe nicht mehr gewusst, was ich sagen wollte … Es war irgendwie alles weg, und innerlich fühlte ich, ich kann nicht mehr darüber sprechen. Das war ganz verrückt, ich kann nicht, ich kann nicht mehr … Du bist fertig, das geht nicht so weiter.*«

Auch auf Supervisoren übertrugen sich diese Symptome: »*Ich bin überhaupt nicht mehr gerne in die Einrichtung gekommen. Ich dachte immer: ›Mein Gott, muss ich jetzt da hinfahren?‹ … es passte nicht zusammen mit meinem Bild von den Menschen da … ich mochte die entschieden gerne … es gab aber dieses deutliche Missempfinden … ich habe versucht, das zu verstehen, dann hat das mit der unbewussten Seite zu tun, die in dieser Gruppe einfach durch die Art der Arbeit und mit den Themen, mit denen man sich beschäftigt, und dass es eben um massive destruktive Prozesse geht, die auch in die Gruppe schweifen und die unbewusst die Dynamik bestimmen. Und greifbar ist, dass ich das als Magendrücken, als Unwohlsein empfunden habe.*«

## 6.3 Familiäre Spannungen, Trennung

Die Arbeitssucht, der Workaholismus zieht unweigerlich die Familien in Mitleidenschaft. Partner und Kinder kommen zu kurz und beklagen sich. Viele IP haben sich zeitnah zu besonders stressbeladenen und konflikthaften Perioden in ihren Einrichtungen von ihren Partnern getrennt.

*»Ich habe drei Kinder, sie sind zum Teil noch klein … ich denke, die Leidtragende ist meine Frau … auch die Kinder … ich denke schon, dass die Familie da auch einen Preis zahlen muss, dass ich hier beschäftigt bin. Das ist so.«*

Ein Supervisor: *»Es gab familiäre Konflikte en masse …«*

Ein IP fühlt sich zwischen Arbeit und Familie zerrissen: *»Meine Kinder sind Teenager. Es gab häufig Zeiten, in denen ich nicht rechtzeitig nach Hause kam oder kein Essen für sie kochen konnte. Und dann sagte ich zu ihnen: ›Seht, es tut mir leid, ich rette Leben. Ich kann nicht bei euch sein, weil Menschen im Sudan sterben!‹ Es klingt lächerlich, aber so fühlt man sich oft. Das ist das Härteste für mich, meine Zeit aufzuteilen zwischen meiner Familie und der Welt. Und es erzeugt Spannungen.«*

Einem IP, dessen Partner sich beklagte, vermochte nicht, die Arbeitslast zu verringern, und versuchte stattdessen die Situation zu Hause durch Absprachen zu entschärfen. *»Wir versuchten Vereinbarungen zu treffen, zum Beispiel dass ich nicht das Mobiltelefon beantwortete während des Abendessens. Und wenn ich ein Telefonat führen musste, ich ins Nebenzimmer ging, damit es nicht die ganze Familie beeinträchtigte. Und dass ich nicht mit der Arbeit begann, bevor die Kinder im Bett waren … Die Strapaze, die ich meiner Familie zumutete, war, dass die Dinge so laufen mussten, wie ich es wollte … ich konnte es nicht ertragen, wenn man etwas von mir wollte. Ich wollte Freizeit haben zu meinen eigenen Bedingungen, was eine Zumutung war für eine Familie mit kleinen Kindern …«*

*»Mein Sohn hat sich natürlich öfters schon beschwert. Besonders als er noch jünger war … ab und zu hat er Wutausbrüche mir gegenüber, und ich denke, dass das damit zu tun hat. Also, dass er gerne mehr Zeit für sich, mehr Energie für sich gehabt hätte.«*

*»Mein Gott, wir sind so oft aneinandergeraten. Ich dachte, ich habe einen Anspruch darauf, versorgt zu werden, und er dachte, ich sollte ihn*

versorgen, denn er war allein, ein Mann ohne Ehefrau ... ich vermisste meine Kinder ... wenn ich zu Hause war, war es wirklich eine sehr konfliktgeladene Situation.«

Ein IP berichtet von einer schweren Krise im Zusammenhang mit der Arbeit: »Ich muss sagen, dass das zeitlich mit meiner Scheidung zusammenfällt ... mein Partner hat als Hauptgrund für unsere Scheidung angezeigt, dass ich zu viel arbeite ...«

Ein IP sagt über seine Trennung und seine Depression auf dem Höhepunkt einer extrem angespannten Situation in seiner Einrichtung: »... es war die Kombination mit der Trennung von meiner Frau, zwei große Traumen passierten zur gleichen Zeit. Ich kann nicht sagen, es war nur wegen des Traumas bei der Arbeit oder in meinem Privatleben. Es kam beides zusammen ...«

## 6.4 Depressionen

Einige IP berichten freimütig davon, dass sie an einer Depression erkrankt seien.

»Im Moment habe ich das nicht so gemerkt, aber ... ich hatte eine Depression ... ich war auch in Behandlung, medikamentös ... es ging mir wirklich nicht gut ...«

»Vor fünf, sechs Jahren habe ich eine sehr ernste Depression durchgemacht ...«

»Manchmal kam ich nach Hause und war sehr traurig und deprimiert, was auch meine Kinder gespürt haben.«

Bei einem IP äußerte sich diese in unspezifischen körperlichen Beschwerden. »Die Ärzte sagten, es gebe keine organische Ursache für meine Beschwerden ... Im letzten Jahr habe ich angefangen zu glauben, dass es in Wirklichkeit eine verborgene Depression ist ... Mein Arzt überwies mich zu einem Psychologen ... Ich gehe zu keinem Psychologen, zum einen weil ich glaube, dass keiner besser ist als ich selbst ... Manchmal meditiere ich mit mir selbst, dann spüre ich eine Art Niedergeschlagenheit, eine Traurigkeit hochkommen. Und diese Traurigkeit lässt sich nicht erklären durch mein sonstiges Leben.«

Ein IP wurde durch die Fürsorge für einen schwer depressiven Kollegen mit seiner eigenen Depression konfrontiert: »Ich traf auf einen sehr fähigen Kollegen, der an einer schweren Depression litt und einen Selbst-

*mordversuch unternahm. Ich kümmerte mich um ihn, und dann fragte ich mich, ob ich auch solche Symptome hätte … ich schlief nachts schlecht und wachte sehr früh auf … und entschloss mich dazu, Antidepressiva zu nehmen … ich bin sicher, dass ich damals eine Depression hatte.«*

Auf dem Höhepunkt einer Phase von staatlicher Repression in einem Schwellenland mit einem Ansturm von Klienten litt ein IP an Schlaf- und Arbeitsstörungen. *»In dieser Zeit schlief ich fast nur fünf Stunden … Das größte Problem war, dass ich meine Berichte nicht mehr schreiben konnte, ich konnte sie nicht zu Ende bringen …«* Um sich zu erholen, ließ er sich für eine Weltreise freistellen. *»… und bevor ich dann verreisen wollte, sagte ein Psychiaterkollege zu mir: ›Weißt du, was es bedeutet, allein an das andere Ende der Welt zu reisen? … es ist eine Art verdeckter Selbstmord.«*

## 6.5 Ausstiegswunsch

Viele IP tragen sich mit dem Gedanken aufzuhören. Allein die Perspektive, diese Arbeit nicht für immer und ewig machen zu müssen, hat offenbar etwas Entlastendes.

Ein IP, der eine ganze Reihe Kollegen schon hat gehen sehen als Konsequenz aus nicht enden wollenden Konflikten in der Einrichtung: *»A ist gegangen, weil er sagt, ›ich bin ausgeklinkt, ich kann nicht mehr, ich vergesse Termine‹, was wirklich nicht sein Ding war. B ist gegangen mit den Worten, ›ich muss aussteigen. Ich muss mal drei Jahre etwas ganz anderes machen‹ …«*

Ein IP sagt über seine eigene Perspektive: *»ich mache eine Blindbewerbung … ich glaube, ich wäre in der Lehre gut …, ich will hier raus … lieber gestern als heute …«*

Ein IP trägt sich mit Ausstiegsgedanken nach Ausbruch einer stressbedingten Erkrankung, die er als Warnsignal empfand. *»… Bei mir ist der Strudel gekommen jetzt … dass ich mich da so hab reinziehen lassen … bevor ich dann die Distanz wieder aufgebaut habe … aber trotzdem belastet mich diese übermächtige Arbeit auch … und ich bin immer so am Mit-mir-Ringen: ›höre ich auf oder nicht?‹«*

Nach 14 Jahren Aufbauarbeit als Pionier in einem Schwellenland will ein IP aufhören, weil er sich anders nicht abgrenzen kann. *»Nein, ich will diese Arbeit nicht mehr lange machen, aber vor vierzehn Jahren, als* ich angefangen habe, hatte ich eigentlich die gleiche Perspektive. Damals wollte ich sie auch nicht lange machen. Denn solange ich hier arbeite, ist es mir unmöglich, mir selbst mehr Zeit zu geben und weniger von der Sorge um andere bestimmt zu sein. Ich bin unfähig, mich abzugrenzen. Deshalb will ich mich in ein paar Jahren trennen und die Einrichtung von außen unterstützen.«

Ein IP mit einer ähnlichen Biografie aus einem Schwellenland will den Bereich Menschenrechte ganz verlassen, weil er müde ist von den Enttäuschungen, der Machtlosigkeit, der Sisyphusarbeit und der sich durch die Teamkonflikte, die politischen Grabenkämpfe ausgezehrt fühlt.

»Irgendwann hören da die Kräfte auf. Und ich sage mir ... ja, vielleicht etwas ganz anderes. Also irgendwann werde ich es tun ... wenn es mir gelingt, ganz umzuziehen, will ich irgendetwas anderes machen, mit Kindern arbeiten ... und vielleicht an der Universität ...«

## 6.6 Körperliche Erkrankungen

Erschreckend ist die hohe Krankheitsanfälligkeit, von denen die IP berichten. Es handelt sich um stressbedingte psychosomatische Erkrankungen sowie Infekte aufgrund verminderter Abwehrkräfte: Colitis Ulcerosa, Morbus Crohn, Magengeschwür, unspezifische Magen-Darmbeschwerden, kardiovaskuläre Erkrankungen, Bandscheibenvorfall, Hörsturz, rezidivierende Harnwegsinfekte, ständige grippale Infekte.

Die Erkrankungen brechen zeitnah zu Stress erzeugenden Ereignissen aus auf dem Höhepunkt von internen Konflikten oder nach Hiobsbotschaften wie Einbrüchen in der Finanzierung. Auch von Krebserkrankungen ist die Rede, wiewohl hier ein zeitlicher und ursächlicher Zusammenhang mit der Arbeit nicht eindeutig auf der Hand liegt.

Ein IP über den Ausbruch eines akuten Bandscheibenvorfalls in einer Zeit extremer Belastung durch Finanznot, Teamkonflikte etc.:

»Es war eindeutig. Es ist in der Einrichtung passiert. Ich bin raus auf den Parkplatz abends, und da ist es passiert. Ich hab's gespürt ...«

»Ein Kollege ist schwerst erkrankt, was in unmittelbarem Zusammenhang stand mit der Arbeitssituation ... das war ganz furchtbar ... in dem Moment, wo die Konflikte nachgelassen haben und es ihm besser ging, da ist er dann heftigst erkrankt.«

## 6.7 Sucht

Große Mengen Nikotin, Kaffee und Alkohol sind endemisch in vielen Einrichtungen. Sie werden eingesetzt zur Stressbewältigung, als Beruhigungs-, als Schlaf- und Aufputschmittel, je nachdem. Auch von Essstörungen wird berichtet.

Ein IP, der in einer von chronischen zerrüttenden Konflikten gezeichneten Einrichtung die Rolle des Sündenbocks, des Opfers, und Arbeitssklaven einnahm:

*»Ich habe angefangen, sehr viel zu trinken, weil ich die Verhältnisse am Arbeitsplatz nicht mehr ertragen konnte … Ich habe mich selbst therapiert, indem ich angefangen habe zu trinken … jeden Abend, wenn ich spät von der Arbeit kam, ging ich zum Kiosk … ging mit einer kleinen Flasche nach Hause, und dann schlief ich zwei Stunden später ein.«*

Ein IP berichtet aus einer Phase großer Arbeitslast und Anspannung:

*»Zum ersten Mal in meinem Leben verdreifachte sich mein Alkoholverbrauch …«*

IP berichten, wie sie Kollegen völlig betrunken am Arbeitsplatz und auf Konferenzen erlebten: *»Ich weiß nicht, wie oft ich in sein Büro bestellt wurde und er hatte eine Alkoholfahne … ich habe ihn wirklich sturzbetrunken gesehen.«*

*»Er erschien bei Konferenzen mit Kollegen aus dem Ausland völlig heruntergekommen und betrunken …«*

Ein IP berichtet, wie mit den Jahren seines Deputats in seiner Einrichtung sein Kaffee- und Zigarettenkonsum zunahm: *»Im letzten Jahr, wenn ich morgens zur Arbeit kam, trank ich als Erstes zwei große Tassen Kaffee und rauchte zwei Zigaretten, was ich zu Hause niemals tue, und dann war ich gerüstet für den Tag.«*

Ein IP über einen überengagierten Kollegen: *»Er rauchte wie verrückt.«*

Ein Supervisor über das von ihm betreute Team in einer Phase großer Spannung: *»Die rauchen alle wie die Schlote, da packen sie es hin …«*

## 6.8 Albträume

Von Albträumen berichten vorwiegend IP aus Schwellenländern, die selbst verfolgt waren. Sie erleben sie als einen Indikator für Stress bei der Arbeit.

*»Wir waren alle im Team überlastet … und in dieser Phase haben meine Gefängnisträume wieder angefangen. Ich habe mich und meine Freunde wieder im Gefängnis gesehen … Auch heute immer noch sehe ich meine Gefängnisträume als einen sehr akkuraten Stress- und Müdigkeitsindikator an. Wenn ich einen Gefängnistraum habe, dann weiß ich, dass gerade in meinem Alltag etwas nicht stimmt.«*

Bei einem IP traten Albträume auf, als er Autopsien aus Massengräbern vornehmen musste und dabei mit Angehörigen von Verschwundenen zu tun hatte. *»Zum ersten Mal in meinem Leben wachte ich nachts schreiend auf.«*

*»Ich sah alle Leute auf der Straße und in den Korridoren mit maskierten Gesichtern, gehäuteten Gesichtern.«*

Ein IP aus einem westlichen Land träumte in einer Phase von schweren internen Konflikten, er sei in einem Konzentrationslager: *»Ich würde sagen, dass die Atmosphäre allmählich immer unerträglicher für mich wurde … es war unmöglich, wie sie mich behandelt haben. Und in meinem Sommerurlaub hatte ich Träume, dass ich in einem Konzentrationslager war und nicht raus konnte. Schreckliche Träume. Und dann habe ich beschlossen, dass ich gehe, dort würde ich nicht bleiben.«*

## 6.9 Weltbild erschüttert

Man weiß von durch Menschenhand Traumatisierten, dass ihr Weltbild, ihr Gefühl von Sicherheit, der Glaube an das Gute im Menschen, ihr Grundvertrauen in die Menschheit durch das Erlebte erschüttert werden[49]. Die Zeugenschaft, das Anhören der Geschichten der Klienten hat bei einigen IP-ähnliche Auswirkungen.

*»Ich finde, dass dieses Thema alles, was du an Bildern hast, wie die Menschen sein könnten, was irgendwie heil sein könnte, das wird dir weg-*

---

49   Vgl. Janoff-Bulmann, R.: Shattered Assumptions. Towards a New Psychology of Trauma. The Free Press, New York 1992.

genommen ... es wird einem klar, wie schrecklich die normale Welt ist, das ist der Schock, das war das Schlimme.«

Ein IP, der mit gutem Glauben und Optimismus begann, aber im Zuge von Grabenkämpfen in eine Sündenbockposition geriet und zwischen den Fronten zerrieben wurde: »Leute, die ich gut kannte, ermutigten mich, diese Arbeit zu machen, ich vertraute ihnen ... und dann gab es einige große Enttäuschungen ... Ich bin wahrscheinlich naiv und dachte, dass es weniger Konkurrenz gibt und dass die Motive der Leute ehrlich gesagt edler waren, als es sich dann herausstellte. Und das ist ein Teil der Enttäuschung.«

## 6.10 Schlafstörungen

Schlafstörungen werden häufig im Zusammenhang mit Teamkonflikten und Konflikten mit aggressiven und spaltenden Kollegen genannt, bei denen keine Aussicht auf eine Lösung oder eine Entspannung in Sicht ist.

Ein IP über seine Jahre als Leiter einer basisdemokratisch strukturierten Einrichtung, als er zur permanenten Zielscheibe von Angriffen wurde: »Ich habe noch nie Schlafstörungen gehabt, aber diese Jahre haben mich viele Nächte gekostet, wo ich nicht abschalten konnte ... ich hab's nicht aus dem Kopf gekriegt, wenn ich wach war.«

## 6.11 Gereiztheit

In vielen Einrichtungen ist schon bei der ersten Begegnung, beim Betreten der Räume, eine gewisse Anspannung und Hektik zu spüren. Eine ruhige entspannte Atmosphäre ist eher die Ausnahme. Dementsprechend berichten IP, dass sie sich selbst oft als gereizt und leicht reizbar erleben. Die Gereiztheit entlädt sich oft zu Hause in der Familie.

| Stress-Symptome | Häufigkeit[*] |
|---|---|
| ▪ Überarbeitung, Workaholismus | 38 |
| ▪ Erschöpfung, Unlust, Widerwillen | 25 |
| ▪ Familiäre Probleme, Trennung | 18 |
| ▪ Depressionen | 16 |
| ▪ Angst | 13 |
| ▪ Ausstiegswunsch | 12 |
| ▪ Stressbedingte körperliche Erkrankungen | 11 |
| ▪ Sucht | 10 |
| ▪ Albträume | 9 |
| ▪ Grundvertrauen, Weltbild erschüttert | 9 |
| ▪ Schlafstörungen | 7 |
| ▪ Gereiztheit | 6 |

[*] Zahl der IP (n = 72), die von solchen Symptomen berichten.

# 7. Ressourcen der Helfer

Die Interviewpartner haben eine Vielfalt von Strategien entwickelt, wie sie den Stress bei der Arbeit bewältigen. Sie sind sehr kreativ und erfinderisch in der Suche nach einem Ausgleich, wo sie Entspannung und Ruhe finden. Dazu gehören Nebentätigkeiten und Freizeitaktivitäten, in denen sie neue Kräfte tanken. Ich fasse sie unter der Rubrik »Ressourcen« zusammen. In Kapitel 3 über stabile Einrichtungen werden von den IP z. T. die gleichen Ressourcen berichtet. Am häufigsten werden genannt in absteigender Reihenfolge:

## 7.1 Familie, Kinder

Der Halt, den die Familie bietet, die Freude an Kindern und Enkelkindern ist die am häufigsten genannte Ressource.

*»… Ich habe eine Familie, das ist meine Rettung …«*

*»… Der Enkelsohn ist jetzt 1 Jahr und 3 Monate alt … Das ist die beste Therapie, der Kleine, wenn man nach Hause kommt … und der lacht und freut sich und spielt …«*

*»… Neben der Arbeit genieße ich vor allem erst mal meine Familie. Meine Familie, das ist mein Zufluchtsort … meine Kinder und mein Partner …«*

*»… Meine Familie ist meine Ressource, das ist eine Familie, die wirklich intakt ist…«*

*»Ich genieße es, mich um meine Enkelkinder zu kümmern … das ist etwas sehr Schönes und Positives.«*

In den Zeiten schwerer Konflikte in ihren Einrichtungen war für viele die Familie der wichtigste Rettungsanker, auch Kinder übernahmen Stützfunktion: *»Wenn die Arbeit einen fertig macht, dann wendet man sich der Familie zu und dann hat die Arbeit weniger Bedeutung. Ich konnte meinem Partner und meinen Kindern nicht viel geben, aber sie haben mich gestützt.«*

*»Die Familien waren mit involviert, mein Partner war sehr besorgt,*

wie man mit uns im Betrieb umgesprungen ist, aber er war dabei ganz ruhig … die Familien waren sehr loyal …«

»Die größte Unterstützung war mein Kind. Es aufwachsen zu sehen, war mein größtes Lebensmotiv. Es bewahrte mich vor mehreren traumatischen Problemen … es hat mir geholfen, diese Zeit zu überstehen.«

»Als die Kinder noch klein waren, einfach spielen, selber wie ein Kind sein …«

## 7.2  Realistische Ziele

In Kapitel 5 war vom hohen moralischen Anspruch, der Betroffenheit, der Selbstaufopferung und der Realitätsferne als Ursache für Überarbeitung und Erschöpfung die Rede. Interessanterweise ist die am zweithäufigsten genannte Ressource die Definition realistischer Ziele, die entlastend wirkt.

»Wir dachten, dass wir Folter aus der Welt schaffen könnten zu unseren Lebzeiten. Nun bin ich zu dem traurigen Schluss gekommen, dass dieses Problem immer da sein wird. Die Menschen haben einen starken Hang zum Bösen. Ich habe wirklich an den Fortschritt geglaubt. Jetzt bin ich mehr Realist«[50].

»… Ich habe meine Illusionen aufgegeben. Ich habe am Anfang geglaubt, dass wir die Menschheitsplage Gewalt und Unterdrückung ein für alle Mal aus der Welt schaffen können. Jetzt glaube ich, dass es die immer geben wird, sie sind ein Teil des Lebens. Damit fühle ich mich viel besser. Es ist, als sei eine riesige Last von meinen Schultern genommen.«

»Wir müssen realistisch sein in der Definition unserer Ziele … früher haben wir nach außen so getan, als könnten wir alles heilen …«

Ein Leiter aus einem westlichen Land sieht ein »übermächtiges Helfersyndrom« bei seinen Mitarbeitern. Um sie vor sich selbst zu schützen, hält er sie dazu an, Klienten selbst Verantwortung für sich übernehmen zu lassen und nur Leistungen für die Klienten zu erbringen, die bezahlt werden, so wie das in der gesundheitlichen Regelversorgung der Fall ist: »Wir kriegen eine Therapiestunde bezahlt … Das sind die Realitäten … Ich

---

[50]  Bezüglich des Fortschrittsglaubens, von dem dieser IP aus einem westlichen Land spricht, siehe auch die Äußerung eines IP in Kapitel 5.7 über die nordeuropäische Kultur mit ihrer protestantischen Leistungsorientierung.

*mache bei meinen eigenen Patienten massiv Druck auf das Erlernen unserer Landessprache, auf Arbeitssuche … und es hat Erfolg … meine* (Patienten, d. V.) *sprechen schon leidlich* (die Landessprache, d. V.) *… ich bin der Meinung, die haben 24 Stunden Zeit, also können sie zwei Stunden am Tag* (die Landessprache, d. V.) *lernen … Ich bin der Meinung, wenn die Menschen hier … leben, müssen sie sich an unsere Kultur anpassen, nicht wir an ihre …«*

Einige der Sozialarbeiter unter den IP empfinden es als entlastend, dass sie sich mehr mit realen Dingen befassen wie Arbeitssuche und Alltagsbewältigung: *»Die Sozialarbeiter denken oft konkreter an das Leben hier, was hier los ist, und nicht so sehr an die Grausamkeit. Die Psychologen sind mehr damit beschäftigt …«*

## 7.3 Dokumentieren, Forschen, Publizieren, Lehren

Die am dritthäufigsten genannte Ressource ist das Dokumentieren, Schreiben, Veröffentlichen, Forschen, Vorträge halten. Das Reflektieren des eigenen Tuns verschafft Abstand und Befriedigung am Erreichten. Es ermöglicht auch, die belastenden Dinge symbolisch abzulegen und nicht weiter mit sich herumtragen zu müssen. Dokumentare und Forscher schätzen es, sich besser von der Materie distanzieren zu können und weniger in die Teamkonflikte hineingezogen zu werden.

*»Ich musste einen Vortrag halten auf einer Tagung. In so etwas habe ich mich total reingeschmissen … sobald es um Inhalte ging, als würde ich drin ertrinken wollen, gelesen und gearbeitet und Fälle durchgegangen. Da habe ich irgendwie meine Kompetenz draus gezogen und auch meine Befriedigung, zu wissen, das Seminar war gut … Es ist total intensiv, wie du eigentlich im Alltag gar nicht lebst …«*

Ein IP hat sich nach einer sehr traumatischen Erfahrung in einer Einrichtung über das Schreiben eines Buches regeneriert *»… Ich schrieb das Buch X, kurz nachdem ich die Einrichtung verlassen hatte, als Teil meiner Dissertation. Das war mein erster Selbstheilungsversuch … ich versuche immer etwas zu schreiben. Ich versuche mit dem Forscher in mir in Verbindung zu bleiben … das ist für mich ein Weg, Dinge zu entwickeln …«*

Ein IP, der viel schreibt, Vorträge hält und veröffentlicht, sieht rückblickend ein Symptom seiner Erschöpfung und seines Burnout darin, dass er aufhörte zu publizieren. »*Jetzt sehe ich, dass nach dem Jahr X ein Loch ist, es ist leer. Ich habe nichts produziert, keine Artikel geschrieben, bin zu keiner Konferenz gegangen ... Man muss etwas tun. Selbst ein kleines Kapitel schreiben, ist wertvoll und wichtig, auch für deine Selbstachtung.*«

Ein IP behielt während seiner langjährigen Tätigkeit für eine Einrichtung seine Halbtagsstelle an einer Universität, die ihn unabhängig machte: »*Ich hielt mich raus aus den Intrigen. Wenn es Ränkespiele gab, hielt ich mich raus ... Während meiner Arbeit für* (eine UNO-Einrichtung, d. V.) *bekam ich so viel Anerkennung ... das war ein Grund mehr, weil ich nie in einem Machtkampf verwickelt war, hatte niemand Angst vor mir.*«

Ein Gründer, der sich zurückgezogen und seine Aktivitäten ganz auf das Publizieren und Lehren verlagert hat: »*Ich genieße es, mit Studenten zu arbeiten, sie sind so erfrischend und stellen einen infrage mit ihren Fragen.*«

Ein ausschließlich in der Dokumentation und Öffentlichkeitsarbeit Beschäftigter sieht sich eher als die Therapeuten mit direktem Klientenkontakt in der Lage, Abstand zu nehmen, wenn es ihm zu viel wird: »*Bei mir ist es ein bisschen anders, weil ich nicht Therapeut bin. Ich kann Pausen einlegen, wenn ich merke, die ganzen Probleme mit der Identifizierung von Verschwundenen ... das war so entsetzlich. Und ich sage: ›Nein, nicht mehr!‹ Und dann gehe ich in den Hof, weil: es gibt bestimmte Dinge, die ich nicht lese ... ich kann Distanz schaffen. Ich kann sagen: ›Ja, jetzt ist Schluss. Ich muss jetzt Luft holen. Jetzt muss ich raus. Jetzt muss ich was anderes machen.‹ Aber das kann ein Therapeut natürlich nicht, der kann keine Seiten überspringen.*«

Für einen IP, einen Psychotherapeuten, ist das sorgfältige Dokumentieren eine Technik, um Abstand zu gewinnen. »*Manchmal gehen mir Fälle nicht aus dem Kopf, die ich besonders schrecklich finde ... Ich habe Techniken, wo ich die auch hier* (in der Arbeitsstelle, d. V.) *lasse. Ich dokumentiere zum Beispiel sehr ordentlich, was sehr ungewöhnlich ist in unserer Einrichtung. Ich führe meine Akten sehr detailliert und akkurat und du kannst bei mir jede Behandlungsstunde nachvollziehen. Das ist eine Technik. Dann tue ich das in den Stahlschrank und dann schließe ich das ab und dann gehe ich nach Hause. Das ist für mich sozusagen ... ich nehme es nicht mit nach Hause.*«

## 7.4 Ausbildung, Weiterbildung

In Kapitel 8.2 finden sich Zeugnisse von Helfern darüber, wie ihnen eine psychotherapeutische Ausbildung geholfen hat, die Dynamik ihrer Beziehung zu den Klienten besser zu verstehen und Grenzen einzuhalten.

Ein Sozialarbeiter berichtet, wie ihm eine Gestaltausbildung geholfen hat, die komplizierten und destruktiven Prozesse in seiner Einrichtung zu verstehen: »*Ich hatte an einem Gestalt-Grundkurs teilgenommen, nicht für eine Ausbildung zum Psychotherapeuten. Aber es hat mir die Augen geöffnet, was sich hier abspielt. Es war für mein eigenes Wohl. Ich wollte sehen, was damit passiert, kann ich davon lernen?*«

Einem vorwiegend als forensischer Gutachter tätigen IP half ein psychiatrischer Grundkurs, sich gegen Burnout zu wappnen: »*Wir hatten etwas psychiatrische Fortbildung über Burnout. Das machte uns das Leben etwas leichter … zu lernen, sich darüber klar zu werden, was sich da abspielt, ist sehr wichtig. Wenn man etwas definiert, wenn man sagt, o. k., das ist meine larvierte Depression, dann wird es kleiner, wenn man es definieren kann, sind die Auswirkungen weniger gravierend. Zumindest ist es praktisch hilfreich.*«

## 7.5 Eigenes Trauma als Antriebskraft

Bitte lesen Sie dazu die Zeugnisse von Helfern im Kapitel 8.1.

## 7.6 Kulturelle Aktivitäten

Kulturelle Aktivitäten wie Literatur, Kunst, Musik, Tanzen, Theater, Kino, Essen gehen, Kochen, Handwerkliches dienen als Ausgleich. An erster Stelle wird Literatur genannt. Lesen bedeutet zur Besinnung kommen, nachdenken. Damit ist weniger Fachliteratur gemeint als Romane, und zwar solche, die nicht direkt mit dem Thema zu tun haben, die einen in eine andere Welt hineintragen, z. B. historische Romane.

Ein IP, der sich selbst als Arbeitstier bezeichnet, aber eine kritische Distanz zu sich selbst und den Inhalten der Arbeit hält: »*Ich glaube, in unserem Bereich könnte jeder ohne weiteres 15 Stunden am Tag arbeiten und nicht fertig werden. Ich habe gelernt, wann es Zeit ist zu gehen, gehe* ich ... Ich habe andere Dinge im Leben wie Kunst, Musik, Tanz, Literatur. Ich lese Romane, manchmal lese ich zur Ablenkung historische Romane aus dem 19. Jahrhundert ...«

»Ich lese viele Romane, höre Musik ...«

»Ich gehe sehr gerne aus zum Essen ... ich gehe gerne ins Kino ... und ich lese – keine Fachliteratur – richtige Literatur, Krimis ... und ich gehe gerne einkaufen ...«

»... Ich hatte früher einen psychiatrischen Chef, der hat mir gesagt: ›man braucht zum Lernen neben den Patienten vor allem Bücher und Zeit ... also eigentlich Narrationen, Geschichten ... gut geschriebene Romane ...«

»Ich habe da noch eine Parallelwelt, wo viel Kultur ist und viel Handwerkliches ... das sind also diese zwei verschiedenen Welten: auf der einen Seite die Arbeit, auf der anderen Seite dieses Handwerkliche und Kulturelle, wo ich mich entspanne und abschalte.«

»Ich liebe Bach. Das ist mein Favorit. Und ich muss in eine Passion gehen ... ins Weihnachtsoratorium ...«

»Samba tanzen ... ich glaube, ich komme nur alle drei oder vier Monate einmal dazu, zu tanzen. Aber in meiner letzten depressiven Phase zu Hause habe ich mithilfe einer CD Tango geübt.«

»Ich koche unglaublich gerne und experimentiere dabei.«

## 7.7  Austausch unter Kollegen

Als eine der wichtigsten Stützen in der Arbeit wird immer wieder der Austausch der Kollegen untereinander angegeben, vorausgesetzt, dass man mit den Kollegen gut auskommt und ein gegenseitiges Vertrauensverhältnis besteht. Auch wenn es in der Einrichtung insgesamt erhebliche Spannungen gibt, finden sich oft kleinere Subteams, die gut zusammenarbeiten und sich gegenseitig stützen.

Ein IP, der nur mit Dokumentation und Öffentlichkeitsarbeit zu tun hat: »Wir mussten immer diese schrecklichen Dinge lesen, weil wir Schlüsselwörter finden und kurze Zusammenfassungen (der Literatur und der Dokumente, d. V.) schreiben mussten. Wir haben es nicht professionell gemacht, aber wir haben einander entlastet, wenn wir am Tisch saßen und die Post und die Zeitungen durchgegangen sind ... wenn wir das miteinander teilen konnten, dann hat es sich irgendwie ausgeglichen, dann *war es nicht so düster ... und dann musstest du es nicht mit nach Hause nehmen und deinem Partner erzählen.«*

*»Diese Haltung, alles im Dienst zu teilen, sich mit den Kollegen zusammenzusetzen. Das half, denke ich ...«*

In einer Einrichtung traf sich eine Gruppe von Mitarbeitern regelmäßig außerhalb der Arbeitsstelle, um sich über die dort eskalierenden Spannungen auszutauschen: *»Es war sehr hilfreich für die, die an der Gruppe teilnahmen, weil es so klar wurde: ›ich werde nicht verrückt‹. Wir teilten die gleichen Gefühle über die Vorgänge und sahen mehr und mehr, dass es professionell in eine Richtung ging, die uns nicht gefiel ... wir fühlten uns sehr wohl in der Gruppe, sie war sehr wichtig.«*

## 7.8  Politisches Engagement, Öffentlichkeitsarbeit

An die Öffentlichkeit gehen mit der Empörung über das Unrecht, sich politisch engagieren für Menschenrechte, ist eine der Haupttriebfedern für diese Arbeit. Von vielen IP sowohl aus Ländern der nördlichen Hemisphäre als auch aus Schwellenländern wird dies als etwas erlebt, das die Lebensgeister beflügelt, ein Antidepressivum, ein Mittel gegen die Ohnmacht, das Kraft und Mut spendet. Allerdings kann es zu einer Quelle von Selbstausbeutung, Erschöpfung und destruktiver Dynamik werden, wenn es ein grenzenloses, fanatisch-besessenes Engagement ist.

Ein IP aus einem westlichen Land verzweifelte an der Ohnmacht angesichts vergeblicher Bemühungen, etwas an den miserablen Lebensbedingungen seiner Klienten zu verbessern. Was ihm aus einer daraus folgenden depressiven Krise heraushalf, war der Gang an die Öffentlichkeit. *»Ich habe angefangen, in Fachzeitschriften an die Fachöffentlichkeit zu appellieren, dagegen etwas zu unternehmen ... gegen die Situation der Asylsuchenden, weil ihre Gesundheit geschädigt ist ... Ärzte und Fürsorger, wir sollten etwas unternehmen. Und ein paar Tage hat die größte Tageszeitung etwas darüber berichtet, besonders, was ich über Kinder geschrieben hatte, dass wir die Kinderrechtskonvention nicht einhalten ... denn dann fühlte ich mich nicht mehr so hilflos ... und ich wusste, dass ich etwas tat, das ihnen nützlich sein konnte ... einige Politiker im Parlament haben darüber geschrieben ...«*[51]

---

[51]  Das entspricht dem in Kapitel 7.16 beschriebenen »Reframing«.

»Diese Aktivitäten, Geld zu sammeln für die Patienten und an die Presse zu gehen, das ist eine Art Regenerationsprozess. Wenn du etwas Hilfreiches tust, dann ist das gut für dich.«

Ein IP aus einem westlichen Land, der einer Minderheit angehört: »Wenn mich Leute fragen, ›wie kannst du dich tagtäglich mit diesen Dingen beschäftigen?‹, dann antworte ich ehrlich, angesichts dessen, wer ich bin als ein Mensch, meiner Vergangenheit, meines familiären Hintergrundes fände ich es viel schmerzhafter, von all diesen Dingen zu wissen und keine Arbeit zu haben, die sich mit ihnen befasst. Ich habe Glück, dass ich einen Job habe, der mir erlaubt, mich dafür zu engagieren ... ich muss jeden Tag aufwachen und das Gefühl haben, dass ich etwas tue. Sonst würde ich mich total deprimiert und gelähmt fühlen.«[52]

Ein IP aus einem westlichen Land, der nicht selbst betroffen ist, sagt über sein Ursprungs-Motiv, auf diesem Gebiet zu arbeiten: »Ich hatte etwas über das Land X (einen Verfolgerstaat, d. V.) gelesen und ich hatte sehr viel Wut ... ich wollte etwas gegen das System, gegen die Repression machen. Aber ich habe mich nie in Organisationen wohlgefühlt. Also, ich fühlte mich keiner politischen Fraktion zugehörig. Und als ich dann von diesem Projekt eines Traumazentrums erfahren habe, habe ich mir sofort gesagt: ›Das ist es, was ich machen will!‹«

Ein IP aus einem Schwellenland, der selbst betroffen ist: »Ich selbst bin in hohem Maße politisch, habe selbst Folter erfahren ... Zum Beispiel haben Foltergeschichten bei mir nie Erschöpfung hervorgerufen, sondern eher meine Wut, die sowieso schon da ist, gesteigert und sie in Energie kanalisiert und es mir ermöglicht, noch mehr zu arbeiten ... ich liebe meine Wut ... sobald ich etwas sehe, was mich stark aufregt, dann wird das für mich sofort in Energie kanalisiert. Und daraus schöpfe ich dann neuen Antrieb ...«

Ein IP aus einem Schwellenland sagt im Zusammenhang mit polizeistaatlichen Schikanen gegen seine Einrichtung: »Es gab eine Ermittlung gegen uns, und die Polizei kam. Diese Konflikte haben unseren Widerstandswillen geschürt und uns auch einander näher gebracht ... diese Konfrontation mit dem Staat hat uns auch Kraft gegeben.«

Ein Supervisor aus einem Schwellenland: »Es hat auch eine sehr ko-

---

[52] Ebd.

*häsive Wirkung, wenn man zu kämpfen hat und für ein Ideal kämpft. Das hält auch sehr gut zusammen und manches kann dann zurückgestellt werden.«*

## 7.9 Humor

Einrichtungen, in denen viel gelacht wird, haben einen niedrigeren Stresspegel. Wenn es nichts mehr zu lachen gibt, dann ist das ein schlechtes Zeichen. Die Absolutheit und der tierische Ernst des Fanatikers, des Besessenen und Megalomanikers vertragen keine Satire. Solche Menschen haben wenig Distanz zu sich selbst und können somit auch kaum über sich selbst lachen.

Eines der besten Mittel gegen das Abgleiten in Resignation und Zynismus ist, sich einen Sinn für das Absurde und Groteske zu bewahren. Humor ist, wie man von allen großen Komikern weiß, aus Verzweiflung geboren. Er dient als Rettungsanker in den aussichtslosesten und schwärzesten Momenten menschlichen Daseins und macht das Leben leichter.

Die besten Lehrmeister in dieser Hinsicht sind die Klienten selbst. Ein IP aus einem Schwellenland erzählt von einer Klientin aus dem Gefängnis: *»Sie war in einer Gruppe mit anderen Frauen, die täglich geprügelt wurden. Man wurde zum Appell in den Hof gerufen und dann wurde immer irgendjemand geprügelt. Und danach haben sie die Frau, die geprügelt wurde und dann geschrien hat, nicht mitleidsvoll behandelt. Die nahm man nachher, wenn man wieder in der Gemeinschaftszelle war, in die Mitte, und dann hat jede nachgeahmt, wie sie geschrien hat, während sie geprügelt wurde. So überspitzt das Ganze, dass alle am Ende in schallendes Gelächter fielen.«*

In Situationen höchster Spannung, in einer explosiven Stimmung kann ein Scherz erlösend wirken. Ein IP aus einem Schwellenland berichtet aus einer Phase von extremem Stress mit Klienten in einer politisch hochbrisanten Situation: *»Wir haben uns laut gestritten, und fünf Minuten später haben wir rumgealbert. Ich glaube, es war eines unserer wichtigsten Coping-Mechanismen.«*

Besonders der schwarze Humor, der nahe an Zynismus grenzt, dient als Ventil: *»Man gewinnt Distanz, wenn man Galgenwitze macht. Manche Sätze sind ethisch sehr gefährlich. Aber ich weiß, dass es ein Coping-Mechanismus ist, nichts anderes. Es hilft. Man kann diese Witze niemals*

*draußen erzählen. Wenn man das macht, kommt man ins Gefängnis*
*oder in die Psychiatrie ... weil die Leute dann sagen, dass man ein Per-*
*verser ist.«*

Ein IP aus einem westlichen Land schildert, wie sein permanentes
Anständig-sein-Müssen, der hohe moralische Anspruch an sich selbst,
sich ein Ventil im Verbotenen, »Unkorrekten« sucht. *»Ich fahre in Ur-*
*laub auf das Land zu einer alten Bauernfamilie, da sitze ich dann am*
*Bauerntisch, da bin ich in einer Situation wie vor 200 Jahren, die es gar*
*nicht mehr gibt, trinke sauren Landwein und mache mit den Opas schwei-*
*nische, sexistische Witze, richtig unter der Gürtellinie ... völlig unkorrekt.*
*Ja! völlig unkorrekt, es ist wunderbar ... bei der Arbeit muss ich immer*
*korrekt sein, und da unten bin ich nie korrekt ... und es kann niemand*
*zuhören, was ich für fürchterliche Sachen sage ...«*

## 7.10 Erfolgserlebnisse

Dass Erfolgserlebnisse für Zufriedenheit am Arbeitsplatz sorgen, ist eine
Binsenwahrheit. Man könnte meinen, dass wegen der Schwere dieser
Arbeit, die häufig eine Sisyphusarbeit ist, einem Kampf gegen Wind-
mühlenflügel gleicht, Erfolgserlebnisse selten seien. Es ist eine Frage der
Definition, was man als Erfolg ansieht. In der Gründungsphase waren
die Erwartungen meist zu hoch gesteckt. Mit der Zeit und der Erfahrung
schraubt man die Ziele herunter und wird bescheidener. Oft ist man
selber so im täglichen Ringen mit den widrigen äußeren Umständen
gefangen, dass man blind wird für die tatsächlichen kleinen Erfolge. Es
sind dann Außenstehende, z. B. Supervisoren, die einem sagen, dass
man doch eine ganze Menge erreicht habe. Besondere Befriedigung
schafft das Innovative, die Pionierleistung, etwas ganz Neues, bisher
nicht Dagewesenes aufzubauen.

IP aus westlichen Ländern: *»Es ist nicht nur negativ diese Arbeit*
*dort ... Befriedigend ist die Arbeit mit akut Traumatisierten ... nach drei*
*bis fünf Stunden sind die gesund und gehen wieder ... Das Faszinierende*
*ist die Aufgabe an sich, so eine Einrichtung zu erhalten, umzustrukturie-*
*ren ...«*

*»Ich war sehr stolz, das erste Mal eine Leitungsverantwortung zu ha-*
*ben für ein großes Programm, alles zu managen, ... die Flüchtlinge, For-*
*schung, die guten Beziehungen mit meinen Kollegen ...«*

Ein IP, der das von ihm aufgebaute Dokumentationszentrum ein paar Jahre nach seinem Ausscheiden wieder besucht hat: *»Ich habe die Samen aufkeimen sehen, das ganze Dokumentationszentrum, das so gut dasteht. Ich meine, es ist wunderbar. Ich war so glücklich, es heute wiederzusehen.«*

Für ein IP aus einem Schwellenland ist es eines der größten Erfolgserlebnisse, dass die Folter in seinem Land durch die Aktivitäten seiner Einrichtung eingedämmt worden ist und man heute offen in der Gesellschaft darüber sprechen kann, ohne Sanktionen befürchten zu müssen. *»Heute kann man ohne Weiteres Straßenausstellungen zum Thema machen und dort Petitionen, dort Unterschriften sammeln ...«* Dieses Erfolgserlebnis hat ihm auch Kraft gegeben, die sehr belastenden Geschichten der Patienten anzuhören und die damit verbundene Reaktualisierung seines eigenen Traumas zu ertragen. *»Ich konnte das alles ertragen, weil es mir gerade eben um diesen Erfolg ging.«*

## 7.11 Patientenarbeit

Auch die Arbeit mit den Patienten, das Anhören der Geschichten von Grausamkeit, Sadismus, Zerstörung, sollte man meinen, ist mit das Belastendste an der Arbeit. Viele IP finden die Arbeit mit den Patienten weniger belastend als die Teamkonflikte[53]. Im Gegenteil, sie empfinden die Patientenarbeit als Ressource. Sie weckt Neugier, und der Lebenshunger, der Überlebenswille der Patienten spenden Kraft. Es ist das Mitschwingen, die Freude an der menschlichen Beziehung, dass einem Vertrauen entgegengebracht wird.

*»Die Arbeit mit den Klienten ist nicht der Hauptstress ...«*

*»Es ist nicht der Schrecken der Folterkammer, den kann ich recht erfolgreich bewältigen als Therapeut ...«* Für einen IP war die Arbeit mit

---

[53] In einer Studie an 25 Helfern eines Traumazentrums kam Angelika Birck zu dem gleichen Ergebnis. Die Helfer gaben nicht das traumatische Material aus der Klientenarbeit als Hauptbelastungsquelle an, sondern die Asylsituation der Klienten und die Konflikte im Team. Birck, A. (2001): Secondary Traumatization and Burnout in Professionals Working with Torture Survivors. Traumatology 7 (2). Online journal Green Cross Foundation. URL: http://www.fsu.edu %7Etrauma/v7/working with torture survivors.pdf.

den Patienten geradezu ein Ausgleich zu den aufreibenden Teamkonflikten: »*Es wurde zunehmend härter. Der Stresspegel war sehr hoch, und
was dann oft passierte, war, dass man sich sehr den Klienten widmete. Wir
haben viel Zeit und Mühe in die Behandlung der Klienten investiert, denn
sie waren doch eigentlich das, wofür wir da waren.*«

»*Die Therapien machen mir in der Regel Freude.*«

»*Ich liebe die Jugendlichen ... Ich finde die Art und Weise, wie sie in die
Gefühle gehen ohne Rücksicht auf mich, aber auch mit dem ganzen Trotz,
den sie haben ... also auch mit der Leidenschaft, am Leben zu sein, das
mag ich ... ich glaube, die Arbeit mit den Klienten macht mir totalen Spaß.
Ich habe jetzt seit zwei Jahren auch XXX* (eine neue Klientengruppe,
d. V.) *in der Praxis, was ich total spannend finde ... wenn z. B. Klienten
vor mir sitzen, die um die vierzig sind, und ich bin die Allererste, die überhaupt hört, dass sie gequält wurden ... dass sie mir Vertrauen entgegen-
bringen, das finde ich auch ein Geschenk.*«

»*Ein positives Feedback kriege ich immer wieder ... ich bin selber einer,
der sehr gerne so Handwerk macht ... und mit den YYY* (Klientengruppe,
d. V.) *gibt es da ganz viele Anknüpfungspunkte ..., wo wir uns auf einer
ganz anderen Ebene verständigen können. Und das ist eine Basis, um eine
Beziehung aufzubauen. Und das tut mir auch gut. Wo ich auch einen guten Draht kriege, was auch mit mir sehr viel zu tun hat. Ich bin selber auch
so etwas wie ein Grenzgänger zwischen Leben und Tod ... und das treffe
ich da wieder ... manchmal sind das eher psychologisch-philosophische
Gespräche.*«

»*Ich habe oft in Vorträgen gesagt, das ist ein Privileg, das wir haben.
Dass wir so viel Zeit aufwenden dürfen, mit Menschen zu sprechen, die so
Erfahrungen gemacht haben ... Es sei zutiefst menschlich, was man mit
denen sprechen könne.*«

Ein IP, der in der Verwaltung arbeitet: »*Auch wenn ich als Verwal-
tungsmensch damit nicht so viel zu tun habe, aber ich kenne viele Patienten über die Jahre, und das sind auch wichtige Begegnungen für mich
gewesen, die ich nicht missen möchte ... Ich kann für mich sagen, ich tue
etwas, was mich befriedigt, was auch meinen Wünschen und Lebensidea-
len entspricht.*«

Ein IP, der vorwiegend in der Dokumentation arbeitet, konnte hin
und wieder direkt etwas für gefährdete Personen erreichen: »*Ich mochte
die Herausforderung. Ich fühlte mich nützlich. Ich half jemandem. Ich*

erinnere mich an das erste Mal, als es mir gelang, einen Arztbericht nach L (europäisches Land, d. V.) zu faxen über Falanga-Folter, welcher einen Mann davor bewahrte, wieder an M (Verfolgerstaat, d. V.) ausgeliefert zu werden, wo ihm erneute Folter drohte.«

Ein IP aus einem Schwellenland: »Das Bild, das ich darstelle als ein Mensch, der selbst gefoltert wurde ... und Widerstand leistet und keine Erschöpfung ausstrahlt, sondern weiteren Widerstandswillen, das hat meiner Meinung nach in der Anfangsphase Menschen ermutigt, mit ihren Leiden zu uns zu kommen, und ein Vertrauen erweckt ... Den Eindruck zu haben, dass ich mit meiner Herangehensweise eine Rolle gespielt habe, dieses Vertrauen aufzubauen, das gibt mir großes Glück.«

## 7.12  Sport, Natur

Sport, Aufenthalt in der Natur, im Wasser sind ein sehr wirksames Mittel, das Belastende aus der Arbeit zu vergessen und im wahrsten Sinne des Wortes Luft zu holen. Ein IP nennt Sport als zentrales Selbstheilungsmittel zur Überwindung einer schweren Depression im Zusammenhang mit der Arbeit: »Mir haben körperliche Dinge geholfen, eben Sport und regelmäßige Bewegung ... ich gehe auf lange Fahrradtouren, das liebe ich sehr, also dieses Gefühl, wegfahren mit Satteltasche und ein paar Kollegen und dann fühle ich mich frei.«

»Mein Partner und ich waren gerade in (Land X, d. V.) für zwei Wochen, wo wir in den Bergen gewandert sind. Wenn ich das fühle und er besonders weiß, wann es Zeit ist, etwas in der Natur zu machen. Einfach eine Pause machen, außer Landes gehen und auf eine Wandertour gehen, wo man einfach guckt, wo man seine Füße als Nächstes hinsetzt.«

»Ich gehe segeln, Kanu fahren, alles mit Wasser ...«

»Dann muss ich noch zu den nahe gelegenen Thermen fahren, um mich da zu entspannen im warmen Wasser ... ich liebe die Badewanne, da bin ich am kreativsten ... sie ist für mich das Allergrößte. Ich liege in meiner Badewanne und habe wieder ein, zwei Projekte mir ausgedacht. Das ist super!«

Ein IP, der die Wochenenden in einer Datsche mit Seeblick verbringt: »Ich fliehe dann regelrecht hierher. Ich komme dann hier an und mache dann so richtig ›Ha!‹ (atmet tief ein). Diese Landschaft, wenn ich da rausgucke, jetzt geht die Sonne unter, man sieht das jetzt, wie das angestrahlt wird, einfach rausgucken in die Weite. Und dann ist das wirklich schön. Ja? Und dann ist das die Entspannung. Wir gehen im Sommer auf den See mit dem Segelboot.«

## 7.13 Aus-Zeiten, Sabbatjahr, Ausstieg

Für viele IP waren die zermürbenden und nicht enden wollenden Grabenkämpfe in den Einrichtungen der Grund, das Handtuch zu werfen. Sie verließen die Einrichtungen, die sie z. T. selbst mit aufgebaut hatten. Sie wechselten in andere, verwandte Bereiche, z. B. in die Forschung. Andere hielten sich über Wasser durch Aus-Zeiten, Sabbaticals oder eine Versetzung in eine übergeordnete Funktion in der Trägerorganisation.

IP aus westlichen Ländern: »*Ich bin nach sieben Jahren gegangen. Da hatte ich das Gefühl – jetzt reicht's! … Ich habe gesagt, ich habe das Gefühl, ich werde müde, es turnt mich nichts mehr an … es befriedigt meine Lust nicht mehr und ich habe das Gefühl, meine Zeit ist vorbei …*«

»*Ich hörte auf, mit Patienten zu arbeiten … Ich konnte die Geschichten nicht mehr anhören. Ich hatte nicht das Stehvermögen dafür … Ich fand, dass es besser war, meine Qualifikationen auf anderen Ebenen einzusetzen. Ich war Berater des* (einer UNO-Instanz, d. V.) *für einige Jahre …*«

Ein IP, der an den massiven Konflikten in seiner Einrichtung schwer erkrankte, sagt über seinen Ausstieg: »*Das rettete mir das Leben! … ich wurde gesund, indem ich einfach wegkam, indem ich keinen Kontakt mehr zur Einrichtung hielt, mich nicht mehr an dem Tratsch beteiligte …*«

Manche IP wurden erst von ihrem Arzt darauf gestoßen, dass sie mit ihren Kräften am Ende waren, und dazu gedrängt, eine Erholungspause einzulegen. IP aus einem Schwellenland: »*Ich habe im vierten oder fünften Jahr, nachdem ich hier angefangen habe, einen ernsten Burnout erlebt, und mein Arzt hat mir damals geraten, für zwei, drei Monate nicht zu arbeiten. Ich brauchte jemanden, der mir das sagt. Ich hatte großes Glück, einen Arzt zu haben, der mir das gesagt hat.*«

Für einen IP aus einem Schwellenland wurde ein unbezahlter Urlaub zu einer Reise zu sich selbst, die sein Leben veränderte und ihn schließlich dazu brachte, die Einrichtung zu verlassen: »*… Ich bekam drei Monate unbezahlten Urlaub von meiner Organisation, und ich fuhr nach* (weit entferntes Land, d. V.), *… ich lernte die Sprache. Ich reiste allein* *wegen der traumatischen Folgen der Arbeit und der Auswirkungen auf mein Privatleben, ich kann das nicht voneinander trennen. Das wurde der längste Urlaub meines Lebens … es war toll, es war wunderbar …«*

## 7.14 Geselligkeit, Freunde

Gemeinsame Aktivitäten wie Feste feiern mit den Kollegen, Ausflüge machen, gemeinsam essen, singen sind gang und gäbe in der euphorischen Aufbauphase und in stabilen Zeiten. Ihr Verschwinden ist ein Indikator für Spaltung, Entfremdung und Zerwürfnisse. In Krisenzeiten können gute Freunde ein Rettungsanker sein.

IP aus westlichen Ländern: *»Was mich trägt, und das ist etwas ganz Eigenartiges. Ich habe eine indianische Freundin, mit der ich einen inneren Kontakt habe, der geht über das Telefonieren hinaus …«*

*»Ich habe Freunde, ich habe Familie, und ich habe andere Interessen … und ich habe meine Frauengruppe. Ich glaube, wenn ich das nicht gehabt hätte, hätte ich das alles nicht überleben können.«*

IP aus Schwellenländern: *»Wir hatten eine Tradition, alle zwei Wochen einen trinken zu gehen außerhalb mit den Kollegen, besonders ausgedehnte Abendessen mit viel trinken, das ist eine (nationale, d. V.) Tradition. Denn einige der wichtigen Probleme werden nicht im Büro besprochen, sondern auf diesen Abendessen beim Wein, mehrere Stunden lang. Es ist eine kulturelle Sache, glaube ich. Es hilft, in Grenzen …«*

Ein IP ging nach einem schweren Einbruch mit einer Depression zur Erholung zu Freunden. *»Ich habe Freunde von mir in anderen Städten besucht, und sie haben mich wie eine Prinzessin verwöhnt.«*

## 7.15 Reisen

Reisen verschafft Abstand. Mit der Entfernung, der Begegnung mit anderen Landschaften, einer anderen Kultur kann man die belastenden Dinge besser hinter sich lassen.

IP aus westlichen Ländern:

*»Ich genieße das Leben, ich reise …«*

Ein IP fährt jedes Jahr ins Ausland in ein entlegenes Dorf, in eine völlig andere Welt, wo es zugeht wie vor Hunderten von Jahren: *»Über Ostern muss ich in (Land Z, d. V.) sein, weil ich an der Prozession am*

*Karfreitag teilnehmen muss. Das ist ein Ritual, ein ganz archaisches Ritual, wo dann die Leute durch die Berge ziehen und so am Feuer entlangziehen und dabei solche Gesänge, Litaneien singen ... Ich bin protestantisch von Hause aus, aber das ist so irre, ja? Da ist da der Vollmond ... und dann diese gespenstische Schar hinter dem blutenden Jesuskreuz daher, dann läuft man dann treppauf, treppab ... und am Gründonnerstag muss ich in die kleine Dorfkirche gehen, wo die Männer des Dorfes die 12 Apostel spielen und sich vom Priester die Füße waschen lassen.«*

*»Im Moment geht es mir gut, weil ich mir mein geliebtes Standbein, durch die Welt reisen, wieder geschaffen habe ... und mir das so guttut.«*

Ein IP aus einem Schwellenland ging nach einer schweren Krise, in deren Verlauf er an einer Depression erkrankte, auf eine Weltreise: *»Es gibt ein Buch, das heißt ›Lonely Planet‹. Es ist ein Reiseführer. Im Kapitel über* (Land Y, d. V.) *schreibt er, wenn du einen entspannten Urlaub machen willst, hast du das falsche Land gewählt, aber wenn du eine Kultur sehen willst, fahr nach* (Land Y) *... es war sehr interessant für mich ... es war eine andere Umgebung ... Man ist nicht so beteiligt. Man lernt nur, man ist ein Beobachter ... ich lernte etwas über ihre Geschichte ... ich reise weiter in die Nachbarländer und machte Ferien dort. Es half mir sehr, eine ganz andere Kultur ...«*

## 7.16  Reframing statt Containing

Im Umgang mit Klienten und dem Trauma vertreten einige IP das Prinzip *»reframing instead of containing«*[54]. Sie kritisieren das von vielen Autoren vertretene Prinzip des containing. Containing heißt, dass der Therapeut die im Rahmen der Übertragung hochkommenden Gefühle und Projektionen des Patienten wie ein Behälter auffängt und »metabolisiert« an diesen zurückgibt. Er dient als eine Art Auffangbecken und trägt das extreme Leiden des Klienten mit[55]. Unter Reframing verstehen sie dagegen, dass der Therapeut zusammen mit dem Klienten das Trauma umwandelt in etwas Kreatives, Produktives. Das kann der The-

---

54  Heißt in etwa: »umwandeln statt auffangen«.
55  Containing ist ein Begriff, der auf Bion zurückgeht. Bion,W. R.: Attacks on Linking. International Journal of Psychoanalysis 40, 1959. Reprinted in: Bion: Second Thoughts, London, Heinemann 1967, S. 93 – 109.

rapeut z. B. tun, indem er es mit theoretischen Kenntnissen anreichert für Vorträge und Präsentationen als Lehrerfahrung für andere. Die passive Haltung von Ohnmacht im Angesicht des überwältigenden Schreckens und Leids wird aktiv in Kompetenz und Wissen umgewandelt. Dazu gehört auch, die Ressourcen der Klienten zu erkennen und aufzugreifen: »*Wenn man diesen Antrieb in einer Person spürt, den Heilungswillen kann man es nennen. Das schafft wirklich positive Energie, trotz all des Negativen, all der Hürden, all der schrecklichen Geschichten …*«

*»Wenn man einfach nichts tut, dann wird man traumatisiert. Aber wenn man sich umdreht, seine Erfahrung nimmt und sie umwandelt (reframe), in die Ausbildung und die Lehre einbringt, die Beratung zum Beispiel, es in einer anderen Art und Weise nützlich macht, in einem anderen Kontext, es in positiver Weise anwendet, dann verliert es seine negative Kraft … wenn man die schlimmen Dinge als Beispiele nimmt, mit denen man andere dazu bringt, Besseres zu tun, dann verliert es seine negative Macht in mir selbst.*«

Ein IP wandelt seine Empörung um in ein Programm: »*Man kann sich selbst beobachten … Man spürt eine emotionale Empörung, und ich sehe mich selbst diesen Schmerz in Wut kanalisieren, und daraus wird dann ein programmatischer Ansatz …*«

Vorträge halten über die Arbeit verschafft einen neuen Zugang, verändert die Wahrnehmung:

*»Du kriegst eine andere Wahrnehmung für dich, für andere, für Gespräche … es ist auch anstrengend, … aber es ist eine unglaubliche Ressource … ich schaffe mir Situationen, wo ich mich und andere und die Arbeit unter einem Vergrößerungsglas angucke …*«

## 7.17 Sinngebung, tradierte Lebensweisheiten

Ein IP schöpft Gelassenheit und Kraft aus überlieferten, aus seiner Religion stammenden Lebensweisheiten: »*Ich bin aufgewachsen mit diesem Aphorismus aus dem Talmud – von meinem Vater – der besagt: Es ist nicht an dir, die Aufgabe zu Ende zu bringen, … aber du sollst schon deinen Anteil dazu beitragen. Das heißt, dass du nicht alles machen musst. Du kannst es nicht vollenden, aber es ist dein Auftrag in dieser Welt, einen Teil davon zu leisten. Es ist eine sehr pragmatische Art, mit einer überwältigenden Tragödie fertig zu werden. Du hast das Gefühl, dass du dich um* jeweils nur eine Sache kümmern kannst. Es ist sehr befreiend. Es erlaubt dir, mit der Unermesslichkeit des Traumas zu leben. Wenn du jeden Tag ein bisschen was tust, dann bist du von der Schuld erlöst.«

Ein IP findet Sinngebung im Glauben an das Gute im Menschen und in den Überlebensstrategien seiner Klienten: »Nun, ich denke, ein Teil der Welt ist wirklich schlecht. Schlimme Dinge passieren, und in anderen Teilen ist es wirklich sehr schön ... So ist es zu allen Zeiten gewesen, solange man zurückdenken kann. Man kann nicht einfach aufhören zu glauben, dass die Dinge sich zum Besseren wenden werden. Wenn ich Menschen treffe, die Folter überlebt haben, wenn ich ihre Geschichten höre, wie sie überlebt haben, wie es ihnen gelungen ist, aus dem Gefängnis rauszukommen, nach Hause zu kommen, ihre Familien wiederzusehen, die Farben zu sehen, das gibt mir Kraft. Und natürlich könnte ich wütend werden, ich kann enttäuscht sein, dass die Menschen so sind, dass es schlechte Menschen auf der Welt gibt. Aber ich habe nicht aufgehört, an die guten Dinge zu glauben, denn es gibt so viele gute Dinge, an die man glauben kann neben den schlechten. Ich bin nicht stellvertretend traumatisiert, aber ich bin vielleicht (lacht) manchmal ernster«[56].

| Ressourcen | Häufigkeit* |
|---|---|
| ▪ Familie, Kinder | 25 |
| ▪ Realistische Ziele, pragmatischer Ansatz | 24 |
| ▪ Dokumentieren, Forschen, Publizieren, Lehren | 22 |
| ▪ Ausbildung, Weiterbildung | 20 |
| ▪ Eigenes Trauma als Antriebskraft | 20 |
| ▪ Kulturelle Aktivitäten | 20 |
| ▪ Austausch unter Kollegen | 17 |
| ▪ Politisches Engagement, Öffentlichkeitsarbeit | 17 |
| ▪ Humor | 16 |
| ▪ Erfolgserlebnisse bei der Arbeit | 15 |
| ▪ Klientenarbeit | 13 |
| ▪ Sport, Natur | 13 |

▶

---

[56] Vgl. zum Thema Sinngebung die Logotherapie von Viktor Frankl. Frankl, V. E.: ... trotzdem Ja zum Leben sagen. Ein Psychologe erlebt das Konzentrationslager. Kösel-Verlag, München 1977.

| Ressourcen | Häufigkeit[*] |
|---|---|
| ▪ Aus-Zeiten, Sabbatical, Ausstieg | 12 |
| ▪ Geselligkeit, Freunde | 12 |
| ▪ Reisen | 9 |
| ▪ Reframing | 8 |
| ▪ Sinngebung, tradierte Lebensweisheiten | 8 |
| ▪ Grenzen setzen | 7 |
| ▪ Lebenserfahrung | 7 |
| ▪ Teilzeitarbeit/Privatpraxis | 4 |
| ▪ Hoffnung, Optimismus | 4 |
| ▪ Öffentliche Anerkennung | 4 |
| ▪ Meditieren, Entspannungsübungen | 2 |

[*] Zahl der IP (n = 72), die von solchen Ressourcen berichten.

# 8. Eigenes Trauma, Ressource und Risiko

Ungefähr ein Drittel der Interviewpartner berichtet, selbst ein Trauma erlitten zu haben, sei es, dass sie selbst im Gefängnis waren und gefoltert worden sind oder dass sie häuslicher oder sexueller Gewalt ausgesetzt waren. 31,1 % (n = 14) des therapeutischen Personals unter den IP gaben eine solche Geschichte an. Der überwiegende Teil – 9 von diesen 14 IP – stammt aus Schwellenländern.

## 8.1 Motiv: Selbsterkenntnis und Selbstheilung

IP aus westlichen Ländern antworten auf die Frage nach dem Motiv, warum sie diese Arbeit machen: »*Ich bin als Kind misshandelt, ganz viel geschlagen worden, von daher war das für mich selbstverständlich … schon an der Uni waren die Seminare über Misshandlung, weil ich da was verstehen wollte … es ist für mich eine Waage, dieses Unbewältigte … es ist für mich auch eine ganz große Ressource … Die Frage ist nur, ab wann wird es zerstörerisch? … Das zu erkennen, dazu braucht man natürlich die anderen. Und dazu braucht man die Wertschätzung, dass das als Ressource und nicht als Makel oder als Handicap wahrgenommen wird.*«

»*Je länger ich drin bin, umso klarer ist mir geworden, was es mit meinem eigenen Hintergrund zu tun hat, meiner eigenen Geschichte. Und so hat hier jeder auch eine eigene Geschichte, die nicht ganz einfach war … ich bin eine Grenzgängerin zwischen Leben und Tod … und das treffe ich da wieder. Und da bin ich ein Stück weit mehr auf der – positiv formuliert – Expertenseite, aber es ist auch was, wo ich mich auskenne.*«

IP aus Schwellenländern: »*Fast alle meiner Kollegen waren Folterüberlebende, ich eingeschlossen … wenn du die Geschichte deines Patienten anhörst, stellst du eine Verbindung zu deinen Erlebnissen in der Vergangenheit her … in deinen Träumen siehst du deine Erlebnisse …*«

»*Ich habe selbst Folter erfahren … Und dies bedeutet für mich persönlich, dass die Arbeit in solch einer Institution für mich gleichzeitig auch eine Rehabilitierung meiner eigenen Geschichte war.*«

*»Ich hatte einen intellektuellen Hunger nach dem Gefängnis ... ich habe mich am Rande der Existenz wieder gefunden ... ich kam mir unheimlich wertlos vor und hätte sehr wohl auch Selbstmord begehen können ...* (nach Aufnahme in die Einrichtung, d. V.) *hat sich für mich in kurzer Zeit eine neue Welt aufgebaut ... nach 12 Jahren Gefängnis ... plötzlich schienen sich alle meine Probleme in Luft aufzulösen mit der Arbeit in der Einrichtung. Ich war wie neu geboren. Es war wie ein Salto vitale, und die Einrichtung hat mir zweimal ihren Schoß geöffnet, einmal als Klient und später als Mitarbeiter. Ich habe einen neuen Weg gefunden, mich ans Leben zu binden. Die Einrichtung hat mir den Weg geebnet, neue Inhalte wieder aufzubauen. Wäre sie nicht gewesen, ich weiß nicht, wo ich heute wäre ...«*

## 8.2 Professionell bearbeitetes Helfer-Trauma

Unter Helfern eine persönliche Biografie von Verletzung offenzulegen, kann man und sollte man nicht ohne Weiteres erwarten. Es ist allerdings notwendig und Standard in der Psychotherapie, dass man seine eigene »Neurose« in einer Lehrtherapie bearbeitet haben muss. Ich habe nicht damit gerechnet, dass mir viele IP darüber nähere Auskunft geben würden. Einige haben erstaunlich offen über ihren Weg von anfänglicher Hilflosigkeit, über Krisen zu einer therapeutischen Ausbildung geschildert.

IP aus westlichen Ländern berichten von sich und anderen, wie sie ihr Trauma im Rahmen ihrer Ausbildung bearbeitet haben.

*»... bei zwei Leuten weiß ich es* (das Helfer-Trauma, d. V.) *explizit ... die beiden haben an ihrer Geschichte sehr gearbeitet. Also im Gegenteil, ich sehe es als eine Ressource für das Gesamte ... sie haben ihre Geschichte genügend gut integriert, um gut arbeiten zu können. Sie machen gar nicht den Eindruck von Leuten, die aus der Bahn geworfen worden wären ...«*

Ein IP berichtet über seinen Weg vom unbearbeiteten Trauma zu einer therapeutischen Ausbildung: *»Natürlich kann das leicht passieren, wenn das nicht genügend aufgearbeitet ist: wo und wann die Stolpersteine kommen ... Ich habe angefangen zu arbeiten in der Beratung ... und habe vorher nicht Therapie gehabt ... Ich habe Zusatzausbildungen angefangen, wo ganz viel Selbsterfahrungsanteil war ... Aber da ist ganz schnell deutlich geworden, dass das nicht reicht ... ein Jahr später habe ich mit Eigen-*

therapie angefangen … ich habe gemerkt, dass immer mehr Sachen hoch-
kamen und dass ich die nicht mehr halten konnte … die Sachen der
Klienten haben bei mir ganz viel hochkochen lassen. Und zum Glück bin
ich da ziemlich bald auch unterstützt worden, indem mir vom Ausbil-
dungsleiter gesagt wurde: ›Mensch, du musst in Therapie gehen!‹«

Ein IP, ein Psychiater, versuchte, einem Kollegen ohne Therapieausbildung Grundkenntnisse in der Führung entlastender, stützender Gespräche zu vermitteln. »Ich habe ihn supervidiert, ihm Debriefing bei-
gebracht und etwas Psychotherapie. Er akzeptierte, dass er darin keine
Erfahrung hatte. Ich würde sagen, dass er wirklich ein ganz gutes Verständnis dafür hatte … Er hatte viele Gespräche mit Klienten, die bei ihm
aus- und eingingen, über alles Mögliche, aber das war keine Therapie …
Ich glaube, dass beides, Selbst-Evaluation und Evaluation, durch andere
nötig ist. Man sollte die Möglichkeit haben, sich mehr auszubilden, weiter-
zubilden, um sich auszuprobieren: ›Was kann ich auf diesem Gebiet machen? Und was wird mir Angst machen? Und wie werde ich reagieren in
der oder der Situation?‹ Denn diese Klienten sind sehr anders aufgrund
ihrer Kultur. Wenn man das nicht macht, läuft man davon oder man
bricht zusammen, weil es ein sehr hartes Thema ist.«

IP aus Schwellenländern: Ein Supervisor berichtet über den Umgang
eines solchen Helfers mit einem Klienten: »Sie fingen an, über das Gefängnis zu reden, in dem sie gemeinsam waren. Sie haben überhaupt nicht
über das Trauma und was alles Schlimmes passiert ist, sondern über die
Räume geredet. Und das war ein intensiver Austausch, damit haben sie
indirekt auch über das Trauma geredet, ja? Aber ganz indirekt eben, damit
konnte die Distanz gewahrt bleiben – ich fand das genial. Und dieser
Klient war ganz begeistert, dass er (der Helfer, d. V.) weiß, wo das Licht
ausgeht, wo das Fenster von dem einen Loch da ist, und er fragte ihn …
und er hat ergänzend dann dazu was gesagt und sie waren total miteinander im Dialog … Beide fühlten sich sehr gut miteinander.«

Ein anderer IP schildert die Beziehung zu den Klienten: »Sie haben
ihre ganzen Ängste mit mir geteilt, … was mich natürlich alles an meine
eigenen Traumata erinnert hat. Aber es war gleichzeitig auch eine sehr
positive Erfahrung und es nützte auch, weil ich ihnen demonstrieren
konnte, dass ich Ähnliches erlebt habe, aber jetzt in einer sehr viel besseren
Situation bin. Und das hat sie sehr oft beruhigt … und ihnen geholfen, den
Prozess, den sie gerade durchlaufen, tapferer zu durchstehen.«

## 8.3 Unbearbeitetes Helfer-Trauma

Dass jemand ein unverarbeitetes Trauma offenlegt, ist noch viel weniger zu erwarten. Zwei IP aus einem Schwellenland hatten den Mut, darüber zu sprechen:

*»Ich muss mich selber auch fragen, inwieweit habe ich vielleicht selber Schwierigkeiten, die aus dieser Zeit herrühren, ohne dass ich mir voll darüber bewusst wäre … In der Haft war es nicht so schlimm. Es war eigentlich nur die erste Woche … Ich bin festgenommen worden von Agenten der Geheimpolizei … was heißt ›Folter‹? … die üblichen Methoden, Schläge … Strom … Strom eben unterschiedlich schlimm … je nachdem … Also bei den Männern war es sicher schlimmer als bei uns Frauen … Manchmal merke ich doch, es ist nicht alles überwunden, und besonders denke ich, das Angstgefühl, das mir mal deutlich wurde, es war vielleicht zwei, drei Jahre danach, dass jemand an die Tür klopfte und … keine deutlichen Bilder oder so, aber Angst …«*

Ein IP sagt über das Risiko des unbearbeiteten Traumas bei seinen Kollegen: *»Es hätte auch ein Nachteil sein können für einen anders gestrickten Menschen, gefoltert worden zu sein und dann hier zu arbeiten. Es hätte zu Wutausbrüchen, zu Neurosen und zu allem Möglichen führen können.«*

Im Folgenden schildern IP aus westlichen Ländern Beobachtungen an Kollegen, von denen sie wissen bzw. annehmen, dass sie ein unbearbeitetes Trauma haben.

*»Sicher ein Viertel bis ein Drittel der Leute hatte irgendwo eine Beschädigung … Also wir waren ein empathisches und teilweise auch beschädigtes Team … ich treffe immer wieder Leute in diesem Bereich an, die eigentlich eine recht chaotische Persönlichkeitsstruktur haben …«*

*»… Wir hatten einen Kollegen, da kam ein Klient so dicht an ihn ran, dass der Kollege mit ihm Inszenierungen gemacht hat …, wo der Klient überhaupt keine Kontrolle mehr hatte … und da haben wir gesagt: ›Stopp und Supervision! Was ist in dem Fall für dich los, wo ist deine eigene Geschichte dran?‹«*

*»Auf der Ebene zu schwingen von Mitleid und Empathie reicht eben nicht, wenn ein traumatisierter Mensch vor dir sitzt … Ich glaube, ich habe die Augen davor zugeklappt. Die eigene Betroffenheit ist eine Ressource, und ich glaube, dass die manchmal in dem Bereich gar nicht so genau*

*hingucken, wie das doch hinderlich sein kann … Ich habe ein Interview geführt mit jemand aus der Selbsthilfe … Plötzlich hat er gesagt: ›Ich kann Ihnen das nicht erzählen, ich habe das Gefühl, jemand ist hinter mir und hört mir zu.‹ … Ich hatte alle Hände voll zu tun, … dass der wieder auf den Boden kommt.«*

»*Wir haben auch Kollegen, die eine Traumageschichte haben. Und ich halte es nicht für falsch … aber ich halte es dann für falsch, wenn die Leute nicht selber eine gute Traumatherapie gemacht haben. Und die meisten haben es nicht gemacht … und das ist dann auch der Punkt, warum sie sich nicht an das Trauma herantrauen, weil nämlich das eigene hochkommt. Also in dem Moment, wo ich in die Traumaexposition reingehe, kommt mein eigenes hoch … und dann kann ich die Distanz nicht mehr halten. Das heißt, ich kann auch den Patienten nicht führen. Und in der Traumaexposition muss ich ihn ganz streng führen, dass er mir nicht abkippt.*«

Ein Supervisor: »*Man sieht z. B. bei Leuten, die selbst gefoltert wurden und dann Berater für Folteropfer geworden sind, dass sich dort eine Art von Fixierung zeigt, dass sie nicht mehr die Flexibilität haben, um die neuen Erfahrungen (zu verarbeiten, d. V.), … sie sind oft sehr misstrauisch … (so)dass sie viel zu wenig Vertrauen geben können*«[57].

Einige IP, die im Zusammenhang mit unbewältigten Helfertraumata viel Destruktivität in ihren Einrichtungen erlebt haben, sagen rückblickend:

»*Wenn man selbst ein Problem hat, wenn man selbst traumatisiert worden ist, wenn man sich des Problems nicht bewusst ist, dann denke ich, ist es sehr schwer, damit in der Therapie angemessen umzugehen. Man muss seine eigenen Probleme vorher lösen. Man kann seine eigenen Probleme nicht über die Therapie lösen. Das ist das eine. Das andere ist, man sollte sich im Klaren sein darüber, was man selber machen kann. Nicht jeder könnte in diesem Bereich arbeiten. So sei dir im Klaren über deine Persönlichkeit. Selbst, wenn du denkst, dass es sehr interessant ist und du willst diese Arbeit machen, aber wenn deine Persönlichkeit so ist, dass es dich wirklich verletzt und dass du andere verletzen wirst … Denn es gibt viele Leute, die sagen: ›was soll's! Wir machen das einfach‹ … und dann brechen sie zusammen, weil es so hart ist … Es ist doch auch so, nicht jeder*

---

[57] Schmid, C., a. a. O., S. 106.

kann ein guter Neurochirurg sein, wenn er nicht die entsprechende Finger-fertigkeit dazu hat.«

»Er hat eine starke Tendenz zu spalten. Ich glaube wirklich, dass er misshandelt worden ist … Ich sehe in ihm ein verletztes Kind.«

»Ich denke, dass die Hälfte der Kollegen gut abspalten kann. Sonst würden sie das so, wie sie's machen, nicht machen. Und ich finde Abspal-tung was Pathologisches. Ich finde es schwierig für Klienten, wenn die einen Therapeuten vor sich haben, der abspaltet und nicht weiß, was er da abspaltet. Immer in diesem ›es muss besser werden und wir müssen jetzt helfen‹ und nicht wirklich mittragen können, was da los ist …«

Ein IP, ein therapeutischer Leiter mit langjähriger Erfahrung in an-deren Versorgungsbereichen, zieht den Vergleich mit der »Co-Abhän-gigkeit« von Helfern und Angehörigen von Suchtkranken: »Meiner Mei-nung nach sind die Leute, die in diesen Einrichtungen arbeiten, alle co-abhängig … das heißt, ich brauche das, dass ich Verantwortung für den anderen übernehme, wenn der mit irgendeiner Frage kommt, die sofort zu regeln ist. Das ist mein Ziel: Verantwortung zu übernehmen und den an-deren zu helfen, egal, was sonst ist … wenn ein Anruf kommt, dann sprin-gen der Therapeut und die Einrichtung. Man könnte auch sagen ein ›über-mächtiges Helfersyndrom‹ … Langfristig schadet es den Therapeuten … das Krankmachende ist, dass der Therapeut sich so hineinziehen lässt in die ganzen Strukturen des Patienten, die gesunde Distanz fehlt. Ein Co-Abhängiger verlangt, dass was zurückkommt, dass andere Leute genauso sind wie er … Im Grunde genommen ist Co-Abhängigkeit die Sucht nach Anerkennung.«

Andere IP schildern ähnliche Beobachtungen, wie Kollegen an Pa-tienten kleben: »Zu wenig Grenzziehung, zu wenig Priorisierung … wir hatten immer Mühe, in den Therapien das Setting zu ändern. Dass wir von einer fokusorientierten Therapie dann nach einer gewissen Zeit sagen: Wir machen eine niederfrequente Langzeitbegleitung … Wenn ich als Lei-ter sagte, du kannst nicht mehr einmal pro Woche mit dem Patienten über Gott und die Welt sprechen, jetzt musst du diese Therapie beenden. Das gab dann immer Tränen, Auseinandersetzungen mit Vorwürfen und dem Gefühl von Versagen.«

Ein therapeutischer Leiter über einen Gründerkollegen: »Er brauchte es, sie als Opfer zu behandeln …, als einer, der kam, um sie zu retten …«

Ein therapeutischer Leiter veranschaulicht den durch die Begegnung mit dem Klienten ausgelösten Prozess der Reaktualisierung des eigenen Traumas: »*Wenn das eigene Trauma ausgelöst wird … spürt der Therapeut im Körper sein eigenes Unbehagen, sein eigenes Trauma spürt er im Körper wieder und vermischt es mit dem des Klienten. Und dann ist es eigentlich logisch, dass er nachher aggressiv wird. Entweder ist er total fertig oder er wird aggressiv. Weil er ja jetzt nicht einen Therapeuten gegenüber hat, der mit ihm die Körperreaktion bearbeitet, so wie er das selber mit dem Klienten machen sollte … Er muss allein damit fertig werden. Und offensichtlich hat er – wenn er es nicht bearbeitet hat – nicht gelernt, damit umzugehen mit dem, was in ihm hochkommt. Und dann reagiert er so, wie unsere Klienten auch reagieren. Nicht anders. Nämlich unter Umständen mit Aggression oder mit Depression oder mit Angststörungen. Ich habe es erlebt. Wobei die Kollegen das dann … über die Jahre schon ganz gut im Griff haben, dass sie versuchen, dass die anderen das nicht merken.*«

## Das Helfertrauma

Eigene seelische Verletzungen und Gewalterfahrungen sind ein häufiges Motiv, diesen Beruf zu ergreifen. Sie versetzen den Helfer in die Lage, sich besonders gut in den Patienten einfühlen, ihn besser verstehen zu können als Nicht-Betroffene. Sie können eine starke Antriebskraft und Ressource für die Arbeit sein – vorausgesetzt, dass das eigene Trauma in einem therapeutischen Prozess mit Selbsterfahrung in einer Lehrtherapie durchgearbeitet worden ist, in welcher der Helfer eine Distanz zu sich selbst entwickelt und gelernt hat, von den eigenen Wunden zu abstrahieren und sie nicht auf den Patienten zu übertragen. Geschieht das nicht, wird in der Konfrontation mit dem Patienten das eigene Trauma aktualisiert. Fixierungen, mangelnde Flexibilität, Misstrauen, nicht genug Vertrauen geben können, Abspalten sind die Folge. Manche entwickeln ein ausgeprägtes Helfersyndrom, sie brauchen den Patienten, um ihre eigene Bedürftigkeit, ihre Sucht nach Anerkennung zu befriedigen, und sie lassen sich zu sehr hineinziehen in die Welt des Patienten.

# 9. Reinszenierung des Traumas

In den vorangegangenen Kapiteln wurden die Erscheinungen in Traumazentren mit einem hohen Stress- und Konfliktpegel beschrieben. Bei genauem Hinsehen drängt sich der Eindruck auf, dass es sich um Wiederholungen, um Reinszenierungen handelt.

## 9.1 Geheimdienstgeschichten, Bespitzelung, Verdächtigungen

*Beispiele aus westlichen Ländern*
In einer westlichen Einrichtung werden Mitarbeiter vom Leiter des Geheimnisverrats bezichtigt, eine Patientenakte sowie der Schlüssel des Aktenschranks seien verschwunden. Außerdem hätten Mitarbeiter in einem Café in der Stadt über Patienten gesprochen und deren Namen genannt. Die Situation ist auf das Äußerste gespannt. Vom Leiter werden Ängste geschürt, die Akte könne in falsche Hände geraten sein, jemand könne die Namen der Patienten in dem Café gehört haben und deren Leben sei jetzt in Gefahr. Akte und Schlüssel tauchen jedoch nach kurzer Zeit wieder auf, sie waren nur verlegt worden. Das Ganze ist eine Erfindung und dient dem Leiter als Vorwand, eine Gruppe von missliebigen Mitarbeitern loszuwerden.

Der Mitarbeiter einer westlichen Einrichtung äußert in einer Mitarbeiterbesprechung den Verdacht, dass ein Kollege für den Geheimdienst eines Verfolgerstaates arbeite, aus dem ein Großteil der Patienten der Einrichtung stammt. Der verdächtigte Kollege verlässt die Einrichtung unter Protest. Es bildet sich ein Sumpf von gegenseitigen Verdächtigungen und Intrigen, in dem nicht mehr auseinanderzuhalten ist, wer Täter und wer Opfer ist. Der Konflikt spaltet das Team, und die Einrichtung droht auseinanderzubrechen. Weder der Leitung noch dem Supervisor gelingt es, den Konflikt zu lösen. Dem Urheber der Verdächtigung wird schließlich gekündigt. Auf dem Gerichtsweg erzwingt er seine Wiedereinstellung. Nach seiner Rückkehr sondert er sich ab, sitzt bei den Teamsitzungen schweigend dabei und protokolliert wie ein Aufpasser, wie ein Spitzel alles Gesprochene mit[58].

Ein IP aus einem westlichen Land berichtet, wie präsent das Thema »Geheimdienst« gewesen ist: *»Wir hatten stundenlange Diskussionen und auch interne Papiere über Sicherheit, wie das Abschließen von Akten. Geheimdienstgeschichten und so … und ich habe gesagt, was soll das? Können wir nicht einfach den gesunden Menschenverstand einschalten?«*

IP berichten von Verhaltensweisen und Stimmungen, die paranoide Fantasien nährten:

*»Er (der Leiter, d. V.) setzte die Dolmetscher als Spitzel ein, … er fragte die Dolmetscher, ob die Therapeuten über (Thema X, Y) gesprochen hatten …«*

*»Er (ein Kollege, d. V.) sagte oft, dass dies ein Ort sei, wo der Geheimdienst versuchen würde, in den Besitz von Informationen zu gelangen.«*

*»Das Klima war so, dass Gerüchte genährt wurden, dass (von der Leitung, d. V.) Telefone abgehört und E-Mails kontrolliert werden.«*

*»Ich habe den Kollegen X, der schon lange dabei war, gesehen … ich saß mit meiner Sekretärin in meinem Büro und wir haben offen über einiges geredet. Als ich herauskam, lauschte der Kollege vor der Tür und verschwand schnell … Sie haben überall herumspioniert. Und ich konnte es fühlen und sehen, wie jemand plötzlich etwas hinter der Tür verbarg …«*

*»… Der Kollege Z versuchte mich zu überzeugen, dass jemand ihm folge und die Luft aus den Reifen seines Autos herauslasse. Jede Woche sei der Reifen platt. Ich habe es zunächst geglaubt, aber ich habe es nie gesehen. Es war ein Fantasieprodukt. Ich bin mir sicher, der Kollege war paranoid.«*

*»Eine Kollegin ist zum Chef gegangen, sie fühle sich sexuell belästigt … das war eine Provokation, das war verrückt. Das war Wahnsinn, das gab eine Riesengeschichte … es ist eine Provokation, wie der Geheimdienst es eigentlich machen könnte … irgendwo ist dann an allen was hängen geblieben.«*

---

[58] Eine ausführliche Schilderung findet sich in Kapitel 13.1 »Geschichte von F«, S. 124.

*Beispiel aus einem Schwellenland:*
Ein IP berichtet, dass solcherlei Verdächtigungen in der Menschenrechtsszene allgemein gang und gäbe sind:

>*»Im Grunde war es schon damals im Gefängnis so. Es war immer einer in der Gruppe, von dem es hieß:* ›*Ah, von wem wird der jetzt besucht? Dem können wir nicht mehr ganz vertrauen*‹ *... immer wieder ein – sagen wir – Sündenbock. Oder so einer, in dem sich dann so ein bestimmter Verdacht konzentriert ... Ich bin kein Psychologe, ich weiß nicht, was dahintersteckt, warum das so ist. Aber es ist wirklich ganz deutlich, dass solche Situationen immer wieder auftreten.«*

## 9.2  Feindprojektionen

Es wurde schon erwähnt, dass Traumazentren in Teilen der Gesellschaft nicht willkommen waren und sind, dass sie in der Tat Feinde haben, vonseiten der Täter sowieso, aber auch von den gleichgültigen Teilen der Gesellschaft, von Teilen der staatlichen Bürokratie. Insofern hat die Furcht vor Feinden eine reale Grundlage. Sie dehnt sich aber offenbar auf Personen in den eigenen Reihen aus, auf Partnerorganisationen usw.

IP aus westlichen Ländern:

>*»Die Organisation hatte die Tendenz, nach einem Feind zu suchen, den man beschuldigen konnte. Und, wenn diese Person gegangen war, trat nach kurzer Zeit ein neuer Feind auf. Das ist ein sehr interessantes Phänomen, das man in vielen Organisationen erlebt ...«*

Ein IP, der die Nachfolge eines Pioniers antrat: *»Ich glaube, eine negative Sache, die ich von ihm gelernt und geerbt habe, ist seine Art, Feinde zu wittern. Ich war zu sehr fixiert auf politische Feinde. Und dann ist es schwierig zu beurteilen, ist das eine Art krankes Weltbild, oder ist unsere Welt tatsächlich voller Feinde? Ich meine, man kann paranoid und trotzdem verfolgt sein, richtig? ... Er (der Leiter, d. V.) hat eine pathologische Fähigkeit, Feinde zu sehen und zu projizieren, eher mehr auf andere Leute zu projizieren. Das ist nach außen nützlich, denn damit kann er ein Auditorium in Bann ziehen, dieses* ›*Seht her! Da sind sie, die Täter!*‹*, weil er in der Lage ist, sie darzustellen. Aber intern ist das gefährlich. Und wenn ich darüber nachdenke, könnte das ein Teil der Erklärung für das giftige Klima sein, das wir hier haben ... denn wir haben es hier mit Menschen zu tun, die Böses anrichten, auf der politischen Ebene, z. B. (Diktator X,*

d. V.). *Wir sind uns alle einig, er ist einer der größten Feinde … es ist hoch politisiert im Arbeitsbereich, und vielleicht ist das der Weg, auf dem es auf der inneren Ebene politisiert wird.*«

Ein IP berichtet, wie sein Chef ihn als Informanten benutzen wollte über das, was Kollegen aus anderen Einrichtungen auf einer Konferenz über seine Einrichtung von sich gaben: »*Es wurde bald deutlich, dass sein (des Leiters, d. V.) Interesse war, unsere Einrichtung in den Vordergrund zu stellen … mein Interesse war zu hören, was diese Leute erzählten … Er sah das als eine Art Verrat an, als sei man nicht loyal.*« Vor einer Konferenz bestellte der Leiter den IP zu sich: »*Er zeigte mir die Teilnehmerliste und hatte die Leute, mit denen wir nicht sprechen sollten, rot markiert … man sollte nicht mit ihnen sprechen, weil sie uns bedrohen würden, weil sie gegen uns seien.*«

Ein Supervisor vergleicht die Feindbilder in Schwellenländern, wo er eigene Beobachtungen angestellt hat mit denen zu Hause: »*In (Schwellenland X, d. V.) ist das anders, weil die Menschenrechtssituation eine andere ist, … auch die Feindbilder irgendwie klarer sind. Also da weiß man, gegen wen man kämpft … Diese Art von klaren Feindbildern, die gibt es ja hier so nicht. Wenn es sie gibt, dann sind sie extrem verborgen … Also man hat hier immer so einen Generalverdacht, der sich gegen die Gesetzgeber richtet, der … Gesetze macht, die die Opfer, die Migranten irgendwie benachteiligen … und da sieht man diese ganze soziale Ungleichheit, also das ist der Gesetzgeber oder die Institutionen, sei es die Polizei oder die Anhörer (der Asylbehörde, d. V.) … obwohl die alle aus dem gleichen gesellschaftlichen Konsens kommen … aber in Wirklichkeit sind es doch ganz Böse … sind das kleine Folterer, und jedenfalls hat man diesen Generalverdacht, ohne dass man den wirklich belegen kann … Ich glaube, dass das gesellschaftliche Feindbild … im Grunde genommen einigermaßen subtil ist und man muss immer mit einer gewissen Aufmerksamkeit danach suchen und sich das auch bestätigen.*«

IP aus einem Schwellenland:

»*In die Regierung wurden Hoffnungen gesetzt …, dass man vorwärtskommt in der Aufklärung von (Menschenrechtsverletzungen) …, die dann bitter enttäuscht wurden … Diese Enttäuschung, diese Machtlosigkeit, diese Sisyphusarbeit führt zu Ermüdungserscheinungen bei uns allen, und es setzt ein Prozess ein, wo man diese Frustrationen untereinander entleert. Also, wo Sündenböcke gesucht werden … und aus nichtigen Grün-*

den plötzlich einer verdächtig ist, dass er eigentlich mit der Regierung zusammenarbeitet … und den muss man dann beiseite schieben … Alles, was von dieser Person kommt, wird zurückgewiesen … Das führt zu einer Spaltung … wo einer gegen den anderen und kaum mehr etwas Konstruktives ist …«

## 9.3 Misstrauen, sich verfolgt fühlen

Sehr häufig sprechen die IP von einem allgemein vorhandenen Misstrauen. Es taucht neben vielen der hier behandelten Kategorien auf. Die folgenden Aussagen stammen von IP aus westlichen Ländern:

»… es gibt so viele persönliche Themen, die beim Thema Gewalt auftauchen. Angefangen von: Wie steht's mit meinem Vertrauen? Wie steht's mit meinem Misstrauen? Wo gucke ich rational hin, wo folge ich meinem Gefühl, weil ich meinen Wahrnehmungen trauen will, ja? …«

»… was in erheblichem Ausmaß vorkommt, ist dieses Misstrauen, sich selber verfolgt fühlen, dieses, das man selber glaubt, Opfer einer Intrige zu sein. Die wenigsten sagen natürlich, dass sie selber intrigieren …«

Ein Supervisor über das Misstrauen der Therapeuten untereinander, das eine Offenheit in den Fallbesprechungen verhinderte: »… es war sehr wenig Thema, was die Therapeuten speziell in der Arbeit mit Traumatisierten berührte. Das hätte man erwarten können, dass die ein Bedürfnis haben, darüber zu sprechen, sich auszutauschen … Es gab fast eher eine Misstrauenshaltung, sich so weit zu öffnen, sich verletzlich berührt zu zeigen. Da fehlte es an Klima. Es gab nicht diesen Vertrauensraum …«

Aus der Analyse eines Organisationsberaters über einen Leiter: »Er ist etwas ängstlich und unter Druck neigt er dazu, misstrauisch zu werden … versucht, sich selbst und andere zu kontrollieren … Ein Angestellter beschreibt ihn als jemand, der ungewollt Furcht in seine Umgebung projiziert.«

## 9.4 Besessen- und Fasziniertsein vom Schrecklichen

»Es ist unheimlich und das gab wirklich Probleme, dass ich gegen Ende einfach gesagt habe, ›ich will jetzt nicht mehr sprechen, ich will nicht mehr immer über diese Fälle sprechen, macht es doch ein Stück weit mit euch *selber aus, geht spazieren oder macht Sport oder so etwas!‹ Ich will doch nicht stundenlang immer dieses Elend hören. Das ist auch eine Kritik am Debriefing und Defusing. Es gibt Momente, wo du andere Coping-Mechanismen hast. Dann ist dieses ständige Verbalisieren in diesen Psychoteams ein Horror.*«

Auf Fallkonferenzen kommt es häufig vor, dass Helfer ausufernd und in allen Details über Grausamkeiten berichten, die ihren Klienten widerfahren sind. Es handelt sich manchmal um neue Kollegen, die auf diese Weise ihr Entsetzen über diese ihnen bislang unbekannte und fremde Welt der Abgründe menschlicher Destruktivität auszudrücken und damit auch etwas loszuwerden versuchen. Irgendwann kommt der Punkt, wo sie von erfahrenen Kollegen gebremst werden und man sie bittet, sich kürzer zu fassen. Es gibt jedoch einige, die das ständig tun, geradezu fasziniert zu sein scheinen von diesen Details und sie nicht nur intern, sondern auch nach außen in drastischen Farben schildern.

Die folgenden Beispiele stammen ausschließlich aus westlichen Ländern.

Ein Kollege präsentiert in allen Details in einem Festvortrag zur ersten öffentlichen Präsentation einer Einrichtung Details über Misshandlungen im Genital- und Analbereich.

Ein Kollege zeigt bei öffentlichen Vorträgen eine ausgedehnte Bildpräsentation mit Verstümmelungen, Verletzungen und Klienten-Zeichnungen von grausamen Szenen in der Folterkammer einschließlich Vergewaltigungsszenen. Seine Präsentation wird im Kollegenkreis sarkastisch als »Horror-Dia-Show« bezeichnet. Als dieser Kollege diese vor einem Auditorium zeigen will, unter dem auch Opfer sind, bittet ein ihn begleitender Kollege, die Bilder nicht zu zeigen, da die anwesenden Betroffenen dies eventuell nicht verkraften würden. Der Vortragende lässt sich jedoch nicht davon abbringen. Wie befürchtet, erleiden einige der Anwesenden Flashbacks und Angstattacken und müssen von Helfern aus dem Saal gebracht werden.

Eine Einrichtung produziert einen Videofilm für die Außendarstellung. In dem Film werden von Schauspielern gestellte Gewaltszenen gezeigt. Man sieht Gefangene mit verbundenen Augen, die mit Knüppeln geschlagen werden. Dazu sind ihre fürchterlichen Schreie zu hören. Anschließend werden Zeichnungen und Fotos gezeigt von durch Blutergüsse entstellten Gesichtern, von angeketteten blutunterlaufenen Beinen, von halbnackten Frauen in der Gewalt von Polizisten bei einer Festnahme. Die Kamera schwenkt mehrfach wiederholend zwischen den gespielten Gewaltszenen und den Bildern hin und her. Das Ganze ist untermalt mit einer bedrohlichen dunklen Filmmusik. Danach sind Helfer zu sehen, die Patienten untersuchen und Interviews geben.

Eine Einrichtung erstellt ein Logo, das beim Betrachter in Farbe und Konfiguration Assoziationen mit Hinrichtung, Blut und Tod auslöst. Das Logo wird auf Plakaten, T-Shirts, Stickern und Briefköpfen verwendet. Bei einem Treffen von Mitarbeitern wird berichtet, dass Plakate mit dem Logo aus Wartezimmern hätten entfernen müssen, da sie Klienten und Besucher erschreckten. Einige fordern, das Logo sowie den Film aus dem Verkehr zu ziehen. Sie untermauern das mit einem Brief an die Verantwortlichen, in dem sie ausführen, dass das Material nicht wie eigentlich beabsichtigt aufklärend und mobilisierend wirke, sondern Abwehrreaktionen bei Betrachtern hervorrufe. Auch leiste es der Tabuisierung des Themas »menschliche Destruktivität« Vorschub und es reproduziere die Ohnmacht des Opfers und ihr Ausgeliefertsein an die Täter. Wörtlich heißt es in dem Brief: »Es scheint, als seien Filmemacher und Künstler unbewusst mit dem Aggressor identifiziert, als seien sie gefangen in der Faszination der Gewalt.« Der Kritik wird nicht stattgegeben mit der Begründung, dass das Logo von einem berühmten Künstler geschaffen und mittlerweile überall eingeführt sei. Nachdem sich die kritischen Stimmen von mehreren Seiten häufen, wird aus dem Logo wenigstens die rote Farbe, die Assoziationen an Blut weckte, entfernt.

*Video von Amnesty International – Anti-Waterboarding Spot*
Zur Veranschaulichung sei ein aktuelles Beispiel demonstriert: Im Frühjahr 2008 startet Amnesty International eine Kampagne gegen das Waterboarding, das vom CIA im »Krieg gegen den Terror« angewandt wird[59]. Im Spiegel online vom 23. 4. 2008 wird darüber berichtet und das Video gezeigt:

»Amnesty International schockiert mit Waterboarding-Film.

---

[59] Waterboarding (in Lateinamerika als »Submarino« bezeichnet) ist eine Foltermethode, bei welcher das Opfer fast ertränkt wird, indem der Kopf unter Wasser gehalten bzw. Wasser in Mund und Nase gegossen wird.

Schockkampagne im Kino: Mit grausamen Bildern prangert die Menschenrechtsorganisation Amnesty International das sogenannte Waterboarding an. In Großbritannien läuft in Kürze ein Spot an, der die umstrittene Foltermethode zeigt.

Es beginnt ganz harmlos. Fast eine Minute lang zeigt der Film Nahaufnahmen von Wassertropfen und Fontänen vor schwarzem Hintergrund. Wasserperlen explodieren wie Feuerwerkskörper. Klares, pures Nass in Werbefilmästhetik. Es könnte ein Spot für ein neues Mineralwasser oder eine Wodka-Marke sein.

Doch dann zieht die Kamera auf: Eine Hand im Latexhandschuh presst den Kopf eines Mannes auf eine Liege. Aus einer Karaffe läuft Wasser in Mund und Nase des Mannes, er wehrt sich, bekommt keine Luft, versucht verzweifelt, zu atmen. Die Kamera zoomt auf seine festgeschnallte Hand, die wie im Todeskampf zittert. Waterboarding.

Ab dem kommenden Monat wird der anderthalb Minuten lange Spot in 50 Kinos zu sehen sein, kündigte Kate Allen, Chefin der britischen Sektion von Amnesty International, am heutigen Mittwoch in der britischen Zeitung ›Independent‹ an. ›Unser Film zeigt genau das, was die CIA gerne geheimhalten möchte – den grausamen Anblick eines fast ertränkten Menschen.‹ Für ein paar Sekunden, fügt sie hinzu, hätten die Macher des Films das Waterboarding wirklich praktiziert. ›Selbst für diese wenigen Sekunden ist der Anblick entsetzlich. In der Wirklichkeit aber – in einem geheimen Gefängnis, wo niemand ist, der eingreift – ist es noch viel, viel schlimmer‹«[60].

Im Video sind die Erstickungs- und Gurgelgeräusche des Opfers zu hören, untermalt von düster-bedrohlich, metallisch klingender Filmmusik. Die Ziele von Amnesty International sind ehrenwert, sie wollen damit laut »Spiegel« erreichen, dass »die USA das Waterboarding aufgeben«. Es ist jedoch fraglich, ob solche Art von Horror-PR diese Wirkung hat oder ob nicht vielmehr der Voyeurismus und die Sensationsgier der Medien und des Publikums damit bedient werden. Bezeichnend ist in diesem Zusammenhang die Werbefilmästhetik. Die inhaltliche Vermittlung von Menschenrechtsarbeit wird offenbar zunehmend von PR- und Werbeagenturen bestimmt.

Ein IP sagt über die voyeuristische Neigung eines Kollegen: »*Wir*

---

[60] http://www.spiegel.de/politik/ausland/0,1518,549 107,00.html.

*machen oft Witze darüber ... Er genoss es in gewisser Weise, in all die Details zu gehen ... Sicher war es sadistisch.«*

*»Ich fragte den Kollegen nach einem langen Arbeitstag, als wir bei einem Glas Wein zusammensaßen und er unablässig weiter von der Arbeit sprach: ›Sag mal, hast du eigentlich ein Hobby?‹ Daraufhin antwortete ein Kollege an seiner Statt: ›Ja, Folter!‹«*

Ein IP beobachtete eine Veränderung in der Persönlichkeit eines Kollegen (E). Bei diesem handelt es sich um einen erfahrenen, ausgeglichenen und lebensfrohen Menschen. Nach einem langen erfüllten Berufsleben, in dem er nichts mit Menschenrechtsarbeit zu tun gehabt hatte, arbeitete er ehrenamtlich für ein Traumazentrum. Seitdem war er kaum wiederzuerkennen: *»Ich erinnere mich an E, als ich Student war, er war wirklich ein sehr guter Lehrer ... Als ich ihn nun in unserer Einrichtung wieder traf, feierten wir gerade eine Party mit den Mitarbeitern in einer Art Vergnügungspark. Mittendrin, während wir miteinander schwatzten, lachten und uns wohlfühlten, forderte er uns auf, ein Lied über einen Gefolterten zu singen. Ich dachte: ›Was ist denn das!?‹ Es war in dieser Situation vollkommen deplatziert, das gerade hier zu tun gegen die Leute, die sich damit andauernd beschäftigen. Jetzt müssen wir hier dieses Lied singen. Es war albern, blöde. Ich dachte, was ist mit dieser Person geschehen? Und später konnte ich dann sehen, dass E sich sehr verändert hatte.«* Der IP, der ihn beschreibt, hat an sich selbst eine ähnliche Tendenz beobachtet, genauso zu werden wie Kollege E: *»Manchmal in meiner Arbeit denke ich: ›jetzt verhältst du dich genauso wie er‹ ... weil es so schreckliche Bedingungen sind, denke ich zwischendurch manchmal, vielleicht werde ich ein neuer E. Wenn man sich wie er 24 Stunden am Tag damit beschäftigt, wie er es immer gemacht hat, bin ich sicher, dass man seine Identität verliert. Wenn man nicht andere Dinge tut, eine Beziehung zum normalen Leben hat, dann ist das eine Gefahr, gegen die, glaube ich, niemand gefeit ist ... Während ich dort gearbeitet habe, habe ich manchmal das Gefühl gehabt, dass ich dabei war, mein Selbstbild zu verlieren wegen der vielen Arbeit, wirklich vielen Arbeit.«*

Dieser IP sieht im Besessen- und Fasziniertsein vom Schrecklichen einen Weg, seine Angst und Unsicherheit zu bewältigen, eine Angstabwehr und – wenn auch ungesunde – Überlebensstrategie (siehe Kapitel 13.2).

## 9.5 Angst

Sehr viel ist von Angst die Rede. Mitarbeiter haben Angst vor Kollegen, vor Leitern; Leiter haben Angst vor übergriffigen, machthungrigen Mitarbeitern, vor konkurrierenden informellen Leitern. In den Teams kursiert Angst, dass Konflikte einen unkontrollierbaren, explosiven Verlauf nehmen könnten. Ich kenne diese Angst von mir selbst, und ich habe sie bei vielen Kollegen in all den Jahren und auch jetzt wieder während der Interviews gespürt. Manche Interviewpartner hatten Angst, mit diesem Interview Verrat an ihrer Einrichtung oder ihren Kollegen zu begehen. Anderen kam auch noch Jahre nach dem Ausscheiden aus der Einrichtung die Angst von damals wieder hoch.

IP aus westlichen Ländern:

Ein therapeutischer Leiter sagt über einen Kollegen vom Typus des charismatischen Pioniers und Kämpfers:

*»Ich bin sicher, dass er sehr viel Angst hat. Seine Art, die innere Angst unter Kontrolle zu halten, ist, sie auf seine Umgebung und auf die Leute zu projizieren, mit denen er arbeitet.«*

Der therapeutische Leiter beobachtet die gleiche Angst bei großen Teilen des Personals: *»Die Angst kam auch von vielen anderen Mitarbeitern. Der Kollege X hat genauso viel Angst wie er* (der Pionier, d. V.). *Kollege Y bekam auch Angst wegen aller möglichen Dinge. So schützte er sich, indem er nur sehr, sehr wenige Patienten hatte. Und ich erinnere mich, eines Tages hatte einer seiner Patienten einen Zusammenbruch. Er war nicht gewalttätig. Und Kollege Y wusste nicht, was er tun sollte. Und ich sagte ihm, er solle den psychiatrischen Notfalldienst anrufen ... Er trug sehr viel Angst in sich.«*

Er sah sich als therapeutischer Leiter häufig in der Rolle dessen, der die Angst der Mitarbeiter auffangen muss: *»Einige Kollegen waren verschreckt und ängstlich und sie schufen Situationen, von denen ich dachte, dass sie sie im Griff haben, aber in Wirklichkeit konnten sie nicht damit umgehen. Ich musste zu viel von der Angst der anderen auffangen ... Ich war der Container für das ganze Personal ...«*

Ein IP über die Verfassung seines Leiters, als sich ein Konflikt zusammenbraute: *»Er hatte Angst. Und ich denke, er hatte Grund, Angst zu haben. Denn er spürte auch den ganzen Schlamassel unter der Oberfläche.«*

IP aus Schwellenländern:

Ein IP über die allgemeine Stimmung im Land und in seiner Einrichtung: »*Unter der Haut haben die Leute immer noch Angst. Als er (der ehemalige Diktator, d. V.) festgeommen wurde, da haben wir uns zwar gefreut, aber gleichzeitig war eine Angst: ›Was wird jetzt passieren?‹ Weil es auch wieder vonseiten seiner Anhänger verschiedene Aktionen gab, Drohmaßnahmen, es gab auch einige Anrufe in Wohnungen … Es ist dann nichts passiert, aber trotzdem. Und man hat sich über den Kopf gesagt: ›Die Situation ist eine andere, es ist nicht mehr, wie es damals war‹ … Und trotzdem war diese Beklemmung da, ich habe sie selber gespürt.*«

Ein IP über die allgemeine Stimmung in der Einrichtung A, die verhindert, dass Probleme in den Teamsitzungen offen angesprochen werden: »*Das Problem ist, dass die Leute dann nicht weiterreden wollen, um das Ganze nicht noch zu verschlimmern oder diese Gerüchteküche nicht noch mehr zum Brodeln zu bringen. Weil irgendwo im Hintergrund immer so die Angst steht, dass irgendwann alles zusammenbricht, dass es dann kein A mehr gibt.*«

Ein Supervisor: »*Es gab höchste Spannungen im Team, und sie haben große Angst, das anzugehen, weil sie fürchten, ihr ganzes Team könnte auseinanderfliegen. Das war einfach zu einer Zeit, wo sie auch von außen unter großem Druck standen, etliche Prozesse am Hals hatten, also der Außenfeind und dann die Patienten und die großen Konflikte innen. Und es war eine große Angst da. Kann man sozusagen die Bombe entschärfen, ohne dass es knallt?*«

## 9.6 Täter–Opfer

Aus den Aussagen von IP wird deutlich, dass sich im Verhalten von Helfern untereinander eine Täter-Opfer-Beziehung widerspiegelt, dass Prozesse ablaufen, die die Gewalt in der Verhörzelle, in der Missbrauchssituation wiederholen. In den vorherigen Kapiteln klang das in vielen Zitaten schon an. Personen werden zum Buhmann, mal geht es Kollege gegen Kollege, mal Leiter gegen Mitarbeiter/Team, mal Mitarbeiter/Team gegen Leiter.

»*Sie ließen kein Mittel aus. Es war zutiefst bösartig*« – »*… da habe ich hinterher Dresche gekriegt …*« »*In seinen Augen bin ich der Bösewicht Nr. 1 …*« »*Er kriegt das unendlich um die Ohren gehauen, dass er nicht die* *richtige Haltung hat ...« »Ich bin in meinem Leben noch nicht so was von angepinkelt, angemacht, gehauen, geschlagen worden, es war tierisch ...«* »*Es wurde vom Team ein richtiges Tribunal gegen jemanden veranstaltet ...«* – »*... er behandelte mich wie einen Nigger.«*

Ein IP sagt über den Umgangsstil einer Führungskraft mit seinen Mitarbeitern: »*Er hatte ein Bedürfnis, sie auch wie Opfer zu behandeln ... er konnte nicht auf gleicher Ebene mit Menschen umgehen ... er missbrauchte sie auf der psychologischen Ebene ... er hat sich mit Leuten umgeben, die als Kinder oder in ihrem Leben vorher etwas Ähnlichem ausgesetzt gewesen waren ... sie wurden seine Familiensoldaten ... einige seiner Mitarbeiter haben was davon, missbraucht zu werden ... sonst könnten sie nicht weitermachen ... sie wurden total von diesem System aufgesogen ... jeder fand seinen Platz in diesem System. Es war interessant zu sehen, wie Menschen sich den Bedingungen anpassen und sie später so sehr verteidigen.«*

Ein IP berichtet, wie bei Konflikten häufig die Analogie zu »Täter-Opfer«-Verhalten als Munition in der Auseinandersetzung benutzt wurde: »*Und wenn jemand irgendwas kritisiert hat, dann ist das ganz schnell in die Strukturen von Täter – Opfer – so ›und jetzt verhältst du dich wie ein Täter‹ ... es gibt vielleicht mal Meinungsverschiedenheiten, Haltungsverschiedenheiten ... Dann gibt es Streit, und dann kann man ja auf fachlicher Ebene gucken, was ist da? Aber ganz schnell gab es bei dieser Auseinandersetzung die Ebene, wer ist hier Täter, wer ist hier Opfer?«*

»*Das Thema ist so etwas Besonderes, es hat einen Einfluss, und wir wissen nicht, welchen ... Man wird von beiden Seiten beeinflusst, in der Rolle des Täters und des Opfers. Man verinnerlicht es, wenn man keine rekreative Sphäre innerhalb und außerhalb der Einrichtung hat. Die Privatsphäre sollte nicht davon zu sehr gestört und beeinflusst werden.«*

Ein IP sieht eine Parallelität zwischen destruktiven Stellvertreterkämpfen in der Einrichtung und den Verdrehungen aus der Welt der Klienten: »*Ich habe oft die Differenzierung vermisst, was ist mein persönliches Anliegen und was ist politisch sinnvoll für die Einrichtung ..., dass das zum Brei gemacht wurde ... wenn mein persönliches Bedürfnis so und so war, dass das politisch damit begründet wurde. Dagegen habe ich mich immer gewehrt, weil ich den Eindruck hatte, da werden Fehden gekämpft, da werden Fronten gezogen, wo's um andere Sachen ging, als was offensichtlich gekämpft wurde, und damit kann ich ganz schlecht umgehen ...*

*es ist die Gefahr, so habe ich das erlebt, wenn dann auf dieser Ebene ge-*
*kämpft wird, ist die Energie auf einer ganz anderen Ebene … weil es häu-*
*fig Stellvertreterkämpfe sind, das fand ich häufig sehr destruktiv.«* Der IP
zieht dann den Vergleich mit dem, was sich bei den Klienten abspielt:
*»Es ist in der Missbrauchsdynamik, dass der Täter seine Macht in der*
*Regel ausnutzt beim Kind … und das verpackt in ein Spiel, das gesell-*
*schaftsfähig ist … und es wird dann dem Kind die Schuld gegeben … das*
*Kind muss schweigen, das Kind soll das verhüllen, soll das verdrehen …*
*dann bleibt das Kind auf der Schuld hängen … solche Verdrehungen …«*

und schlägt hier einen Bogen zu Konflikten in der Einrichtung: *»In*
*der Vermischung von Persönlichem und Politischem, dass nicht mehr*
*deutlich wird, wo ist die persönliche Befriedigung, … da sehe ich Parallel-*
*prozesse*[61] *…«*

*»Auf dieser Ebene laufen Parallelprozesse ab, es ist die Frage, wie man*
*sie erkennt und wie man sie auch deutet, und das, fand ich, lief bei uns*
*häufig sehr gewalttätig ab, immer auch mit Geheimnissen verbunden, auf*
*keinen Fall offen.«*

## 9.7 Aggression

Durchgängig wird, wie in vielen der bereits zitierten Aussagen deutlich
geworden ist, von einem hohen Aggressionspegel unter Mitarbeitern in
Traumazentren berichtet. Das reicht von einer permanent gespannten,
geladenen Stimmung bis zu offenen Wutausbrüchen, Beschimpfungen
und persönlichen Beleidigungen.

Mehrere IP sprechen davon, wie das Thema Gewalt, sich in den Einrichtungen und im Verhalten der dort Tätigen widerspiegelt.

*»Ich bin mir ganz sicher, dass es mit dem Thema (Gewalt, d. V.) zu-*
*sammenhängt, dass man mit den Hauptthemen konfrontiert wird: Ab-*
*hängigkeit, Grenzen, Geheimhaltung …«*

*»… es war ganz viel Spaltung, ganz viel Ausgrenzung, es gab gewalt-*
*tätigen Umgang miteinander …«*

*»Ich bin froh, dass ich in einer demokratischen Gesellschaft lebe … ich*
*könnte vielleicht ›verschwunden‹ oder in ein Gefängnis gesteckt worden*
*sein. Ich hatte diese Assoziationen …«*

---

[61] Vgl. Holloway, a. a. O., Anm. 42, S. 109.

Die Wutausbrüche von narzisstischen Leitern schildern IP als bedrohlich und einschüchternd:

*»Sie waren schrecklich, diese Personen, ihre hysterische Art, sich zu benehmen, die Sekretärinnen hatten eine Höllenangst vor ihnen, wenn sie brüllten.«*

*»Seine Tendenz, sehr aggressiv zu sein, zu schreien und zu brüllen, das ist nicht mein Stil, und manchmal fühlte ich mich zumindest unwohl, vielleicht sogar verängstigt.«*

*»Ich war überrascht, welche Angst viele Leute vor seinen Reaktionen hatten und wie sie es nicht wagten, ihm gegenüber etwas offen anzusprechen.«*

Ein IP berichtet von einer öffentlichen Veranstaltung seiner Einrichtung, an deren Ende eine Mitarbeitergruppe einen internen Konflikt vor aller Öffentlichkeit austrug und unter Protest den Saal verließ:

*»Zum Schluss ist die ganze Gruppe geschlossen aufgestanden und hat das vor einem Riesengremium offen gemacht, also richtig eine Bombe losgeknallt ... Keiner hat das verstanden, alle waren nur irritiert.«*

## 9.8 Zurück in der Zelle

Einige der Vorkommnisse, von denen die IP berichten, klingen, als ob Helfer Situationen schaffen, in der sie sich und ihre Klienten in die Gefängniszelle zurückversetzen. So wurde z. B. in den Anfängen einer Einrichtung ein Behandlungsstil praktiziert von der Art einer primitiven Exposition, die unter Mitarbeitern sarkastisch als »Bulldozermethode« bezeichnet wurde.

*»Das ist eine Methode, das Opfer zum Reden zu bringen. Wenn das Opfer nichts von der erlebten Gewalt erzählen will, dann hatte der Therapeut Bilder von Gewaltszenen in seiner Schublade ... erst zeigte er ihm eine leichtere Szene, legte sie vor ihm auf den Tisch und fragte: ›Erinnert Sie das an etwas?‹ Und wenn das Opfer nicht reagierte, zusammenbrach oder gestand, zeigte ihm der Therapeut eine schlimmere Szene ... Der Erfinder hatte die primitive Idee, vielleicht weil er Arzt war, dass man die bösartige Substanz, den Eiter aus der infizierten Wunde herauskriegen müsse, in den vergifteten Teil eindringen und das Böse würde austreten.«*

*»Gewalt war wie ein Ding, ein Abszess, und man sollte diesen Abszess säubern. Was drum herum war, das spielte keine Rolle ... Und wenn dann*

die Leute weinten und weinten und darüber sprachen, dann dachte er (der Erfinder, d. V.), jetzt ist es herausgewaschen.«

»Wir haben etwas dagegen geschrieben und es kritisiert … es war eine sehr primitive Sicht von Psychotherapie … Es könnte möglicherweise mit den Reaktionen von Überlebenden des Zweiten Weltkriegs zu tun haben, die aus den Konzentrationslagern zurückkamen und niemals darüber sprachen … diese Männer, die den Rest ihres Lebens kein einziges Wort darüber sagten. Und keiner traute sich, sie zu fragen. So gab es diese Reaktion, dass es sehr wichtig sei, dass Menschen darüber sprechen, es herauslassen und sich öffnen.«

Ein IP beschreibt, wie die Intrigen in der Einrichtung, dieses »nicht wissen, woran man ist«, ihn an das erinnern, was seine Klienten erleben: »Wenn ich nicht im Kontakt sein kann und an mir irgendwas gesehen wird, wo ich immer nicht weiß, wie komm ich bloß dazu. Das find ich ganz furchtbar … Die Klienten beschreiben, die haben sich irgendwann daran gewöhnt, was im Verhörraum passiert … Aber die Zeit dazwischen, nicht zu wissen, wann kommt er wieder. Wie wird er anfangen, in welchem Raum wird es sein? Werde ich mich schützen können? Werde ich mich nicht schützen können? Die Zeit dazwischen ist das Schlimmste …«

---

### Zeichen der Reinszenierung des Traumas

- Furcht vor der Präsenz von Geheimdiensten
- Sich verfolgt fühlen
- Überall Feinde wittern
- Den anderen zum Täter oder Opfer machen
- Atmosphäre von Misstrauen, Angst und Aggression
- Besessen- und Fasziniertsein vom Schrecklichen
- Sich ausgeliefert fühlen – wie in den Händen des Täters
- Der Therapieraum wird zum Verhörraum

# 10. Struktur von Einrichtungen mit hohem Stress- und Konfliktpegel

## 10.1 Strukturlosigkeit

Auffallend oft sprechen die IP von chaotischen Verhältnissen und beklagen, dass die einfachsten Voraussetzungen für einen geordneten Arbeitsablauf fehlen. In der Aufbauphase wurde vielfach einfach losgelegt, mit viel Elan krempelte man die Ärmel hoch, ohne ein Konzept. Man verfiel in einen Aktionismus, von einer Sache zur nächsten hastend, ohne Zeit und Raum für Reflexion.

Ein IP, der über zwei Jahrzehnte lang in einem Traumazentrum gearbeitet und als Supervisor Einblick in zahlreiche andere Einrichtungen genommen hat: *»Man sieht in vielen Beratungsstellen, dass die primäre Organisation der Stelle schlecht ausgeübt ist … was sehr ungünstig ist, wenn nicht klar ist, wer für was verantwortlich ist, … was man tun soll und was man nicht tun soll. Auch wenn unklar ist, wo man arbeitet. Ob man einen eigenen Raum hat, für sich selbst oder nicht. Speziell in diesem Beratungsbereich muss man ein Zimmer haben, wo man sich zu Hause fühlt. Man muss sekundäre Arbeitsfaszilitäten haben, die die Arbeit erleichtern, wie z. B. Zugang zum Computer, ein gutes Sekretariat mit Organisation der Anmeldungen und der Termine.«*[62]

Der Mitstreiter eines Pioniers sagt über die Aufbauphase:

*»Auf der administrativen Ebene herrschte überhaupt keine Ordnung … es gab überhaupt keine Mitarbeiterbesprechungen … es gab keine klare Agenda, wo man sagt, wir diskutieren es von der Warte des Sozialarbeiters, des Physiotherapeuten, des Psychotherapeuten usw., um daraus Schlüsse zu ziehen … man setzte sich nicht zusammen und dachte darüber*

---

[62] Schmid, C.: Zur beruflichen Belastung von Traumatherapeuten – Versuch einer Verhältnisbestimmung der Konzepte Burnout und indirekte Traumatisierung. Diplomarbeit. Freie Universität Berlin, Fachbereich Erziehungswissenschaften und Psychologie, Berlin 2006, S. 112 – 113.

nach, was tun wir, und auch rückblickend auszuwerten, was wir getan haben bis jetzt, was wir gelernt haben, welche Methoden wir angewandt haben … zu wenig Zeit, es anzuschauen, wirklich herkömmliche Forschung zu betreiben, es war nahezu unmöglich … wir hatten noch keinerlei Struktur … aber eine Forderung nach mehr Arbeitsleistung, als man von jemand wirklich verlangen konnte … wir waren alle überarbeitet … wir sollten nicht so viel Zeit in die Lehre stecken und in die internationale Arbeit … natürlich ist es eine gute Idee, dieses Projekt und das Wissen in der ganzen Welt zu verbreiten, aber man sollte nicht das Monopol darüber haben, es zu strukturieren, denn meiner Meinung nach hatten wir selber keine Struktur.«

Ein IP moniert, dass die Gestaltung und Evaluation der Behandlung im Zuge der schnellen Expansion der Einrichtung und der Priorität von Fundraising und PR-Arbeit auf der Strecke blieb: »Ich sagte, wir haben so große Probleme und wir sollten uns doch ein halbes Jahr konsolidieren … aber es war ihnen (der Leitung) wichtiger, mit einer unfertigen Publikation rauszukommen, wir hatten ein großes Projekt, aber sie konnten nicht auf die Endergebnisse warten … wir überwarfen uns darüber, wie wir hier arbeiten sollten … Ich sagte, wir geben den Klienten nicht genug, wir evaluieren unsere Behandlung nicht, wir nehmen uns dafür keine Zeit und wir sollten nicht nach draußen gehen mit unfertigen wissenschaftlichen Resultaten und nicht so viel Zeit für PR-Arbeit verwenden.«

## 10.2 Der permanente Notfall, »ambulance chasing«

Der Mitgründer einer Menschenrechtsorganisation sagt über den Gründer und dessen Stil des »ambulance chasing« (hinter Notfällen herjagen):

»Er war der Überzeugung, dass unsere Organisation immer innovativ und bereit sein müsse, sofort zu reagieren. Manche Leute kritisieren das als ›ambulance chasing‹, losrennen, wenn man noch keinen Plan oder genügend Ressourcen hat. Aber wir haben uns immer an vorderster Front gesehen in einer Vorreiterrolle.«

Ein IP verwendet dafür die Metapher »Feuerwehr«: »Was wir von einigen Kollegen immer wieder mitkriegen, ist, dass sie auf einem total hohen Feuerwehrniveau sind … in dieser Form von Panikmache, wenn

*Hilfesuchende kommen. Die Kollegen können sich nicht mehr hinsetzen und sagen, erst mal 'n Schluck Tee trinken, erst mal tief durchatmen, erst mal gucken, was ist überhaupt die Situation, sondern sofort ins Agieren kommen.«*

Ein Leiter über den Umgang mit einer Neuaufnahme: *»Da haben sich drei Leute der Einrichtung sofort daraufgestürzt, jeweils zwei Stunden mit Rechtsanwälten telefoniert und weiß der Teufel was, um diesen Leuten hier Unterstützung angedeihen zu lassen.«*

Ein Gründer, ein Arzt, selbstkritisch über das chaotische »Losrennen«: *»Den Aspekt der Strukturiertheit finde ich sehr wichtig … ich treffe immer wieder Leute in diesem Bereich, die eine recht chaotische Persönlichkeitsstruktur haben … die Fülle der Problemstellungen ist in jedem Fall immer zu groß. Ich glaube, da kommt man nie zurande … das ist vergleichbar mit Notfallsituationen, das können und lernen ja die Mediziner, dass sie dann klar fokussieren müssen auf zwei, drei Dinge und den Rest einfach auf später vertrösten … zu wenig Grenzziehung, zu wenig Priorisierung … ich war auch zu breit gefächert, der an zu vieles gedacht hat und dann wie ertrunken ist im nächsten … Das ist verrückt, alle Leute wollen gerade im Moment, sie können nicht warten … Eine gewisse Gelassenheit fehlt … die Gefahr ist, dass die Psychologen zu hohe Erwartungen haben. Wir (Ärzte, d. V.) sind durch unsere Ausbildung in der Regel schwierigere Situationen gewohnt, wo wir auch lernen, ein Stück weit bescheiden zu werden und unsere hohen Ansprüche etwas runterzufahren …«*

Ein Supervisor: *»… ich erinnere mich an ein letztes Treffen, wo dann plötzlich einer aufschreit und sagt, ›es droht 'ne Abschiebung, wir müssen alles fallen und liegen lassen und müssen uns sofort kümmern‹, wo ich denke, da ist an der Stelle auch ein übertriebener Aktionismus, wo etwas passiert, das die eigene Wichtigkeit dann so überhöht … wo die anderen dann auch gesagt haben, ›nu bleib mal locker!‹«*

IP aus Schwellenländern berichten von chaotischen Phasen, jedoch nicht im Zusammenhang mit internen Strukturmängeln, sondern mit extremen äußeren Faktoren. Ein IP berichtet, wie im Zuge eines Massenprotestes hungerstreikender politischer Gefangener, der von den Sicherheitsorganen mit Waffengewalt niedergeschlagen wurde, auf einen Schlag Hunderte von Klienten akut zu versorgen waren. Eine Aufgabe, mit der das kleine Team seiner Einrichtung völlig überfordert war.

## 10.3 Basisdemokratie

Viele Einrichtungen wurden von einer Gruppe von engagierten Personen gegründet, die basisdemokratisch im Kollektiv entschieden und handelten. Das ging so lange gut, wie die Gruppe noch relativ klein und vom Pioniergeist beseelt war. Ab einem gewissen Zeitpunkt und einer gewissen Größe erweist sich diese Struktur jedoch als dysfunktional, da die gewachsene Mitarbeiterzahl sowie die vielfältigen Aufgaben eine Arbeitsteilung und Differenzierung der Rollen sowie eine Leitung unabdingbar machen.

IP aus westlichen Ländern:

Auf die Frage: »Wer ist in Ihrer Einrichtung der Leiter?« konnten mir viele IP keine klare Antwort geben. »*... Ich wurde nie zum Leiter ernannt ... informell bin ich der Leiter ...*« Auf die Frage, wie ein IP als Leiter in den offiziellen Berichten aufgeführt werde, gab er zur Antwort: »*Ich schreibe einfach Arzt.*« Ein Mitarbeiter der gleichen Einrichtung beklagt in einer Teambesprechung, dass sie keinen Leiter haben, er wünsche sich einen Leiter als Konfliktmanager, der sie vor Sekundärtraumatisierung schütze.

Als Kompromiss zwischen Basisdemokratie und der formalen Erfordernis, eine Leitung zu installieren, wurden kollektive Leitungsorgane gebildet: »*Wir haben dann ein Leitungsgremium gebildet ... das ist relativ lange ganz gut gegangen ... dann haben wir nach drei Jahren eine Strukturtagung gemacht, um zu gucken, ist es gut oder schlecht gelaufen ... und alle hatten das Gefühl, Entscheidungen werden auf die lange Bank geschoben. Das Leitungsgremium entscheidet eh nicht. Letztendlich entscheidet ja doch wieder das Team.*«

»*Es wurde klar, wir brauchen jemanden, der die Strukturen in der Hand hat, der die Fäden in der Hand hat, der Bescheid weiß, der Konfliktmanagement macht, der auch mal entscheidet, besonders bei schwierigen finanziellen Situationen, Sachen entscheidet, die uns gegen den Strich gehen ... Ich hatte quasi die Leitung vom Leitungsgremium ..., um koordinatorische Aufgaben zu übernehmen. Aber dadurch, dass das nicht entschieden wurde als Leitungsfunktion, sondern nur durch Stellenbeschreibung so war, bin ich in meinem Leben noch nicht so angepinkelt worden ... meine Gruppe war die informelle Leitung ... im uns übergeordneten Aufsichtsgremium waren ehemalige Mitarbeiter von uns, einer war*

*befreundet mit einem von uns. Und das war ungut ... alle waren in einem*
*Subsystem, wo keiner weiß, warum wer was wann entscheidet, und immer*
*das Misstrauen hat, es ist ja eigentlich schon entschieden und ›die machen*
*ja doch, was sie wollen‹.«*

Ein IP berichtet, wie der Geldgeber nach einer Leitung verlangte, die
ihm gegenüber rechenschaftspflichtig ist: »*Ich sitze jetzt auf der Stelle der*
*therapeutischen Leitung. Aber die will keiner und ich will sie auch nicht ...*
*als wir die Anfrage (vom Geldgeber, d. V.) hatten, weil es da Kritik gab,*
*hab ich sie genommen ... Es muss klar sein, was leitet er? Es muss klar*
*werden, wie transparent müssen die anderen ihre Arbeit machen, welche*
*Kriterien habe ich als therapeutische Leitung, wo ich sage, hier geht es in*
*den Grenzbereich, hier muss was anders gemacht werden? Solange das*
*nicht klar ist, kann ich keine therapeutische Leitung machen. Ich sehe die*
*Notwendigkeit, aber ich bin mir sicher, dass viele andere die nicht sehen,*
*weil die sagen, das Team hat die fachliche Oberhoheit, weil ja alles im*
*Team besprochen wird.«*

»*Das Leitungsgremium hatte Weisungsbefugnis, das stand auf'm Pa-*
*pier ... es hat sich keiner getraut. Und es ist so, wenn du eine Weisung*
*gegenüber einem Teammitglied aussprichst, dann schaffte es dieser Kollege*
*aus dem Team mit Sicherheit, noch andere auf seine Seite zu bringen,*
*dann war eine Pattsituation ... dann ging eh nichts. Also haben wir uns*
*auch selber irgendwie ausgetrickst.«*

Ein organisatorischer Leiter: »*Leitung hat nur bedingt stattgefun-*
*den ... auch meine Funktion war sozusagen eine Mischung aus Dienstleis-*
*tung und Leitung ... weil wir keine Verwaltungskraft hatten, musste ich*
*sehr viel übernehmen, was übrig geblieben ist. Ärzte und Therapeuten hat-*
*ten auch so eine Multifunktionsstelle. Sie waren Sozialarbeiter, Therapeut*
*und Verwaltungskraft ... die Hierarchien waren sehr flach und die funk-*
*tionale Teilung nicht in dem Maße gegeben.«*

Ein medizinischer Leiter berichtet, wie er ständig mit seinem Verwaltungsleiter aneinandergeriet. Der Verwaltungsleiter gehörte zum
Klüngel der Gründer, der medizinische Leiter war neu. »*Ich hatte ein*
*Problem, dass aus meinem Vertrag nicht klar hervorging, welche Rolle ich*
*habe ... der Verwaltungsleiter sagte, er sei mein Vorgesetzter, es gab keine*
*klare Definition, wo wir jeweils unsere Vollmacht hatten, so manifestier-*
*ten sich unsere Differenzen bei vielen Gelegenheiten. Er mischte sich in*
*alles ein, auch kleine Details.«*

Ein Organisationsberater zieht Bilanz nach einer langen Reformdebatte in einer Einrichtung: »*Wenn sich die Gruppe selber leiten will, dann soll sie's aber auch verantwortlich tun … sie haben einerseits gesagt, wir wollen keinen, der uns leitet, sondern wir wollen selber die Verantwortung übernehmen. Wenn man dann gesagt hat, ›dann übernimm hier und da die Verantwortung!‹, dann wurde ja gekniffen. Das war eine ambivalente Botschaft … wir verwalten und organisieren uns selber, aber letzten Endes wurde dann die Verantwortung nicht übernommen.*«

Beispiele aus Schwellenländern:

Ein Traumazentrum fertigt zur Außendarstellung ein Organigramm an. Darin sind die verschiedenen Fachabteilungen mit dem dazugehörigen Personal in horizontal nebeneinander stehenden Säulen aufgeführt. Die drei offiziell ernannten Leitungskräfte sind unter ferner liefen in einer Abteilungssäule mit ihren Professionen aufgeführt, ohne dass ihre Leitungsfunktion daraus zu ersehen ist.

In einer Einrichtung, die vom Gründerteam informell geleitet wird, gibt es ständig Reibungsverluste wegen unterschiedlicher Verteilung der Arbeitslast, unklarer Aufgabenverteilung, mangelnder Disziplin. Ein jüngerer Mitarbeiter auf die Frage, wer der Leiter der Einrichtung ist: »*Diese Institution wird von der Interaktion Verschiedener geleitet … es gibt einen Vertreter nach außen, der Teil des Teams ist und mir nicht das Gefühl eines Leiters gibt.*« Gefragt, wie er im Vergleich dazu die Hierarchie in traditionellen Gesundheitseinrichtungen sehe, sagt er: »*Manchmal kommt mir dieses traditionelle Modell sehr sympathisch vor.*«

Ein jüngerer Mitarbeiter der zweiten Generation äußert seinen Frust über das allgemeine Durcheinander: »*Dieses ›Alles-machen-Wollen‹, aber nicht klar die Verantwortung aufteilen oder zuweisen, nicht sagen, welche Rolle genau, dafür bist du verantwortlich, dafür bist du zuständig … Und wo dann am Ende die Verantwortung nicht übernommen wird.*«

Ein Supervisor: »*Es gab niemand, also keinen Chef, der am Jahresende gesagt hätte, ich will jetzt wissen, was ihr gemacht habt … der Anspruch war auch ein bisschen '68 …*[63] *Es gab diesen Leiter, der nach außen vertreten, aber nicht wirklich geleitet hat. Wenn ihm zugetragen wurde, das läuft ganz desolat, dann hat er versucht, irgendwas in Ordnung zu bringen, aber er hatte keine Kontrollfunktion.*«

---

[63] Gemeint ist die antiautoritäre Bewegung von 1968.

## 10.4 Leitung nur pro forma, zum Schein

Aus den Schilderungen der IP im vorangegangenen Kapitel wird die Dysfunktionalität deutlich, von der das basisdemokratische Prinzip von der Realität ständig eingeholt wird, da de facto die Notwendigkeit von Regelung, Koordination, rechtlicher Verantwortung nach außen nicht ignoriert werden kann. Außerdem verlangten das Vereinsrecht des jeweiligen Landes, verlangten Geldgeber oder Behörden die formale Installierung einer Leitung. Man versuchte das Problem damit zu umschiffen, dass nur pro forma, zur Wahrung des Scheins nach außen, jemand die Rolle des Leiters zugeschoben bekam, die basisdemokratische Struktur jedoch beibehalten wurde. Das führt zu teilweise grotesken Konstruktionen und Verrenkungen.

IP aus westlichen Ländern:

*»Offiziell ist der Geschäftsführer gar nicht im Vereinsregister eingetragen. Das heißt, er hat die Aufgabe nicht vom Vorstand delegiert bekommen, die Geschäfte zu führen … das ist formal nicht mal aus den Akten zu ersehen.«*

*»Belastet hat mich das strukturelle Problem unserer Einrichtung, wo die Rollen nicht klar waren und wo es um Machtverhältnisse ging, die nicht transparent waren. Auch wenn wir uns auf die Fahne geschrieben haben, als eine Opferberatungsstelle möglichst hierarchiefrei zu arbeiten, so ist das ein Anspruch und ein Ziel, aber natürlich läuft das nicht so. Es gibt immer informelle Strukturen, wo jemand mehr zu sagen hat als andere … Meine Leitungsposition war nie eine festgeschriebene … Es war nicht klar definiert. Ich hatte Aufgaben zu machen und ich habe viele Dinge gemacht, die ein Leiter tut, aber ich war nicht der ›Leiter der Einrichtung‹. Und wenn so was in der Öffentlichkeit gesagt wurde, was ja sehr häufig vorkam, dann war das für mich ein bisschen irritierend, weil das durfte ja nicht sein … es hat sich mit der Zeit eine informelle Leitungsstruktur herauskristallisiert, wo ich dann sozusagen die Leitung gemacht habe und das sozusagen geduldet wurde, sofern das nicht zu sehr nach außen drang.«*

In einer Einrichtung hat man Praktikanten zu Vorstandsmitgliedern gemacht: *»Es war ganz klar basisdemokratisch. Das heißt, wir hatten keine Leitung … aber es gab schon eine Diskussion, dass wir eine Leitung brauchen … und also gab es einen Vorstand … weil Vorstandspersonen* *nicht so leicht zu finden waren, gab es Praktikanten, die wir dazu über-redet haben, die brauchen ja nur ihren Namen dafür zu geben, nur pro forma … nach ein paar Jahren war klar, dass das nicht reicht, weil die nicht weisungsbefugt waren.«*

Ein IP, der eine Zeit lang Leitungsfunktion hatte und sie dann nie-dergelegt hat: *»Wir haben mal eine gemeinsame Teamsitzung gehabt, wo wir auch über das Thema sprechen wollten, welche Aufgabe hat jeder, welche Rolle übernimmt er und was bringt man rein und wie deckt sich denn das. An den Punkt sind wir nicht drangekommen … Da wird elegant drum rumgeschweift.«*

IP aus Schwellenländern:

Ein IP beschreibt, wie einem Leiter, der vorwiegend als Integrations-figur, als Außenrepräsentant fungiert, wichtige interne Informationen vorenthalten werden mit der Begründung, ihn mit den Konflikten im Team und anderen unangenehmen Dingen zu verschonen: *»Ich denke, dass er eine sehr konstruktive Rolle hat … wir haben eine minimale Hie-rarchie. Bei praktischen Problemen im Team versuchen wir ihn zu schüt-zen … Vieles wird ihm nicht mitgeteilt …«*

Ein Gründer will den Widerspruch zwischen Anspruch und Wirk-lichkeit durch eine in kurzen Abständen rotierende Leitung auflösen: *»… ich könnte mir ein Modell vorstellen, das im Hintergrund horizontal ist, aber vordergründig eine zirkulierende Hierarchie aufbaut … dass einer der Mitarbeiter jeweils für sechs Monate ernannt wird, den Arbeits-verlauf zu planen, Ermahnungen auszusprechen …«* Die ideale Lösung sieht er darin, diese Vollmacht dem jüngsten Mitarbeiter, einem Büro-angestellten, zu geben, der in der Hierarchie am weitesten unten steht. Auf die Frage, warum gerade diesem und ob die Älteren seine Autori-tät akzeptieren würden: *»Er ist der Jüngste. Er ist einer von uns, wir würden ihm vertrauen … Wir sprechen ja nicht von einer absoluten Autorität … er würde uns in unserer eingefahrenen Praxis etwas auf-rütteln … Es ist im Endeffekt eine ungewünschte, hässliche Rolle. Nie-mand will diese Rolle übernehmen.«* Sie hatten ein ähnliches Modell mit einem jüngeren rotierenden Koordinator früher schon einmal prak-tiziert: *»Er hat natürlich nicht gesagt, ›warum kommst du erst jetzt, warum lässt du deinen Computer offen, wenn du gehst, warum liest du gerade Zeitung?‹ Das hat er nicht gemacht … Weil wir die Aufgabe so nicht definiert haben. Das ist eine Sache, die offen geblieben ist. Wir ha-*

ben uns das wohl nicht zugetraut, diesen Kontrollmechanismus ganz zu
etablieren.«

Im Verlauf des Interviews wird er nachdenklich, räumt ein, dass es
de facto informelle Machtstrukturen gibt, stellt sich damit selbst zumindest teilweise infrage und spricht von den Gefahren dieser Strukturen:
»In jeder Institution gibt es eine Hierarchie des Wissens, der Erfahrung, des
Alters ... Aber das ist eine unregulierte, nicht formell festgehaltene Hierarchie, die ihre eigenen Gefahren birgt.«

## 10.5 Endlose Diskussionen, »wie der Hamster im Rad«

Basisdemokratie und fehlende Leitung führen zu einem System organisierter Verantwortungslosigkeit. Dass alle sich mit allen Problemen befassen und über alle Angelegenheiten mit entscheiden müssen, bringt
enorme Reibungsverluste mit sich. Auf endlosen und oft ergebnislosen
Teamsitzungen werden Zeit und Energie verschwendet. Es werden keine
Entscheidungen gefällt, notwendige Arbeiten werden nicht gemacht,
beschlossene Verbesserungen und Veränderungen nicht umgesetzt. Das
lähmt die Einrichtung, demotiviert und zermürbt die Mitarbeiter und
führt zu Schlendrian und Disziplinlosigkeit.

IP aus westlichen Ländern:

»Ich habe das Gefühl, dass viel geredet wird ... einmal vergeht viel Zeit,
wenn zwei Leiter da sind, die sich immerzu besprechen müssen ... der eine
redet mit dem Leiter, der andere mit jenem Leiter, und dann gibt es unter
der Decke so einen Sud von diesem und jenem, und am Ende weiß nämlich
keiner, wer ist zuständig, und am Ende ist meistens überhaupt nichts gemacht.«

»Es kostet sehr viel Zeit und sehr viel Kraft. Mich machen diese Team-
Sitzungen immer völlig fertig ... Das ist der schlimmste Tag für mich in der
Einrichtung.«

Ein Leiter berichtet von endlosen ergebnisarmen Teamsitzungen:
»Auf der kollektiven Ebene kam es zu stunden- oder tagelangen redundanten Diskussionen.«

Ein »Quasi«-Leiter: »Meine Versuche, eine gute Basisdokumentation
herzustellen, sind einigermaßen gescheitert, auch an der strukturell nicht
vorhandenen Professionalität der Einrichtung. Man konnte das immer
vorschlagen, aber wenn man etwas realisieren will, muss man auch in ei-

ner Position der Macht sein und das durchsetzen können, und das bin ich überhaupt nie gewesen. Wollte das nie und konnte das auch gar nicht.«

Ein Organisationsberater über seinen Eindruck von Strukturtagen: »Ich habe zunehmend gesehen, dass all das, was mit tiefsten Überzeugungen verabredet worden ist, das machen wir jetzt so, dass die Beschlüsse, die man selbst gefasst hatte, dass die nicht umgesetzt wurden.«

Es wird berichtet von langen Diskussionen im Team, auf denen über Arbeitsabläufe, Missstände und notwendige Verbesserungen diskutiert wurde:

»Wir hatten einen riesigen Aufwand getrieben und das hatte eigentlich wenig gefruchtet ... es gab Momente, wo ich dachte, ich halte es fast nicht mehr aus, dieses ewige Klönen und Jammern, und es verändert sich eigentlich nichts ...«

»Ich war wie in so einem Hamsterrad, ich habe immer gedacht, ich muss noch schneller rennen, ich muss noch mehr schaffen ... Aber es ist nicht in mich mehr reingekommen. Ich war eigentlich schon zu ... und war wirklich platt am Ende.«

»Wenn du da immer wieder kämpfen musst, für eigentlich selbstverständliche Sachen, dann kommst du in solche Gefühle von ›ich bin hier Sisyphus‹.«

»Es ist wirklich ein Gegen-Windmühlen-Anlaufen ... ich laufe wie der Hamster im Rad. Ich mache immer weiter, immer weiter. Ich merke nicht, was mit mir los ist ... Ich verausgabe mich eigentlich in jeder Richtung.«

»Wir waren sehr verbal. Wir haben einfach unendlich diskutiert. Ich halte das manchmal fast nicht aus, wenn ich in diese Kreise kommen muss. Was da geschwatzt wird auf Teufel komm raus.«

IP aus Schwellenländern:

Jüngere IP der zweiten Generation beklagen sich darüber, dass die Gründer und informellen Leiter der Einrichtung die endlosen Teamsitzungen mit langen Redebeiträgen beherrschen: »Es gibt die Älteren, die Erfahrenen, deren Wort mehr zählt und die mehr Gewicht haben und die auch sehr stark dominieren ... die Neigung haben, lange zu reden ... auch die Entscheidungen fällen ... und die jüngeren haben weniger Gewicht ... (die Teamsitzungen, d. V.) beginnen ca. 11 Uhr und hören je nach Fülle der zu bearbeitenden Tagesordnungspunkte um ca. 16 bis 18 Uhr auf.«

»Es gibt welche, die oben in der Hierarchie sind und z. B. die Redezeit haben, und die anderen kommen irgendwie nicht dran.«

Teamsitzung[64]

Ein jüngerer IP zieht Bilanz nach einer Strukturdebatte zwischen alt-
eingesessenen und neuen Kollegen in der Supervision, auf der es auch
um eine klare Festlegung von Arbeitsabläufen und Aufgabenverteilungen ging: »*Die Situation hat sich nicht eigentlich geändert … wahrscheinlich fühlen die Menschen im Team keine Notwendigkeit, da groß etwas zu
ändern … danach war der Prozess abgeschlossen und alles ist beim Alten
geblieben …*«

Ein Gründer sagt selbstkritisch: »*Und dann haben wir diskutiert und
diskutiert und wir haben Sitzung für Sitzung verbracht, um einen Konsens
herzustellen, wie die Disziplin sich verbessern kann, wie die Arbeitslast
gleichmäßig verteilt wird. Und es haben sich einige daran gehalten und
einige nicht an diese Absprachen gehalten.*«

---

[64] Zeichnung von Paul Weber, »Der Gesprächskreis«.

## 10.6 Fraktionierung, Grabenkämpfe

Die Strukturlosigkeit, das Fehlen einer wirklich mit Vollmachten ausgestatteten Leitung, die permanente Demontage von Leitungspersonen schaffen ein Machtvakuum und damit eine Fragmentierung des Teams, einen Freiraum für Grabenkämpfe, Privatfehden, Missgunst und Neid. Konflikte werden nicht sachbezogen gelöst, sondern personalisiert.

IP aus westlichen Ländern:

Ein IP, der zeitweise Leitungsfunktionen innehatte: »*Von daher waren, finde ich, Tür und Tor offen für Neid und Missgunst und all die bösen Themen, die man eigentlich nicht haben will.*«

Der gleiche IP hat sich schließlich völlig aus den Entscheidungsgremien der Einrichtung zurückgezogen. Grund: es wurde fünf Jahre lang über ein arbeitsrechtliches Problem gestritten ohne Ergebnis. »*Wir hatten einen Vorstand, der war gut, aber der ist auf dieser Mitarbeiterversammlung wegen eines Misstrauensantrags abgelehnt worden. Und dann standen wir ohne Vorstand da … ich bin einfach müde … egal, was ich tue, was ich mache, es kommt nicht an … es hat sich zu einem tierischen Konflikt ausgeweitet zwischen diesen zwei Fraktionen, der immer wieder versucht wurde, auf der persönlichen Ebene zu klären, und der nie geklärt werden konnte, weil die Strukturen auch undurchschaubar waren.*«

Ein IP, der aus einer Leitungsfunktion hinausgedrängt worden ist: »*Da wird auch gar nichts mehr richtig entschieden. Und wenn man dann kritische Fragen stellt, dann ist es nicht angenehm, sozusagen im Feuer zu sitzen … also überhaupt keine gute Struktur …*«

Ein Leiter der zweiten Generation über das Schicksal seiner Vorgänger: »*Es gab immer Leiter, aber die sind nach kurzer Zeit wieder rausgegangen … da wurden einmal Rollen vermengt von Supervisor und Therapeut, und da hat der Leiter gesagt, ›das geht nicht‹. Und dann haben sie* (den Leiter, d. V.) *fertiggemacht. Aber komplett alle in der Einrichtung. Sie haben ihm gesagt, er hätte ja sowieso keine Ausbildung, er solle seinen Mund halten.*«

## 10.7 Die Kontrolleure kontrollieren sich selbst

In manchen Einrichtungen gibt es eine Vermischung der Ebenen von Leitungsebene, Vorstandsebene (Aufsichtsrat) und Mitarbeiterebene, sodass z. B. Mitarbeiter gleichzeitig Mitglieder des Rechtsträgers einer Einrichtung, eines Vereins, einer GmbH o. Ä. sind. Sie sind somit in einer Doppelfunktion ihre eigenen Vorgesetzten/Arbeitgeber und Angestellten.

Ein IP schildert die Vorgänge in solchen Vereinsversammlungen: *»... da ging es oft ganz schlichtweg um persönliche Interessen, kaschiert natürlich ... und das ist immer schwieriger geworden. Es gab eine Gruppe, die sich geweigert hat, mit einer anderen zu arbeiten, es gab kein Konfliktmanagement, keiner traute sich irgendwie da reinzugehen und den Konflikt zu klären, der Vorstand auch nicht ... da haben Mitarbeiter darüber entschieden, ob Gehaltszulagen ausgezahlt werden ... da konnte jeder an jede Personalakte ran ... Es ist ganz oft passiert, dass infrage gestellt wurde, was beschlossen worden war, dann wurde eine neue Mitgliederversammlung einberufen und es waren plötzlich Personen im Verein, die noch nie da waren ... die nur für diese Entscheidung in den Verein eingetreten und danach wieder ausgetreten sind ...«*

In einer vom Geldgeber in Auftrag gegebenen Evaluation einer Einrichtung heißt es: *»Die Doppelrollen von Vorstandsmitgliedern und Angestellten verursachen ein inadäquates institutionelles Gefüge, das die Bewältigung der komplexen Aufgaben der Organisation behindert ... Die Vermischung von politischen und Management-Positionen verhindern die Möglichkeit zur Kontrolle und zum Ausgleich, welches das Mandat und die Funktion eines Vorstandes sind ... einige Vorstandsmitglieder sind gleichzeitig Repräsentanten von anderen Organisationen, die Zuwendungen seitens der Einrichtung erhalten, was offensichtlich ein Problem darstellt.«*

Ein Leiter, der als Nachwuchskraft nach dieser Evaluation eingestellt wurde und vergeblich versucht hat, diese Strukturen zu reformieren, ist nach heftigen internen Grabenkämpfen »gegangen worden« und meint rückblickend: *»Wenn man ein Vorstandsmitglied hat mit politischen Ambitionen und Zugang zu Geldquellen und wenn man keine Struktur für solche Dinge hat, dann kann man in der Tat die Demokratie unterminieren mit Geld ... und wenn die Rolle und Macht der Vorstandsmitglieder* *gegenüber dem Leiter nicht klar definiert sind, dann wird es unweigerlich Machtkämpfe geben, was für die Einrichtung schädlich ist ... es gab informelle Zusammenhänge zwischen Mitarbeitern und Vorstand, Allianzen, die dafür sorgten, dass, wenn der Leiter etwas tat, was dem Personal nicht gefiel, Letzteres dies dem Vorstand kommunizierte, und der konnte den Leiter dann zur Rechenschaft ziehen. Das ist zumindest hierzulande ein unakzeptabler Mechanismus. Das gibt dem Personal sehr viel Macht ... Die politische Ebene, der Vorstand, missbraucht seine politische Rolle und Macht, indem er vertrauliche Informationen erhält ...«*

In einer Einrichtung ist die für Finanzen zuständige Person Lebensgefährtin des therapeutischen Leiters. Der Geldgeber erhält am Jahresende nicht den erforderlichen Verwendungsnachweis, wofür die Gelder eingesetzt wurden. Als nach mehrfacher Anmahnung des Geldgebers der Leiter den Nachweis nicht liefert, beruft das Aufsichtsorgan, der Vorstand, eine Versammlung des Trägervereins ein, in der vom Leiter Aufklärung über diese Vorgänge gefordert wird. Im Vorfeld der Versammlung kommt es zu plötzlichen zahlreichen Neuaufnahmen in den Verein, zu denen auch Patienten des Leiters gehören. Auf der Versammlung werden die Kritiker des Leiters und der Lebensgefährtin von den neuen Mitgliedern majorisiert. Der Verein spaltet sich.

## 10.8 Grenzverletzungen

Aufgrund des Fehlens von Kontrollorganen, mangelnder Fachaufsicht, der Rollen und Kompetenzdiffusion im Sinne von »alle machen alles, alles ist erlaubt« kommt es zu Regelverletzungen und z. T. auch gravierenden Grenzverletzungen.

*»Was hier lief zwischen dem Supervisor und einer Mitarbeiterin, dass die zu privaten Beratungsgesprächen für die Tochter des Supervisors eingesetzt wurde in den Räumen der Einrichtung ... dass diese Mitarbeiterin dann die Geliebte des Leiters war ...«*

*»Da bedurfte es nur eines Funkens, der zum teilweisen Zusammenbruch des Teams führte ... wegen eines Grenzübertritts, der nicht hätte stattfinden dürfen.«*

*»Es gab Liebesbeziehungen zwischen Helfern und Klienten ... aber da haben wir ziemlich schnell und scharf eingegriffen ...«*

*»Ich finde es einen totalen Schnitzer, dass eine Person mein Kollege*

wird, der vorher drei Jahre bei mir in Therapie war ... Ich finde, das geht nicht, aber ich werde nicht derjenige sein, der das sagt ...«

»Ein Therapeut verliebte sich in eine unserer Patientinnen, während deren Ehemann eine Gruppentherapie machte bei eben jenem Therapeuten ... der Therapeut hat das nicht gesehen oder war sich nicht im Klaren darüber, was er tat ... er hatte einen vollkommen blinden Fleck in dieser Sache.«

In einer Einrichtung ist eine Hilfskraft, die in der Büro- und Öffentlichkeitsarbeit eingesetzt wird, gleichzeitig Patient bei einem Therapeuten. Es kommt keiner auf den Gedanken, dass das vielleicht Probleme verursachen könnte.

## Merkmale von Einrichtungen mit hohem Stress- und Konfliktpegel

- Chaotische, regellose Arbeitsorganisation
- Strukturlosigkeit
- Keine oder Pro-forma-Leitung nur zum Schein
- Basisdemokratie, alle reden mit – keiner ist verantwortlich
- Endlose, sich wiederholende und ergebnislose Teamdiskussionen
- Schwerfällige, langwierige Entscheidungsprozesse
- Fragmentiertes Team, sich gegenseitig bekämpfende Fraktionen
- Teamsitzungen und -supervisionen dienen als Freiraum zum Austragen persönlicher Fehden
- Hektische unreflektierte Interventionen
- Vermischung der Ebenen von Aufsichtsorgan, Leitung und Mitarbeitern
- Fehlendes unabhängiges Kontrollorgan (Aufsichtsrat/Vorstand)
- Grenzverletzungen
- Hohe Fluktuation und hoher Verschleiß an Personal und Leitungskräften

# 11. Quellen der Strukturlosigkeit

Die Frage ist, woher kommt diese Ablehnung jeglicher Differenzierung der Rollen und Kompetenzen, von Struktur und Leitung überhaupt und der unerschütterliche Glaube an das basisdemokratische Modell, obwohl es ganz offensichtlich dysfunktional ist? Welche Bedürfnisse werden damit befriedigt, welchen Gewinn zieht man daraus, welcher biografische Hintergrund spielt dabei eine Rolle?

## 11.1 Team-Mythos

IP aus westlichen Ländern:

Ein Gründer, der das basisdemokratische Modell ursprünglich mit vertreten hat, beschreibt die Hintergründe so: »*Ich war ein Stück weit selber enttäuscht vom medizinischen Regelbetrieb und habe den Eindruck gehabt, ich bau mir ein Team zusammen – damals habe ich es nicht gemerkt – von geplagten, sehr wohl meinenden und auch kompetenten Menschen, denen es aber in diesen Machtapparaten ein Stück weit übel ergangen ist ... Wir sind so ein bisschen wie Outlaws in diesem Gebiet, die aber durchaus das Herz auf dem rechten Fleck haben ... mit dem Gefühl, das wir alle im Innersten hatten, dass wir doch recht hilflos sind in unserer Arbeit ... die Frage, können wir überhaupt diesen Menschen helfen? ... Wir waren eben alle neu im Feld ... Da ist eine Stimmung im Team entstanden, die dazu tendiert hat, dass man diese Unsicherheit ein Stück weit vernebelt hat ... Wir haben Aufgaben unklar gemacht und insofern etwas beschönigt, dass wir gesagt haben, wir sind eben Pioniere, jeder macht alles, wir helfen einander ... Und dann kam es zu einer zunehmenden Vernebelung, die sich auch mit Mythenbildungen, mit Fantasien und Projektionen und einer klaren Spaltungstendenz zwischen Leitung und Team zeigte ... Das Team hat sich hinter einem Team-Mythos ein Stück weit verschanzt, auch wenn von Außenstehenden, insbesondere aber auch von Insidern man gemerkt hat, so ein Herz und eine Seele ist dieses Team unter sich auch nicht ... Ein Mythos war: ›Wir sind ein Team und nur die*

*Leitung merkt das nicht, dass wir so ein gutes Team sind.‹ Wir hatten eine Vielzahl von Supervisionen … ein Kollege hat in einer sehr rigiden Weise ein Recht eingefordert auf permanente Teamsupervision … Das hat quasi einen Nebenkriegsschauplatz ergeben. Supervision wurde zu einem Spielfeld der Machtausübung.«*

Das Festhalten an der Basisdemokratie bezeichnen viele IP als ein Charakteristikum der Menschenrechtsszene überhaupt. Menschenrechtler seien von ihrer Natur her antiautoritär eingestellt, schließlich sei dies die Triebfeder ihres Kampfes gegen Diktaturen. Und deshalb sei es so schwer für sie, sich überhaupt einer Struktur, einer Leitung unterzuordnen.

*»Diese Kämpfe sind eine Art von Parallelprozess[65], der damit zu tun hat, dass wir gegen alles waren, das irgendwie eine Autorität symbolisiert, genauso wie unsere Patienten auch gegen die staatliche Autorität eingestellt waren, die sie nicht anerkannte mit ihren Narben und Schmerzen.«*

Ein Pionier definierte als Gründungsmotto: Man habe es bei Folter mit der extremsten Form von Hierarchie, von Machtausübung zu tun, deshalb dürfe es in der Einrichtung keinerlei Hierarchie geben.

Ein IP sagt, seine Einrichtung sei explizit als Alternative, als Gegenmodell zur feindlichen Welt da draußen konzipiert, die eine Welt von Unterdrückung und Fremdbestimmung sei: *»Das Hauptanliegen war, nichts mehr zu erleben, was uns kontrolliert, alles selbst in der Hand zu haben, selber entscheiden zu können, schon auch mit dem Anspruch, uns gutzutun. Wir sind so die Wachsamen der Gesellschaft, und von daher dürfen wir nichts tun, was irgendwie gesellschaftlich anerkannt ist. Wir müssen alternativ und anders sein.«*

Einige IP sehen den Team-Mythos im Zusammenhang mit der Kultur der antiautoritären 68er-Bewegung: *»Das Team hat sich teilweise offen, teilweise heimlich zu Sitzungen getroffen, und dort war vor allem ein Exponent, der einfach nicht integriert hat … Der war der informelle Leiter aus meiner Optik, der das aber immer in Abrede gestellt hat. Ich wollte ihn später auch in die Leitungsverantwortung mit hineinnehmen. Das wollte er nicht mit der Begründung: ›Ich habe zeitlebens den Leitungspersonen immer eher misstraut als einem Basisteam.‹ Er ist auch ein in den 68er-Jahren groß gewordener Kollege.«*

---

[65] Vgl. Holloway, a. a. O., Anm. 42, S. 109.

»*Viele von uns, die meisten, kamen aus einem mehr oder weniger linken Spektrum. In der medizinischen Gruppe von Amnesty gab es keinen Vorsitzenden. Wir glaubten nicht an die Notwendigkeit, einen Vorsitzenden zu haben. Jedes Mal, wenn wir uns trafen, wählten wir einen in der Gruppe, die Sitzung zu moderieren. Das war diese typische anti-hierarchische Struktur. Man kann sagen, dass der Kampf gegen Hierarchie das Motiv für die Mitarbeit in humanitären Organisationen ist.*«

»*Die Gruppe, die im Moment so die heimliche Leitung hat, die kommen alle aus der autonomen Szene und sind da auch noch sehr beheimatet. Ich glaube, für die wäre es überhaupt nicht denkbar, so Strukturen zu haben, die an normale Arbeitssituationen erinnern.*«

IP aus Schwellenländern:

Ein IP, ein Gründer, vertritt selbst das basisdemokratische Modell, leidet jedoch darunter. Er beklagt sich über die ungleiche Verteilung von Arbeit und die mangelnde Disziplin sowie darüber, dass die Kollegen sich nicht an gemeinsam getroffene Vereinbarungen halten. Nichtsdestotrotz lehnt er jedoch eine ›ordnende Hand‹ in Gestalt eines Leiters kategorisch ab: »*Ich denke, dass eine äußerliche oder oben stehende Hand im Gegenteil einen sehr destruktiven Einfluss hätte ... eine interne Hand, eine interne Disziplin würde bessere Kontrollmechanismen im Team bringen.*«

Als Grund seiner Ablehnung nennt er die negativen Erfahrungen mit Hierarchien in der partriarchalischen Kultur seines Landes: »*Ich war immer und bin Hierarchie gegenüber sehr reaktiv ... und ich habe immer Probleme mit den oberen Rängen gehabt. Und wenn ich in den oberen Rängen bin – was vorkommt –, dann ist die Beziehung mit den unteren Rängen für mich sehr problematisch. Ich finde mich in der Rolle nicht zurecht.*«

Ein Supervisor beschreibt die Situation als ein »es wurde so getan als ob«, die vermeintliche Gleichberechtigung aller im Team als einen Mythos: »*Sie haben es sich mit ihrem Anspruch ohne Hierarchie, das machen zu wollen, schwer gemacht. Es stimmte ja nicht, die Hierarchie entstand einfach schon durch deren* (der Gründer, d. V.) *größeres Vorwissen und Ausbildung und dass sie sich schon sehr viel länger kannten ... Aber es wurde so getan, als wären alle gleichberechtigt.*«

## 11.2 Nischenkultur, informelle Leiter, »kleine Könige«

Ein Organisationsberater sieht die Strukturlosigkeit als Ausdruck einer Nischenkultur, die mit Besitzstandswahrung, Privilegien und Freiheiten verbunden ist: »*Die Sorge, etwas zu verlieren von den Vorteilen der vorherigen Struktur, war größer als die Hoffnung und Erwartung, mit einer neuen Struktur etwas zu gewinnen ... ich kann mich so durchwursteln, so gewissen Bequemlichkeiten und Vorteile.*«

Ein IP gibt das ganz offen zu: »*Wir haben ja einen unglaublichen Freiraum. Ich kann sagen, wann ich komme und wann ich gehe ... letztens haben wir im Team gesagt, ›geh nach Hause, du bist nicht belastbar und deine private Situation‹ ... Wo darfst du so was schon machen?*«

Aus der Perspektive eines Leiters über solche Mitarbeiter: »*... die Vergangenheit hat gezeigt, dass diese flache Hierarchie zu Eigenmächtigkeiten geführt hat, die zum Teil nicht tragbar waren. Dass man Dinge machte, die vorher nicht abgesprochen waren. Dass man kommt und geht, so wie es einem passt.*«

Für einen Leiter entspringt das permanente Unterlaufen und Aussitzen von ihm angemahnter Disziplin und Regelhaftigkeit durch informelle Wortführer des Teams deren Machtbedürfnis: »*Es ist das Machtbedürfnis. Ganz einfach, Führungsanspruch, Macht ... Sie fühlen sich in bestimmten Bereichen als Führung und wollen das auch behalten.*«

Ein Supervisor nennt diese Wortführer »kleine Könige«: »*Es gab viele kleine Könige, die ihre eigenen Reiche hatten und auch verteidigten mehr oder weniger geschickt und eloquent und die auch entsprechende Anhänger hatten ... eine ›corporate identity‹, im Sinne von ›wer sind wir überhaupt?‹ konnte so nicht entstehen ... es muss eine Institution geben, die sagt, wenn diese Regel verletzt wird, dann hat es Folgen ... Es hatte keine Konsequenzen. Ich konnte diese Regeln brechen und es hat keine Folgen für mich. Ganz im Gegenteil, ich kann dann meine Autonomie besser fühlen ... Mir kommt das so vor, als wenn das lauter Therapiekünstler wären, die brauchen natürlich einen kreativen Freiraum und die müssen das Tempo, das Timing je nach Fall ganz anders setzen. Und da bin ich auch nicht verpflichtet, jemandem Rechenschaft abzulegen.*«

Ein therapeutischer Leiter über die »kleinen Könige« in seinem Team: »*Wenn man die Produktivität sah, sagte ich mir: ›Warum kann ein Psychologe nicht mehr Klienten pro Woche sehen?‹ Was tat diese Person*

*den Rest der Woche? ... Es ist in diesem Bereich, als ob Mitarbeiter eine
kleine Nische gefunden haben, in der sie das verfolgen können, was sie
interessiert, und die Organisation drum herum ignorieren ... eine Art, sich
zu schützen ... manche sahen das als ihre private Organisation an, in der
sie eine Flexibilität in der Art zu arbeiten haben, die man in keinem öffentlichen oder privaten Arbeitsplatz findet.«*

## 11.3 Mangelnde Professionalität und Qualifikation

Die bisher beschriebenen Phänomene deuten darauf hin, dass einige
der Helfer über keine ausreichende Qualifikation verfügen, um diese
schwierige Arbeit zu bewältigen. Ein gutes Herz, Elan und Idealismus
allein reichen nicht aus und können, wenn zu wenig Raum für Selbstreflexion, externe Supervision und Fremd-Evaluation vorhanden ist, zu
Überengagement, Überidentifikation, Überarbeitung, Verstrickungen
und Grenzüberschreitungen führen. Das soll nicht als Abwertung und
Missachtung der enormen Leistungen missverstanden werden, die in
diesen Einrichtungen erbracht werden. In vielen Einrichtungen, insbesondere in Schwellenländern, sind nicht die erforderlichen Mittel, die
erforderliche Personaldecke und nicht genügend Ausbildungsmöglich-
keiten vorhanden. Der Wille und die Einsicht in die Notwendigkeit, sich
weiter zu qualifizieren, sind da, das spürt man auf jeder internationalen
Konferenz. Nur fehlen die entsprechenden Möglichkeiten.

IP aus westlichen Ländern:

Oft ist es so, dass man Kollegen nicht blamieren oder beschämen will
und es dann eher toleriert, dass sie nicht professionell arbeiten. Das
heikle Thema ist ein Tabu, wird kollektiv im Team im Rahmen einer
Solidarität (wider die eigene Einsicht) abgewehrt und mit Schweige-
gebot belegt.

Ein Leiter: »*Diese letzte harte Konsequenz konnten wir nicht treffen – also ein Commitment im Team mit der Leitung: ›Du, Person X, bist
nicht mehr in der Lage im Moment, diese schwierige Aufgabe als Psychotherapeut, als Helfer durchzuführen, du musst dich behandeln lassen, du
musst vielleicht diese Arbeit niederlegen.*«

Ein Leiter: »*Wenn ich das auch noch anspreche neben vielen anderen
Dingen, da ist es besser, ich kündige ... Ich kann zwar Hinweise geben,
indem ich das so anspreche, dass man nach sich gucken sollte ... und es*

*funktioniert halt nicht. Ich kann mich nicht selbst therapieren. Ich muss eine gute Therapie(ausbildung, d. V.) machen. Und ich denke, die wenigsten haben das gemacht.«*

In einer Einrichtung nahm ein Jurist das Screening aller neu aufzunehmenden Klienten vor. Es stellte sich heraus, dass er nicht in der Lage war, sich genügend abzugrenzen gegen überbordende Ansprüche und Forderungen von Klienten. Von der Leitung darauf angesprochen, dass man nicht allen helfen könne und dafür die finanziellen Ressourcen nicht vorhanden seien, argumentierte er moralisch und schob der Leitung den Schwarzen Peter des Herzlosen zu, der eventuelle Abschiebungen zu verantworten habe.

In einigen Einrichtungen gibt es Leiter, die weder ausreichend therapeutisch noch kaufmännisch qualifiziert sind. Trotzdem tragen sie für alle Bereiche die Verantwortung, bestimmen die Arbeitsschwerpunkte, bestimmen, was die Therapeuten zu tun haben, und vertreten die Einrichtung inhaltlich nach außen.

*»Er kennt die Arbeit nicht, er ist ja auch keine Fachkraft … er hat noch nie einen Klienten gesehen … ich weiß nicht, warum diese absolut unfähige Person eingestellt wurde.«*

Ein neu eingestellter therapeutischer Leiter über fehlende Standards: *»Mir ist sofort bewusst geworden, dass eigentlich ohne Standards gearbeitet wird. Jeder arbeitet so, wie er denkt, dass es gut ist für den Patienten … Dem geht's ja so schlecht, der hat Schlafstörungen … also ist es eine posttraumatische Belastungsstörung … Ich habe dann gesagt ›Augenscheinvalidität‹, ja? Was anderes ist es nicht.«*

*»Er war Arzt, aber er war nicht an diesen fachlichen Dingen interessiert, er hatte nur als Politiker gearbeitet.«*

In den Aufbaujahren der ersten Traumazentren gab es noch so gut wie keine erfahrenen Traumatherapeuten: *»In den Anfängen war es sehr schwierig, Personal zu finden, das Erfahrungen auf diesem Gebiet hatte.«*

Ein Supervisor aus einem Schwellenland: *»Sie leiden, wenn sie keine Ausbildung haben, an ihrer Hilflosigkeit … sie machen natürlich zum Teil auch Fehler … und haben das Gefühl, sie machen's nicht gut. Sie spüren das selbst und haben das Gefühl, woanders könnte ihnen geholfen werden, und das ist natürlich unangenehm.«*

# 12. Paradoxien – Aus Machtmissbrauch verhindern wird Machtmissbrauch

Die Frage, die im Zentrum dieser Untersuchung steht, ist: Wie kann es passieren, dass Menschen, die mit den besten Vorsätzen und Absichten, mit dem hehren Ziel, gefolterten, sexuell missbrauchten, misshandelten, gedemütigten Menschen zu helfen, deren Würde wieder aufzurichten, die Verletzungen von Menschenrechten und Menschenwürde anzuprangern und die Täter zu exponieren – wie kann es passieren, dass gerade diese Menschen selbst zu Peinigern werden, die Kollegen, Vorgesetzte oder Untergebene schikanieren? Dieses Paradox ist von großer Tragweite.

## 12.1 Die basisdemokratische Variante des Paradoxon

*»… die Leute, die in diesem Bereich arbeiten, haben eine besondere Sensibilität zu Machtfragen, und teilweise sind sie auch beschädigt in diesen Machtfragen. Gerade ihr Deutschen seid schon hypersensibel da …* (über einen Kollegen) *… er wollte nicht zum Steigbügelhalter von Mächtigen werden, lieber Empowerment machen im Team …«*

Das Zitat ist von einem IP, der aus einem Land mit einer langen demokratischen Tradition kommt, das nicht mit den unmittelbaren oder Spätfolgen einer Diktatur zu kämpfen hat. Mit seiner Anspielung auf die Deutschen meint er deren Fixierung auf die nationalsozialistische Vergangenheit.

Es kennzeichnet in der Tat alle Einrichtungen, dass die dort Arbeitenden eine besondere Sensibilität zu Machtfragen haben und ein grundsätzliches Misstrauen gegen Macht schlechthin hegen. Das ist nicht verwunderlich und hat auch seine Berechtigung, denn schließlich ist das Thema der Arbeit der Missbrauch von Macht, die Folgen von absoluter Herrschaft von Menschen über Menschen. Der »Anspruch, sich gutzutun« gegen alles von außen Kontrollierende (s. o. Kapitel 11.1 Team-Mythos), entspricht dem von einigen IP geäußerten

Wunsch nach Selbstheilung von den durch Gewalt erfahrenen eigenen Verletzungen.

Es fällt auf, dass das Bestreben von Helfern und Therapeuten in ihren Einrichtungen darauf ausgerichtet ist, einen macht- und repressionsfreien Raum zu schaffen, aus der jeder Anklang an irgendeine Form von Hierarchie getilgt ist. Lenkung wird per se und a priori mit dem Stempel des Despotischen und Destruktiven versehen, Hierarchie wird per se mit Machtmissbrauch assoziiert. *»Ich habe immer wieder erlebt, wenn die Zentrale versucht hat, eine lenkende Hand zu sein, uns zu regulieren, ist hier alles aus den Fugen geraten, ist alles durcheinandergekommen.«*

Die Helfer treibt ein regressiver Wunsch nach einer heilen Welt, aus dem die Schattenseiten der menschlichen Natur verbannt sind. Sie schaffen sich eine Nische, eine Insel als Gegenmodell zu den Abgründen der realen Welt, denen ihre Patienten und möglicherweise auch sie selbst entronnen sind. Der heile, gutartige, schützende Mikrokosmos der Einrichtung soll sie für das eigene Leiden entschädigen und vor einer erneuten traumatischen Exposition bewahren. Auffallend ist eine eigenartige Realitätsferne, eine Berührungsangst mit der bösen Wirklichkeit, ein Mangel an pragmatischem Sinn für das Machbare. Sich auf die reale Welt draußen einzulassen, sich mit Politikern, Behörden, Geldgebern, Medienleuten, gesetzlichen Rahmenbedingungen abzugeben und gezwungenermaßen auch zu arrangieren, gilt als korrumpierend, damit macht man sich die Hände schmutzig.

Dieses Verhalten scheint von der Angst getrieben zu sein, erneut traumatisiert, verletzt zu werden. Es muss alles vermieden werden, was in irgendeiner Weise an das Trauma erinnert, ein Symptom, das charakteristisch ist für Menschen, die an Traumafolgen leiden. Das Sich-Drücken vor der Verantwortung, die Berührungsangst mit jeglicher Form von Macht, sei es formeller Macht in den eigenen Händen, sei es Macht in Gestalt einer Leitung der Einrichtung, speist sich aus dem Wunsch, rein zu bleiben, die eigenen destruktiven Seiten abzuspalten, zu negieren. Denn eine mit Macht verbundene Funktion zu übernehmen könnte bedeuten, dass man eine »Täter«-Rolle einnehmen muss, dass man Kollegen zurechtweisen und disziplinieren muss, falls sie Regeln nicht einhalten. Deshalb delegiert man die »hässliche Arbeit« des Leitens, die keiner machen will, an die unschuldigsten und schwächsten

Mitarbeiter: die jüngsten, die jeder mag und die keinem wehtun werden. Es fällt auf, dass besonders in egalitär strukturierten Einrichtungen schwache Persönlichkeiten auf Leitungsposten gesetzt werden, die konfliktscheu und nicht durchsetzungsfähig sind. Sie bieten eine Garantie dafür, dass die Nische der heilen hierarchiefreien Gegenwelt nicht angetastet wird.

Diese Welt unter dem basisdemokratischen Mythos vom egalitären Team, dieses »wir sind eine große Familie von Gleichgesinnten, vereint und solidarisch im Kampf gegen das Böse« ist ein Vermeidungssystem. Das Destruktive, das in jedem Menschen vorhanden ist, kann jedoch nicht einfach so aus den Seelen und den Räumen verbannt werden. Es bricht sich vielmehr auf paradoxe Weise Bahn allen um die Einrichtung herum aufgetürmten Wehrmauern zum Trotz. Von den Trägern des destruktiven Agierens werden die negativen Begleiterscheinungen der anti-hierarchischen Kultur ausgeblendet und verleugnet. Obwohl die Dysfunktionalität der Struktur- und Regellosigkeit für alle einschließlich ihrer Verteidiger offensichtlich ist, obwohl alle darunter leiden, wird daran festgehalten, weil nicht sein kann, was nicht sein darf.

Es fällt auf, dass die, die am vehementesten den Mythos des egalitären Teams und des despotischen Leiters verbreiten, selbst am stärksten informelle Macht ausüben. Sie projizieren ihre eigenen Machtansprüche auf die »böse« Leitung. Das ist ihnen nicht bewusst, und es steckt auch keine Bösartigkeit dahinter. Sie sind überzeugt davon, das Gute zu tun, der gerechte Anwalt der Opfer zu sein. Sie sind meist selbst Hierarchie-Geschädigte und von ihrer Warte aus haben sie recht. Sie sagen, »wir wollen keine Hierarchie, weil sie zu Machtmissbrauch führt«. Und sie sagen, »wir sind alle gleich«. Jedoch sind sie selbst, als Pioniere, als Ältere, Erfahrene, »gleicher« als die anderen. Sie kaschieren ihre persönlichen, materiellen Interessen, ihr Streben nach Ruhm und Macht hinter scheinbar selbstloser Aufopferung, hinter politischen Argumenten und Forderungen. Sie machen ihren Kollegen das Leben schwer mit ihren Projektionen und Spaltungen, sie erzeugen enorme Spannungen und zermürbende, unlösbare Dauerkonflikte in den Teams. Das heißt, was unter der Fahne der Verhinderung von Machtmissbrauch de facto geschieht, ist der Missbrauch von Macht, ist informelle Macht, die im Dunkeln operiert, nicht greifbar, nicht transparent ist und niemandem Rechenschaft schuldet. Sie ist nicht formal autorisiert, nirgendwo schriftlich fixiert und in ein Regelwerk eingebettet, und sie unterliegt keiner Kontrolle durch unabhängige Organe wie einen Vorstand oder Aufsichtsrat, sie wird nicht transparent gemacht in einer Supervision oder aufgedeckt durch externe Evaluatoren. Deshalb ist bei der informellen Macht der Missbrauch auch viel schwerer zu greifen als bei der formellen Macht, welche in einem rechtsstaatlichen demokratischen System einem weit gefächerten System von Einschränkungen und Kontrollen unterliegt (Vereinsrecht, Gesellschaftsrecht, Arbeitsrecht etc.).

Ein IP, der die Auswirkungen informeller Macht in seiner Einrichtung am eigenen Leib erfahren hat, sei hier noch einmal zitiert. Informelle Seilschaften kürzten sein Gehalt und katapultierten ihn mit vorgeschobenen Begründungen aus einer Leitungsstellung. Was dahinterstand, waren Neid und Eifersucht ob seiner erfolgreichen publikatorischen und forscherischen Tätigkeit: *»Wir haben eine Hierarchie, die aber keine richtige Hierarchie ist. Denn hinter dieser Hierarchie verbergen sich Allianzen … das System ist sehr stark von missbräuchlichen Strukturen geprägt. Es gibt sie, es gibt Tabus, es gibt Geheimnisse und es gibt Allianzen … einige Kollegen aus diesem Bereich empfinde ich als absolut grenzverletzend und absolut Macht missbrauchend.«*

## 12.1.1 Exkurs: Der »Betroffenen-kontrollierte Ansatz« von Berliner Anti-Gewaltprojekten

Es gibt Einrichtungen, die in ihrer Grundphilosophie, ihrer Selbstdarstellung den hierachiefreien Ansatz explizit propagieren und entsprechend begründen. Unter dem Dach des Paritätischen Wohlfahrtsverbandes haben mehrere Berliner Anti-Gewaltprojekte im Jahr 2004 eine Broschüre herausgebracht mit dem Titel (in Originalschriftweise wiedergegeben):

»Betrifft: Professionalität – Betroffenheit + Professionalität – Betrifft: Offenheit + Professionalität – Betroffenheit trifft Professionalität – Betroffenheit + PROFESSIONalität – Betrionalität + ProOffenheit«.

In der Einleitung heißt es u. a.: *»Ziel dieser Broschüre ist es, in der Auseinandersetzung um Qualitätsstandards einerseits und NutzerInnenbeteiligung andererseits Position zu beziehen aus der Perspektive der Betroffenen. Wir denken, dass es an der Zeit ist, aus der langjährigen Er-*

*fahrung unserer drei Projekte Schlussfolgerungen u. a. für die Politik zu ziehen. Wir möchten deshalb unsere Praxis öffentlich machen und so*

- *den Wert betroffenenkontrollierter Projekte deutlich machen ...*
- *üblichen gesellschaftlichen Ausgrenzungsmechanismen entgegenwirken*

*... Unsere Herangehensweise ... ist einzigartig und birgt eine eigene Qualität ... Gewalt ist eine auf Machtstrukturen basierende Handlung, die einen Menschen auf ein Objekt reduziert. Das Definieren des Erlebten als Gewalterfahrung ist der Beginn der Wiederaneignung des Subjekts ...«*

Unter der Überschrift »*Betroffenen-kontrollierter Ansatz*« heißt es:

*»... Für einen Teil unserer NutzerInnen ist es sogar entscheidend, für die Nutzung unserer Angebote zu wissen, dass sie MitarbeiterInnen begegnen, die Ähnliches erlebt haben ... Für die NutzerInnen bzw. ehemaligen NutzerInnen der Projekte besteht die Möglichkeit, irgendwann selbst in dem jeweiligen Projekt mitzuarbeiten und damit zukünftige MitarbeiterInnen und KollegInnen zu werden. Diese grundsätzliche Option der formalen Gleichberechtigung ist Ausdruck einer Haltung, die getragen ist von der perspektivischen Möglichkeit der Aufhebung der Machtverhältnisse.«*

Unter der Überschrift »*Zugang*« heißt es:

*»Es werden als Eingangsvoraussetzungen keine Diagnosen erstellt oder abgefragt.«*

Unter der Überschrift »*Transparente Hierarchien*« heißt es:

*»Vorhandene Hierarchien werden den NutzerInnen transparent gemacht, es werden ihnen weitestgehende Einflussmöglichkeiten eingeräumt. Der Umgang mit den vorhandenen Hierarchien wird ständig reflektiert.«*

Weitere Passagen: *»... Vorgegebene Kategorien und diagnostische Raster geben uns weder sinnvolle noch hilfreiche Informationen über Menschen. Sie sind Festschreibungen durch andere ... Wichtig ist uns, gemeinsam mit den NutzerInnen Strukturen zu entwickeln, in denen sie vorhandene Machtverhältnisse sowie den Rahmen, in dem Begegnung und Begleitung stattfinden, mitbestimmen können.«*

Zum Schluss heißt es unter »*Unsere Forderungen*« u. a.:

- *»Die Anerkennung des bewussten Einbringens eigener Erfahrungen in die professionelle Praxis als Qualität*

■ *Schaffung eines Rahmens zur Anstellung betroffener MitarbeiterInnen ohne vorausgesetzte Berufsausbildung bei entsprechender Kompetenz.«*[66]

Es sei zusammengefasst, was hier propagiert wird:

■ Eine therapeutische bzw. Beratungsarbeit, in der Betroffenheit per se als Qualifikation gilt.

■ Voraussetzung für die Einstellung von Personal kann allein Betroffenheit sein ohne Berufsausbildung.

■ Patienten/Klienten können zu Therapeuten in der Einrichtung werden, in denen sie behandelt worden sind.

■ Damit sollen die Machtverhältnisse in den Einrichtungen perspektivisch aufgehoben werden. Klienten sollen auf die Hierarchie in der Beratungsstelle Einfluss nehmen können.

■ Diagnostische und psychopathologische Kategorien gelten als sinnlos und überflüssig.

Dieses Programm ist eine Anleitung zur Scharlatanerie. Es führt unweigerlich zu den missbräuchlichen Strukturen, wie sie in einigen der untersuchten Einrichtungen dieser Studie anzutreffen sind. Mit der hier konzipierten Vermischung von Ebenen zwischen Therapeut und Klient, der Rollen- und Kompetenzdiffusionen sind Grenzverletzungen vorprogrammiert. Die Autoren nähren die Illusion von einem macht- und hierarchielosen Freiraum in ihren Projekten, den es de facto nirgendwo gibt, wo Menschen miteinander zu tun haben. Man kann sicher sein, dass sich in dem vermeintlichen Freiraum informelle Machtstrukturen, informelle Hierarchien herausbilden, die tabuisiert und deshalb nicht hinterfragbar und kontrollierbar sind. Aus Formulierungen wie *»perspektivistische Möglichkeit der Aufhebung aller Machtverhältnisse«*, *»Unsere Herangehensweise … ist einzigartig und birgt eine eigene Qualität«* sprechen die eigenen Allmachts- und Größenfantasien der Autoren.

Zum Vergleich sei aus der Broschüre »Handlung und Spielräume« von »Selbstlaut«, einem Wiener Verein zur Prävention von sexuellem

---

[66] Wildwasser – Arbeitsgemeinschaft gegen sexuellen Missbrauch an Mädchen, Weglaufhaus »Villa Stöckle« – Verein zum Schutz vor psychiatrischer Gewalt, Tauwetter – Anlaufstelle für Männer, die als Jungen sexueller Gewalt ausgesetzt waren (2004): *Betrifft Professionalität.* Der paritätische Wohlfahrtsverband Berlin.

Kindesmissbrauch, zitiert. Es ist ein Ratgeber für Pädagoginnen und Pädagogen, was sie gegen sexuellen Missbrauch tun können. Die Diktion dieser Broschüre ist praxisorientiert, realistisch in der Zielsetzung, plädiert für eine Strategie der kleinen Schritte und sie spricht auch das Problem von Überengagement, Allmachtsfantasien und Grenzüberschreitung an:

*»Fast jede Person, die von sexueller Ausbeutung eines Kindes erfährt, will zunächst alles auf einmal, alles, was möglich, und alles, was unmöglich ist: das Kind in Sicherheit bringen, den/die Täter/in stellen und möglichst bekehren oder aber dingfest machen (nicht selten am liebsten auch umbringen), die Gesellschaft verändern, die eigenen Arbeitsstrukturen grundlegend umbauen (nicht selten einfach sprengen), allen sagen, wie es wirklich ist, Schreckliches ungeschehen machen und dergleichen mehr. Das ist völlig normal. Meist bleibt ein Ohnmachtsgefühl, weil Täter/in, Gesellschaft und manchmal auch das betroffene Kind in diesem Wollen nicht mitspielen. In dieser Enttäuschung und erlebten Ohnmacht geht häufig das Gefühl für vermeintliche kleine Schritte verloren: Glauben schenken, das Kind ernst nehmen, einen missbrauchsfreien Raum bieten, Tabus als solche enttarnen, die Wahrnehmung stärken. Klingt so wenig, im Vergleich zu Missbrauch beenden, AngreiferInnen hinter Gitter bringen, Verhältnisse sprengen, Gesellschaft verändern. Unsere Erfahrung ist, dass es gerade diese scheinbar kleinen Schritte sind, die real möglich und notwendig sind und für ein betroffenes Mädchen/einen betroffenen Buben riesengroße Schritte bedeuten. Der Wunsch der Helferin/des Helfers, die Welt zu ändern, die Wut auf eine Gesellschaft, die so etwas zulässt bzw. erst ermöglicht, die Verdammungen und Allmachtsfantasien sind aber wichtige Energiequellen eines Handelns gegen sexuelle Gewalt.«*

Zum Thema »Betroffenheit« und Einhaltung von Grenzen heißt es:

*»Tatsache ist allerdings, dass eher Personen hinschauen und eingreifen (können), die selber nicht von Ähnlichem betroffen waren/sind oder die ihre Gewalterfahrung mit Unterstützung gut verarbeiten konnten … Einer engagierten Person zu unterstellen, sie/er sei selber betroffen, dient lediglich dem Wegschieben des Themas. Die eigene vermeintlich heile Welt wird so möglichst aufrechterhalten. Das heißt nicht, dass es manchmal nicht auch komplizierte, kontraproduktive Projektionen eines/r betroffenen Erwachsenen auf ein missbrauchtes Kind gibt und eine zu große Verstrickung. In dem Fall ist es wichtig, darauf zu achten und möglichst von*

*Unterstützerinnen darauf aufmerksam gemacht zu werden, wo bei allem Einsatz, aller Empathie die Grenzen der eigenen Zuständigkeit und Rolle, der eigenen Kraft und Zeitressourcen liegen«*[67].

Diese Schilderung der Risiken bei der Arbeit mit Opfern sexuellen Missbrauchs zeigt sehr anschaulich den Sog, wie aus der Empörung heraus die Bodenhaftung verloren gehen kann, und erinnert an das Feuerwehrspielen, das »ambulance chasing«, das IP als ein Charakteristikum von Traumazentren beschrieben haben (siehe Kapitel 10.2).

## 12.2 Die despotische Variante des Paradoxon

Die Vertreter der basisdemokratischen Variante ziehen ihren Vorteil aus der Strukturlosigkeit, indem sie die in der egalitären Kultur gewährten Freiräume nutzen, wo sie sich als »kleine Könige« in Nischen und Freiräumen außerhalb gesellschaftlicher Normen, außerhalb von Qualitätsstandards einrichten und ihre Illusionen und Träume ausleben können.

Der Typus des narzisstisch-grandiosen Helfers, des »exzessiv-charismatischen Leiters« (siehe Kapitel 5.6) baut um sich eine andere Form von Strukturlosigkeit. Es ist ein eher despotisches System, in dem dieser absolut herrscht, jedoch ebenfalls wie im anderen System keine transparente und rationale Ordnung vorhanden ist. Es ist ein System von Willkür, Unberechenbarkeit, nepotistisch-feudaler Günstlingswirtschaft, einem undurchschaubaren Beziehungsgeflecht von Gründerkreis, Geldgebern und Politik. Die Ebenen von Aufsichtsrat, Leitung und Personal sind vermischt. Unter dem Personal gibt es einen Hofstaat, der dem narzisstischen Leiter ergeben ist. In der Einrichtung schafft dieser Typus ebenfalls eine Umgebung, in der traumatische Inhalte reinszeniert, Dissidenten demontiert und exkommuniziert werden.

Ein Organisationsberater schreibt über solche von narzisstischen Leitern Exkommunizierte: »*... Neulinge werden angezogen durch eine, wie sie glauben, wahrhaft ehrenwerte Aufgabe. Sie kommen an mit großen Hoffnungen, arbeiten sich halbtot für die Sache. Bald dagegen sehen sie sich hineingezogen in eine erneute Auflage der typischen Konflikte. Nach*

---

[67] Selbstlaut (2007): Handlung, Spiel & Räume. Leitfaden für Pädagoginnen und Pädagogen zum präventiven Handeln gegen sexuelle Gewalt an Kindern und Jugendlichen. Erstellt im Auftrag des Bundesministeriums für Unterricht, Kunst und Kultur vom Verein Selbstlaut, Verein zur Prävention von sexuellem Kindesmissbrauch, Wien.

*Eskalation des Konflikts enden sie damit, dass sie sich emotional gebrochen, moralisch verwüstet fühlen und schließlich aus der Organisation hinausgeschmissen werden und in Vergessenheit versinken.«*

Diese Variante des Paradoxon wurde am Beispiel von Organisation B im Kapitel 4.2.1 dargestellt.

**Wie sind die Strukturlosigkeit und das Paradoxon zu erklären, dass in manchen Einrichtungen, die gegen Gewalt kämpfen, ein gewalttätiges Klima herrscht?**

Mitarbeiter von Traumazentren und Menschenrechtsorganisationen versuchen in bester Absicht, ihre Einrichtung als Gegenmodell zu gestalten zur Welt von Willkür und Unterdrückung, der ihre Klienten und sie mitunter auch selbst ausgesetzt waren. Sie möchten einen macht- und repressionsfreien Raum schaffen, denn Leitung, jegliche Form von Hierarchie führt in ihren Augen in die Tyrannei. Der heile Mikrokosmos der Einrichtung, in dem alle gleich und immer nett zueinander sind, soll sie für das eigene Leiden entschädigen und vor erneuten traumatischen Erfahrungen schützen. Die Abwesenheit von Struktur, von autorisierter Leitung und jeglicher Kontrollinstanz erzeugen jedoch ein System von allgemeiner Verantwortungslosigkeit, ein Machtvakuum, aus dem heraus sich naturwüchsig ein Dschungel von informeller Machtausübung bildet, von heimlichen Allianzen. In diesem Dschungel ist so gut wie alles erlaubt. Es gibt keine Instanz, keinen Leiter, der schwächere Mitarbeiter schützt, die von stärkeren drangsaliert werden. Informelle Leiter, »kleine Könige«, bauen sich darin ihre Nischen, in denen sie ihren Privilegien, ihren Eigenmächtigkeiten frönen, ihre Machtbedürfnisse befriedigen und sich Fehden mit Konkurrenten liefern. Diejenigen, die am vehementesten den Mythos vom egalitären Team und vom despotischen Leiter verbreiten, üben selbst am stärksten informelle Macht aus. Sie behaupten, alle sind gleich, jedoch sind einige, vor allem sie selbst, gleicher als die anderen. Hinter dem Nimbus des selbstlosen Vertreters von Teaminteressen kaschieren sie ihre persönlichen Interessen. Diese heimlichen Hierarchien sind mit Tabus belegt und nicht transparent. Unter der Fahne der Verhinderung von Machtmissbrauch geschieht der Missbrauch von Macht, informeller Macht, die im Dunkeln operiert und niemandem Rechenschaft schuldet. Weil sie nicht formal autorisiert, in kein Regelwerk eingebettet und keiner Kontrolle durch unabhängige Organe wie einen Aufsichtsrat/Vorstand unterliegt, ist sie viel weniger greifbar und angreifbar als formelle Macht.

# 13. Persönlichkeitsfaktoren

Einige IP berichten, dass es mit manchen Helfern besonders schwierige Probleme im persönlichen Umgang und deren Arbeitsweise gab. Es handelt sich um Ausnahmen. Sie können jedoch ein ganzes Team, eine ganze Organisation aus dem Gleichgewicht bringen. Die Frage, die sich daher stellt, ist: Gibt es Problempersonen, die sich von dieser Arbeit besonders angezogen fühlen?

Bei der Beschreibung der Phänomene in Traumazentren mit psychopathologischen Kategorien zu arbeiten, ist problematisch. Die Helfer sollen nicht pathologisiert werden, sondern es geht um ein Verstehen, warum sich Helfer unter gegebenen Umständen so und so verhalten. Dennoch benutzen Interviewpartner bei ihren Schilderungen über solche Problempersonen zuweilen psychopathologische Kategorien. So wird neben dem Verhalten, wie es für narzisstische Persönlichkeiten typisch ist, über Verhaltensweisen berichtet, die man unter der Überschrift »Borderline« subsumieren könnte: Abspaltung von Wahrnehmungen, Spaltung säen unter Kollegen, Wechsel zwischen Entwertung und Idealisierung, unkontrollierte Aggression, paranoide Projektionen, paranoide Verkennung der Realität.

## 13.1 Fünf Geschichten

*Die Geschichte von A und B*
Zur Veranschaulichung hier die Chronologie eines Konfliktes zwischen einem formellen und einem »informellen« Leiter:

In einer Einrichtung, die aus einem in den 70er-Jahren gegründeten »linken« Projekt hervorgegangen ist, arbeiten zwei Ärzte, Kollege A und Kollege B. Die Leitungsfunktion ist nicht ausreichend klar definiert. A füllt de facto die Leiterrolle aus, da er viel nach außen hin aktiv ist und wegen seiner Managementfähigkeiten auch für die übergeordneten Instanzen als De-facto-Leiter als Ansprechpartner fungiert. B ist von Ausbildung und Alter dem anderen ebenbürtig. In der ersten Zeit harmonieren sie gut, sie halten zusammen gegen einen gemeinsamen Feind, eine ihnen übergeordnete fachfremde Bürokratie, die in die Einrichtung hineinregiert. Als dieser Feind wegfällt, kommt es zu einem Dauerkonflikt. B sieht sich unausgesprochen ebenfalls als Leiter, er widersetzt sich allen Regeln und beansprucht für sich vollkommene Autonomie.

In den folgenden Abschnitten schildert A den Konflikt aus seiner Sicht:

*»Der Kollege B hatte Probleme mit Konkurrenz. Denn die meiste Aufmerksamkeit richtete sich auf mich. Ich war derjenige, der am meisten publizierte. Wenn das Fernsehen kam, kamen sie immer zu mir, weil ich diesen Ruf hatte.«*

B erhob den Vorwurf, A mache nicht genug Klientenarbeit. *»Er sagte, du bist derjenige, der mit den reichen Wirtschaftsleuten kungelt nur wegen des Geldes, und du schreibst und weißt gar nicht, worüber du schreibst, denn was du tust, ist nicht die eigentliche wirkliche Arbeit.«*

*»B hat ein großes Herz, diese Art von Enthusiasmus und Aktivismus … Wenn wir entschieden haben, nicht vor Gericht zu gehen* (für einen Patienten, d. V.), *ist er derjenige, der vor Gericht geht, er ist derjenige, der sich über Regeln hinwegsetzt. Und er ist auch derjenige, dem wir den Raum geben, die Regeln zu verletzen. Er ist derjenige, auf den man nicht zählen kann, wenn man seine strukturierten Tagesabläufe hat. Aber er ist auch derjenige, der mitten in der Nacht kommt, was ich nicht tun würde … er ist ein Workaholic, er arbeitet auch für X* (eine internationale medizinische Hilfsorganisation, d. V.), *er ist gerade vor ein paar Tagen zurückgekommen aus Land Y. Er ist einer, der überall und nirgends ist.*

*Wenn man ihn braucht, ist er da, wenn man aber auf ihn zählen will in der strukturellen Entwicklung der Einrichtung, dann ist er nie da … Er geht für seine Patienten bis zum Äußersten … Aber gleichzeitig haben wir nicht so viel Zeit. Wir müssen wirklich sehr strukturiert sein, um diese große Patientenzahl zu bewältigen … 45 Minuten ist die Regel für eine therapeutische Sitzung, aber er ist derjenige, der manchmal zwei, drei Stunden mit Leuten verbringt … zur gleichen Zeit sagt er, dass ich nicht genug mache … er will seine Regeln dem Team aufdrängen.«*

Das Zerwürfnis eskaliert, B redet nicht mehr mit A und weigert sich, Rezepte für A's Patienten auszustellen während dessen Abwesenheit. B droht, Anzeige gegen A zu erstatten, als dieser aus der Fallgeschichte eines Patienten von B mit Genehmigung des Patienten in einem Medienbericht in anonymisierter Form etwas zitiert. Versuche einer Aussprache scheitern: »*Wir haben es in drei Intervisionssitzungen versucht zu lösen … B ändert sich nicht, er beharrt auf seinen Positionen, und je länger man darüber spricht in der Intervision, infiziert und paralysiert man den Rest des Teams … und wir haben eine Situation, wo die Mitarbeiter sich zwischen den zwei Ärzten entscheiden müssen, und sie mögen beide. Sie bewundern auch seinen Enthusiasmus und sein Engagement … Es kostete mich viel Energie und schlaflose Nächte … Ich versuche, nicht in schlechter Weise mit anderen Leuten darüber zu sprechen. Ich sage nicht, ›er macht mir Stress‹, nein, ich sage, ›er ist ein sehr engagierter Kollege, ein bisschen kauzig, aber er hat das Herz auf dem rechten Fleck‹ … aber er verbreitet über mich: dass ich der Bösewicht Nr. 1 bin.*«

In einer Teamsitzung in dieser Einrichtung war deutlich die Spannung zu spüren, wie der Konflikt zwischen diesen beiden Alphatieren die Mitarbeiter belastet, in Loyalitätskonflikte stürzt und ein offenes, angstfreies Arbeitsklima unmöglich macht.

In einem Zweitinterview zwei Jahre nach dem Erstinterview berichtet Kollege A über den Fortgang des Konfliktes hinsichtlich B's Drohung mit der Anzeige: »*Der Vorstand der Einrichtung lehnte es ab, die von B verlangte Richtigstellung in die Presse zu bringen. Daraufhin wurde dieser sehr wütend und begann innerhalb des Teams und außerhalb alle möglichen Gerüchte über meine Professionalität und meine Kompetenz zu verbreiten … Er schuf eine Atmosphäre, dass alle Mitarbeiter schlecht seien und er der einzig Gute sei, der die nötige Passion und Kompetenz in dieser Arbeit verkörpere und das Richtige tue … er zog sich zurück, war sehr bitter und isolierte sich.*« Da er sich konsequent weigerte, mit allen Mitarbeitern vereinbarte Regeln im Umgang mit Behörden und Presse einzuhalten, wurde sein Vertrag schließlich gekündigt. Einige Zeit später erschien er im Vorfeld einer öffentlichen Veranstaltung in der Einrichtung und drohte dem Vorstand, er werde bei der angekündigten Pressekonferenz »*die Wahrheit über die Einrichtung*« enthüllen. Daraufhin erteilte ihm der Vorstand Hausverbot. Rückblickend aus der Distanz zu den Geschehnissen meint Kollege A: »*Es war ein klarer Fall von Gegenübertragung Typ II* (nach Wilson und Lindy, d. V.), *wo der Helfer sich zu sehr in ein Problem verstrickt, keine Distanz mehr hat und sich im Leid des Patienten verliert im narzisstischen Glauben, dass er ihn retten könne*

*… er war nicht in der Lage, das Geschehen aus der Helikopter-Perspektive zu betrachten … es war etwas Tiefgehendes, das ihn unfähig machte, sich selbst zu korrigieren.«* Nach seinem Weggang kam es einmal zu einer Fast-Wiederbegegnung: *»Ich hörte seine Stimme draußen im Gang, und meine spontane Reaktion war: ich möchte ihn nicht sehen … Ich fand ihn Furcht einflößend, einschüchternd. Er verwirrte mich, denn er kann auch sehr freundlich zu dir sein und dich im nächsten Moment zerstören … Es ist eine Borderline-Dynamik.«*

*Die Geschichte von C*
Eine neue Einrichtung wird mit viel Elan aufgebaut. Von den Gründern wird ein Leiter eingestellt, C, der von den Bewerbungsunterlagen her qualifiziert ist, gute Referenzen hat und bereits auf dem Gebiet Trauma viele Erfahrungen in einer anderen Einrichtung gesammelt hat. Nach einiger Zeit stellt sich heraus, dass C erhebliche psychische Probleme hat und weder in der Lage ist, mit den Mitarbeitern noch mit den Patienten adäquat umzugehen. Die morgendliche Dienstbesprechung leitet er so, als sei er allein im Raum. Abgesehen von den Dienstbesprechungen verschanzt er sich in seinem Dienstzimmer, macht alles im Alleingang und spricht sich nicht mit den Kollegen ab. Die Kollegen erleben ihn als extrem misstrauisch, fast paranoid, zeitweise wirke er schwer depressiv. Zwischendurch gebe es auch Phasen, in denen er freundlich, zugewandt und einfühlsam wirke. Nach außen mache er dagegen einen durchaus souveränen und professionellen Eindruck, er reise, halte Vorträge auf Kongressen, publiziere und werde in der Fachwelt geschätzt. Die internen Probleme dagegen eskalieren, Mitarbeiter beschweren sich, dass eine Zusammenarbeit mit C, Absprachen über Therapiepläne, über Patienten, über den Umgang mit Kooperationspartnern und Behörden unmöglich seien. Patienten weigern sich, sich von ihm weiter behandeln zu lassen, Mitarbeiter weigern sich, Patienten an ihn zu überweisen. Grund dafür sei, dass er die Patienten ausufernd und intrusiv bis in die kleinsten Details über das Foltergeschehen ausfrage. Mehrere Mitarbeiter hätten bereits die Einrichtung verlassen, weil sie mit dem Leiter nicht zurechtkämen. Der Vorstand kann sich nicht dazu durchringen, sich von C zu trennen, auch nachdem dieser mehrfach psychisch dekompensiert und über längere Perioden ausgefallen ist. C scheint von der Einrichtung und der Arbeit mit schwer traumatisierten Patienten ab-

hängig zu sein, scheint sie zur Kompensation seiner eigenen Bedürftigkeit zu brauchen. Er hat offenbar so gut wie kein Privatleben, verbringt
Abende und Wochenenden in der Einrichtung. Die Einrichtung und
die Klienten sind für ihn so etwas wie ein Familienersatz. Einen Er-
holungsurlaub, der eigentlich dazu dienen soll, Abstand zur Arbeit zu
gewinnen und sich zu regenerieren, verbringt er in einem von einem
Bürgerkrieg zerrütteten Land mit der erklärten Absicht, dort Überlebende zu treffen.

### Die Geschichte von D

Eine Einrichtung stellt einen neuen Abteilungsleiter ein, D, der ein aus-
gewiesener Trauma-Experte ist. Seinen Bewerbungsunterlagen nach zu
urteilen, ist er eine Spitzenkraft. Er hat alle Titel, die man in seinem
Beruf erwerben kann, und er hat eine verantwortungsvolle Position in
einem großen Berufsverband. Das erste halbe Jahr scheint alles gut zu
laufen. D ist sehr eloquent, er referiert auf Kongressen, er reist viel und
baut in kurzer Zeit ein großes Kommunikationsnetz zu Kollegen in
anderen Einrichtungen auf und entwirft eine große Anzahl von neuen
Projekten. Er ist kommunikativ und beeindruckt seine Partner durch
sein Fachwissen. Allmählich jedoch merken seine Mitarbeiter, dass D
nicht in der Lage ist, die entworfenen Projekte auch umzusetzen. Es
stellt sich heraus, dass er vollkommen chaotisch und unstrukturiert ist.
Er bringt alles durcheinander, hält sich an keine Absprachen, schiebt
vereinbarte Abgabetermine für Papiere und Publikationen endlos hinaus bzw. gibt sie nie ab. Als er von seinem Vorgesetzten damit konfrontiert wird, wird er ausfallend und gibt anderen die Schuld. Seine Unter-
gebenen behandelt D sehr schlecht, er wird von ihnen gefürchtet.
Schließlich verlangt ein Kooperationspartner, mit dem zusammen er
ein großes Projekt auf die Beine stellen soll, seine Ablösung, da andern-
falls das Projekt zu scheitern drohe. Als sein Vorgesetzter ihm diese Ablösung mitteilt, dekompensiert er und spricht von Suizid. Er wird von
seiner Abteilungsleiterfunktion entbunden und mit kleineren Aufgaben
betraut, in denen er weniger Schaden anrichten kann. Daraufhin setzt
er in einer Art halb bewusstem Racheakt einen Arbeitsraum in Brand
und gefährdet Mitarbeiter. Teile der Einrichtung sind über einen langen
Zeitraum wie gelähmt, das o. g. Projekt, an dem viele andere Partner
beteiligt sind, scheitert fast und kann nur durch ein eilig zusammen-

gestelltes Notfallteam von außen noch halbwegs gerettet werden. Schließlich wird ihm gekündigt. Nach seinem Ausscheiden kaschiert er dies gegenüber der Außenwelt und zeichnet in seiner Korrespondenz nach wie vor als Abteilungsleiter der Einrichtung.

*Die Geschichte von E*

Ein erfahrener Fachmann, E, wird für eine Krankheitsvertretung eingestellt. Er verfügt über eine abgeschlossene psychotherapeutische Ausbildung, hat die besten Referenzen, und man kennt ihn seit Jahren aus Arbeitszusammenhängen als einen soliden und persönlich gefestigten Kollegen. Die Zusammenarbeit mit ihm gestaltet sich über einen längeren Zeitraum problemlos. E, der früher selbst politisch verfolgt war, nimmt viele Patienten aus einer spezifischen Opfergruppe zur Behandlung auf. Er engagiert sich sehr für diese Gruppe auch in der Öffentlichkeit. Er geht zu Veranstaltungen, die von Organisationen, die sich dieser Gruppe annehmen, organisiert sind. In der Einrichtung selbst hält er einen bewegenden Vortrag über diese Gruppe. Dabei wirft der den Kollegen vor, dass diese Opfergruppe zu wenig Beachtung finde in der Einrichtung. Er arbeitet über seine Kräfte und fällt wegen eines allgemeinen Erschöpfungszustandes krankheitsbedingt längere Zeit aus. Als Konsequenz aus diesem Erlebnis beschließt er, die Einrichtung zu verlassen und sich beruflich neu zu orientieren. Seine Beschäftigung war ohnehin als Vertretung für einen kranken Kollegen befristet. Dieser Kollege kehrt zum Termin X wieder an seine Arbeitsstelle zurück, und es trifft sich, dass E zum gleichen Termin ausscheiden will. Er unterzeichnet eine entsprechende Vereinbarung mit dem Arbeitgeber. Er bemüht sich fortan, weniger zu arbeiten und mehr Abstand zu seinen Patienten zu halten, was ihm nur teilweise gelingt. Er engagiert sich weiter sehr stark für diese spezifische Opfergruppe und überschreitet dabei Grenzen. So lässt er sich auf private Hilfsaktionen ein, die über das Mandat der Einrichtung hinausgehen.

Plötzlich kurz vor Ablaufen seines befristeten Vertrages fordert er vom Arbeitgeber eine Weiterbeschäftigung, da er seine Patienten nicht im vorgegebenen Zeitraum an Kollegen übergeben könne und sein Ausscheiden zu Beziehungsabbrüchen führe, welche die Patienten gefährden. Der Arbeitgeber hat jedoch seinen Stellenplan längst anderweitig belegt auf Grundlage der vereinbarten Befristung des Vertrages mit E.

Er sieht keine Möglichkeit, E weiterzubeschäftigen, zumal dieser selbst die Beendigung gewünscht hatte. E münzt diese Vertragsbeendigung nun in seitenlangen offenen Briefen an Kollegen und Arbeitgeber in einen Rausschmiss seitens des Arbeitgebers um. Er begründet die Forderung nach seiner Weiterbeschäftigung damit, dass seine Patienten ihn weiter als Bezugsperson brauchen. Dabei argumentiert er moralisch, es seien »arme Menschen«, die »sich verständlicherweise heftig an die wenigen Helfer klammern«. Alle mit dieser Opfergruppe befassten Helfer als auch die Opfer selbst würden es als »schweren Schlag empfinden«, wenn er ausfiele. Er stilisiert den Arbeitgeber in seinen Briefen als Bösewicht, der per »Macht und Intrige« agiere und ihn »wegrationalisieren« und wie »einen lästigen Hund verjagen« wolle. Versteckt droht er, dass sein Weggang »der Anfang vom Ende« der Einrichtung werden könne. Gegenüber einem Kollegen, der zu vermitteln versucht, räumt E allerdings ein, er habe sich »eine Zeit lang zu stark identifiziert und zeitweise die professionelle Distanz verloren«.

Als der Arbeitgeber auf der bestehenden Vertragslage beharrt, inszeniert E einen Aufstand unter den Mitarbeitern der Einrichtung, es werden Protestbriefe unterzeichnet. In einem Brief zieht E eine Parallele zu seiner eigenen politischen Verfolgungsgeschichte, das Verhalten des Arbeitgebers erinnere ihn »fatal an die Maßnahmen«, mit denen ihn der Geheimdienst seinerzeit drangsaliert habe. Einige seiner Patienten, die der Organisation dieser Opfergruppe, in der E zeitweise mitarbeitete, angehören, schreiben einen offenen Brief an den Arbeitgeber, in dem sie die Weiterbeschäftigung von E fordern. Auf diese offensichtliche Instrumentalisierung seiner Patienten in einem Arbeitskonflikt angesprochen, beteuert E, dieser Brief sei ohne sein Zutun geschrieben worden.

Die leitenden Personen, die E, eingestellt haben, sind konsterniert und erschrocken über die schwer zu verstehende Verwandlung von E. Statt eines bislang souveränen und ausgeglichenen Kollegen steht ihnen ein völlig veränderter, aggressiver und fanatisierter Mensch gegenüber.

### Die Geschichte von F

Es handelt sich um den bereits in Kapitel 9.1 kurz erwähnten Fall eines Helfers, der einen Kollegen beschuldigt, für den Geheimdienst eines Verfolgerstaates zu arbeiten. Die Beschuldigung löst schwere Erschütterung aus, das Team spaltet sich, und die Einrichtung droht auseinanderzubrechen. Der verdächtigte Kollege, der selbst aus diesem Staat geflohen und Familienangehörige unter dem Regime verloren hat, ist außer sich. Er verlässt die Einrichtung unter Protest, einige folgen ihm nach. F, dem Urheber der Anschuldigung, wird schließlich gekündigt, da er sich nicht glaubhaft und ernsthaft darum bemüht, die Verdächtigung zurückzunehmen und sich bei dem Betreffenden zu entschuldigen.

Nach Ausspruch der Kündigung kommt F der Aufforderung der Leitung, seine Patienten an einen Kollegen zu übergeben, nicht nach, sondern bestellt diese weiter ein zu Terminen nach seinem Ausscheiden, so als sei nichts geschehen. Er bereitet sie nicht auf seinen Weggang vor, im Gegenteil, er zieht sie in die Auseinandersetzung hinein. Besonders gravierend ist der Fall eines schwer gestörten und verletzlichen jungen Patienten. Seine Mutter schreibt einen Brief, in dem sie heftig gegen die Entlassung von F protestiert. F klagt gegen seine Kündigung vor dem Arbeitsgericht.

Von Anbeginn seiner Arbeit in der Einrichtung hat F sich mehrfach öffentlich auch in den Medien als Betroffener, als Folteropfer geoutet und sich aufgrund dessen eine besondere Qualifikation zugeschrieben. Im jetzigen Konflikt bezeichnet er die Leitung und einen Teil der Kollegen als Folterer und sich als das Opfer. Er lässt verbreiten, falls die Leitung mit seiner Kündigung durchkomme, bedeute das, dass die »Folterer einen späten Sieg erringen« würden. In gleicher Weise denunziert er die Leitung und Teile der Mitarbeiter bei einflussreichen Persönlichkeiten aus dem Unterstützerkreis. Zu einigen Kollegen in der Einrichtung hält er nach seinem Ausscheiden weiter engen Kontakt. Diese kommen mitunter völlig verstört zur Arbeit, fangen plötzlich zu weinen an und berichten von nächtlichen Anrufen von F, in denen er Drohungen gegen die Einrichtung äußere wie »daran werdet ihr kaputtgehen, die Einrichtung wird explodieren«. Ein Kollege berichtet, er sitze im »Kampfanzug« zu Hause und schmiede Rachepläne.

Auf Grund juristischer Formfehler seitens des Arbeitgebers wird die Kündigung vom Arbeitsgericht schließlich aufgehoben. Versuche, angesichts des zerrütteten Vertrauensverhältnisses einen außergerichtlichen Vergleich und Zahlung einer Abfindung mit ihm auszuhandeln, scheitern. F besteht auf seiner Wiederbeschäftigung.

Nach seiner Rückkehr vergräbt sich F in seinem Dienstzimmer und meidet die Kommunikation mit Kollegen. Bei den Fall- und Mitarbeiterbesprechungen sitzt er wie ein Phantom schweigend mit versteinerter, finsterer Miene dabei und protokolliert alles Gesagte. Sein Verhalten hat etwas Einschüchterndes, es ist, als sei er selbst nun der Geheimagent, der Spitzel, der die Einrichtung ausspioniert. Die Leitung erteilt ihm die Auflage, keine seiner früheren Patienten zu behandeln, da sie inzwischen ein Vertrauensverhältnis mit anderen Therapeuten der Einrichtung aufgebaut haben. Er hält sich jedoch nicht an diese Auflage. Es stellt sich heraus, dass er ohne Wissen der Therapeuten nach wie vor privat Kontakt zu dem schwer gestörten jungen Patienten und dessen Mutter hält. Darauf angesprochen, sagt er, er möge den Patienten einfach, außerdem sei die Therapie durch die anderen Mitarbeiter festgefahren. Seine Einmischung sorgt für erhebliche Verwirrung bei dem Patienten und beeinträchtigt die Arbeit seiner Therapeuten. F äußert wiederholt seine Überzeugung, dass er aufgrund seiner eigenen Foltererfahrung schlechthin der einzige Experte für die Behandlung von Folteropfern sei. Das steht jedoch im Widerspruch zu der Tatsache, dass er über keinerlei abgeschlossene psychotherapeutische Ausbildung verfügt und dies offenbar auch nicht für notwendig erachtet. In einer Publikation bezeichnet er die psychotherapeutische Ausbildung als »gekaufte charakterliche und menschliche Reife«, die »kein Garant für die seelische Tiefe und Transparenz im Charakter und der Persönlichkeit eines Psychotherapeuten« sei. Die Leitung verlangt von ihm, dass er eine psychotherapeutische Ausbildung mit einem hohen Selbsterfahrungsanteil beginne. Er geht zum Schein darauf ein, unterläuft diese Auflage jedoch.

Alle Gespräche mit der Leitung protokolliert er. Unablässig verlangt er Einsicht in seine Personalakte. Unter Mitarbeitern streut er den Verdacht, dass die Leitung seine Akte manipuliert und wichtige Schriftstücke entfernt habe, was erneut Misstrauen sät und Spaltungstendenzen fördert. Kollegen sprechen von zwei Gesichtern, die F zeige. Einmal sei er überaus freundlich, fast untertänig. Wenn man ihn mit seinem Agieren, seinen Verdächtigungen konfrontiere, leugne er alles ab. Wenn er es niemand anderem in die Schuhe schieben könne, nehme er alles zurück und stelle sich als Opfer dar und breche in Tränen aus. Dann empfinde man Mitleid mit ihm und bemühe sich um eine versöhnliche

Regelung aller Probleme. Kurze Zeit später komme jedoch sein nächster Angriff aus dem Hinterhalt. In diesem Wechselbad der Gefühle beginne man, an seiner eigenen Wahrnehmung zu zweifeln und wisse nicht mehr, mit wem man es zu tun habe.

Wenn er seine Patienten vorstellt, spult er die Verläufe mechanisch ab ohne jegliche Andeutung emotionaler Beteiligung oder möglicher Probleme in der Therapie. Er trägt seinen Bericht vor wie eine Zahlenbilanz, wie viele Sitzungen von wie vielen Minuten, welches Thema in Sitzung 1–3, welches in Sitzung 4–7 besprochen worden sei und was der Patient gelernt habe. Seine Beschreibung der psychischen Vorgänge und der Person des Patienten hat etwas Entfremdetes, Technisches, so als würde es um das Funktionieren eines Apparates gehen. F vermittelt den Eindruck, als liefe alles zur vollsten Zufriedenheit und als habe er alles im Griff. Fragen oder Hinweise von Kollegen, dass da oder dort vielleicht doch ein ungelöstes Problem vorhanden sei, dem er nachgehen solle, begegnet er entweder mit störrischer Abwehr oder unterwürfiger Bereitschaft, der Anregung zu folgen. Seinen Therapieprotokollen ist zu entnehmen, dass er für die Stunden vorher bestimmte Themen festlegt wie in einer Schulstunde. Ein häufiges Thema sind die Folterer, ihre Techniken und Motive. »Auftrag des Folterers – was ist das?« oder »Umkehr des Auftrags des Folterers« lauten die Überschriften.

Ein Dolmetscher weigert sich, mit F weiter zusammenzuarbeiten, da er den Patienten gegenüber unsensible Äußerungen mache, die ihm, dem Dolmetscher, peinlich seien zu übersetzen. So habe F einem Patienten, der darunter leide, jahrelang militärischem Drill ausgesetzt gewesen zu sein, gesagt, solcher Drill sei doch gut, der würde einen abhärten und widerstandsfähig machen. Es fällt auf, dass F Behandlungen in die Länge zieht und viele Patienten von sich aus die Behandlung abbrechen. Bei den Fallvorstellungen hat man den Eindruck, dass er entweder die Patienten zu sehr an sich bindet oder sie entwertet und abzustoßen versucht. In einer Fallbesprechung hält man ihn dazu an, bei einem Patienten nur eine begrenzte Zahl von stützenden Kontakten vorzunehmen und keine tiefer gehende Beziehung einzugehen, da dieser keine Aussicht auf Asyl habe, keine längerfristige Behandlung benötige und eher anwaltliche Hilfe brauche. Daraufhin unterstellt F den Kollegen, dass sie die Abschiebung des Patienten in Kauf nehmen. Der Patient stehe ihm sehr nahe und er könne ihn jetzt nicht einfach »abstoßen«. Er feilscht förmlich um jede zusätzliche Therapiestunde.

F überzieht die Einrichtung wiederholt mit Klagen wegen kleinlicher Beanstandungen in Gehalts- und Urlaubsangelegenheiten, sodass ihm die Leitung wiederholt im Gerichtssaal gegenübersteht. Als ihm sämtliche Mitarbeiter einschließlich des Betriebsrates nahelegen, wegen völliger Zerrüttung des Vertrauensverhältnisses zu gehen, und auch ein Vertreter des Hauptförderers an sein Verantwortungsgefühl für den Betriebsfrieden und den Bestand der Einrichtung appelliert, verlässt er die Einrichtung schließlich von sich aus.

## 13.2 Spaltung – Zwei Gesichter

Bei allen fünf geschilderten Personen fallen die zwei Gesichter auf. Alle wurden in einem ordentlichen Bewerbungsverfahren von einem Gremium erfahrener Fachleute ausgesucht. Sie hatten gute Zeugnisse, gute Referenzen und machten bei den Vorstellungsgesprächen einen guten Eindruck.

Sie sind offenbar von der Arbeit in einem Traumazentrum abhängig, es ist ihr zentraler Lebensinhalt. Es scheint, als brauchten sie die Patienten für ihr inneres Gleichgewicht, zur Kompensation ihrer eigenen Bedürftigkeit. Andere Personen hätten sich im Falle von schwerwiegenden Differenzen und Zerwürfnissen mit Kollegen und Vorgesetzten längst anderweitig orientiert. Diese dagegen setzen Himmel und Erde in Bewegung, um in der Institution zu bleiben. Sie erleben einen Weggang als existenzielle Bedrohung, als Vernichtung ihrer Person, als eine furchtbare Kränkung. Dazu gehören ihre Überidentifikation mit den Patienten, ihre Verstrickung mit deren Schicksal und die Größenfantasie, dass sie die einzig Berufenen seien, die den Klienten helfen können. Das geht so weit, dass sie an Patienten kleben, sie quasi als Geiseln nehmen in arbeitsrechtlichen Konflikten. Offenbar haben sie keine Einsicht darüber, dass Letzteres eine schwerwiegende Grenzverletzung ist.

Auffallend auch ihre Projektionen von Täter- und Opfer-Rollen auf Kollegen und die Einrichtung. Indem E seinen Arbeitgeber mit dem ihn einst drangsalierenden Geheimdienst gleichsetzt, stilisiert er sich zum Opfer und den Arbeitgeber zum Täter. Mit der Drohung, sein Weggang würde das Ende der Einrichtung nach sich ziehen, macht er sich zum

Täter. Gleichermaßen droht B dem Arbeitgeber, er werde die Einrichtung in der Öffentlichkeit kompromittieren, droht F, die Einrichtung werde kaputtgehen und explodieren. Wenn F verbreitet, seine Kündigung käme einem späten Sieg der Folterer gleich, macht er seinen Arbeitgeber zum Täter und sich zum Opfer. Wenn F einen Kollegen der Geheimdiensttätigkeit bezichtigt, ist er Täter und der Kollege sein Opfer. Wenn er in den Mitarbeiterbesprechungen schweigend dabeisitzt und alles Gesagte protokolliert wie ein Spitzel, ist er Täter und seine Kollegen sind seine Opfer. Gegenüber seinen Patienten ist F in der Täterrolle, wenn er ihr Leiden am militärischen Drill verharmlost oder wenn er die Motive und Techniken der Folterer zum Hauptthema von Therapiesitzungen macht. Dagegen schlüpft F in die Mitleid erheischende Opferrolle, wenn Kollegen ihn mit seinem destruktiven Agieren konfrontieren.

Schwer integrierbar für das Gegenüber ist das Oszillieren dieser Personen zwischen gegensätzlichen Affekten, zwischen Aggression und Unterwerfung, zwischen Überanpassung und Verweigerung, zwischen Freundlichkeit, Zugewandtheit und dem Hinter-dem-Rücken-Agieren, andere Anschwärzen. Ihr Verhalten wirkt einschüchternd und beängstigend, desorientierend und verwirrend. Die zwei Gesichter existieren nebeneinander in einer Person. Die Widersprüchlichkeit und die zerstörerischen Auswirkungen ihres Verhaltens sind ihnen nicht bewusst. Sie sind kaum introspektionsfähig und nicht in der Lage, ihr Verhalten und ihre Beziehung zu ihrer Umwelt, insbesondere zu ihren Patienten, von der Metaebene aus einer Distanz reflektierend und selbstkritisch zu betrachten.

Vom Besessen- und Fasziniertsein vom Schrecklichen, dem intrusiven Abfragen solcher Details in den therapeutischen Sitzungen, wie C und F es praktizieren, war schon die Rede in Kapiteln 9.4 und 9.8. Ein IP, der über längere Zeit sehr eng mit einem solchen Kollegen zusammengearbeitet hat, sieht darin eine Form von Angstabwehr. »*Ich glaube, es ist ein Weg, seine Angst und Unsicherheit zu bewältigen … Er kontrolliert seine Angst, indem er sie auf andere Personen und seine Umgebung überträgt … es ist seine Art, seine innere Angst im Zaum zu halten. Ich bin sicher, dass er sehr viel Angst hat. (Die Obsession, d. V.) ist eine Coping-Strategie, es ist besser, als nicht zu überleben … es ist eine Überlebensstrategie … mit diesem System hat seine Einrichtung jahrelang überlebt.*«

Ein IP, der diese Vorgänge als Supervisor und Berater einer Einrichtung eher von außen betrachtete: »*Das ist eine Situation der Ausweglosigkeit ... Da gibt es bloß noch drei Wege. Das eine ist die Depression, das andere ist sozusagen in die Aggressivität hinabzugleiten, der dritte Weg in die Psychopathologie, die Abspaltung ... das sind nun alles keine besonders glücklichen Wege.*«

Ein IP, ein Pionier und Leiter, beschreibt sich selbst, wie er während der Pionierphase offensiv nach außen ging und Vorträge hielt über Menschenrechtsverletzungen und die an den Klienten verübten Grausamkeiten. Schließlich rutschte er im Zuge von internen Konflikten in eine Depression ab, er konnte nicht mehr offensiv auftreten und es verschlug ihm schlichtweg die Sprache. »*Ich war auf dem Höhepunkt dieser depressiven Krise ... plötzlich habe ich einfach den Faden verloren ... ich kann nicht mehr immer über dieses Zeug schwätzen, ich will einfach schweigen ... ich komme mir vor wie ein Hausierer, der diese Scheiße ständig erzählt, aller Welt ... das war ein Wendepunkt.*«

Der depressive Ausweg aus der Hilflosigkeit scheint weniger schädlich für andere zu sein als das Abgleiten in die Aggressivität und die Abspaltung. Der IP, dem es die Sprache verschlug, zog schließlich die Konsequenz, eine Organisationsberatung zu engagieren, die eine grundlegende Strukturreform mit einer spürbaren Verbesserung des Arbeitsklimas zur Folge hatte, und er zog sich aus der Leitung zurück. Diejenigen, die den Weg der Aggressivität und Abspaltung gingen, erwiesen sich im Allgemeinen als introspektions- und reformunfähig, sie klebten an ihren Positionen mit sehr belastenden Konsequenzen für Kollegen, Klienten und die Einrichtung.

Man fragt sich im Nachhinein, wie derart strukturierte Personen den Weg gerade in solche Traumazentren finden. Die Gründe sind vielschichtig. Zum einen können sie sich nach außen hin sehr gut präsentieren und ihre Probleme über längere Zeit kaschieren. Bei manchen kamen die Probleme erst nach Ablauf der Probezeit zum Vorschein. Bei manchen entstanden sie erst über die Konfrontation mit den Inhalten der Arbeit und den Klienten (E).

Ein weiterer Faktor ist die Außenseiterposition der meisten Traumazentren. Es sind Einrichtungen am äußersten Rand der Gesellschaft mit einer Klientel, die man in der Welt der Normalbürger gemeinhin nur mit spitzen Fingern anfasst. Das lässt sich an den Reaktionen ablesen, die dort Beschäftigte erfahren, wenn sie nach außen kommunizieren, wo sie arbeiten. Wenn man sagt, man arbeite in einem Zentrum für Opfer von sexueller Gewalt oder von Folter, erntet man meist eine seltsame Mischung aus Erschrecken, Abwehr, Faszination und Bewunderung. Man findet sich in der Ecke des Skurrilen, Gefährlichen, der dunklen Seite der menschlichen Natur wieder, um die Normalmenschen einen großen Bogen machen. Jan Philipp Reemtsma schreibt über die Reaktion der Umwelt auf den Traumatisierten: »*Tatsächlich können die anderen mit seiner Erfahrung nichts oder wenigstens kaum etwas anfangen, sie ist zu ungefüge, meist ist sie unkommunikabel, sie stört, sie bringt das Gespräch zum Erliegen. Sie rührt an zu viele Ängste, darum meiden manche Menschen Traumatisierte, als wären sie ansteckend. Eine Umwelt, die den Traumatisierten von sich stößt, handelt in gewissem Sinne instinktiv richtig. Er gehört nicht mehr ganz dazu, man hat nichts von ihm, er erweist sich mit ziemlicher Sicherheit als schwierig*«[68]. Ein IP schildert ein ähnliches Gefühl der Entfremdung von den »anderen«: »*Im ersten Jahr habe ich viel erzählt, wenn ich irgendwo eingeladen war, … dann ist es gekippt … Im zweiten, dritten Jahr habe ich dann fast nichts mehr erzählt … und keiner hat mich mehr gefragt … plötzlich war das so wie weg, meine Freunde, meine Frau, die genau wussten, was ich mache, es war nie mehr ein Thema … Ich wollte, ich konnte nicht mehr über dieses Zeug sprechen … das muss ich eher allein aushalten, weil es ist ›The Unbearable and the Undiscussible‹ … diese ewigen Gespräche, die wir hatten, ich habe das als hohles Geschwätz empfunden.*«

Man fragt sich also, wer will schon auf diesem Gebiet arbeiten? Man muss in der Tat eine gewisse Affinität zu dieser Welt haben, sonst könnte man diese Arbeit nicht tun. Man ist Teil einer Gemeinschaft von Outlaws. Man kann sich dem kaum entziehen und man wird unter seinen Kollegen selbst bei den besten Auswahlverfahren, unter Berücksichtigung höchster professioneller Standards immer wieder auf solche Problempersonen treffen in mehr oder minder starker Ausprägung. Und man wird dieses Verhalten auch bei sich selbst entdecken. Es entsteht für jeden in diesem Arbeitsfeld ein Sog zu einem solchen Verhalten, gegen den selbst der erfahrene und gut ausgebildete Helfer nicht gefeit ist,

---

[68] Reemtsma, J. P.: Noch einmal: Wiederholungszwang. Mittelweg 36, Heft 15, 7. Jahrgang, Oktober/November 1998, S. 18–32.

siehe das Beispiel von E. Man muss davon ausgehen, dass E durch die Konfrontation mit den traumatisierten Patienten einem derartigen Identifikationsdruck ausgesetzt war, dass alle bei ihm vorhanden erlernten Sicherheitszäune gegen eine zu starke Verstrickung mit Patienten, gegen den Verlust von professioneller Distanz eingerissen sind.

Ein befragter Supervisor glaubt in Traumazentren eine generelle »Borderline-Struktur« zu erkennen, die mit den Arbeitsinhalten zu tun habe. »… *ich muss eine Spannung aushalten, die entsteht durch diese extreme Position von Opfer und Täter … Es gibt einen starken Identifikationsdruck mit den Opfern, ich kann dem gar nicht entgehen …*« Wenn dann ein Kollege oder ein Behördenvertreter sich nicht in gleicher Weise mit den Opfern identifiziere, dann werde er schnell zum Täter gemacht. »… *Das ist ganz schwer, wenn man keine Selbsterfahrung, keine Vorbildung hat im Sinne der Selbsterfahrung, diese Spannung zu ertragen, die muss dann irgendwohin. Und natürlich ist dann der plötzlich mein Feind, der sich mit der Gegenseite im Gespräch identifiziert …*« Das Traumazentrum »*hat eine Tendenz zur Borderline-Struktur …, wo es den ganz archaischen Abwehrmechanismus der Spaltung gibt … diese absolute Trennung in Gut und Böse. Da gibt es keine Integration und nichts, was da zusammenführen kann … dass ich einen Menschen von seinen verschiedenen Seiten sehen kann … Ich kann einen Menschen lieben und sagen, da hat er seine Schwächen. Diese Integrationsleistung ist kaum möglich …*«

Johan Lansen beschreibt diese Dynamik in seiner Analyse des Übertragungsgeschehens zwischen Therapeut und Folterüberlebendem. Bei der Folter würden Urbilder aus der sehr frühen Kindheit wiederbelebt. Es sei eine Wiederholung grausamer Erfahrungen in einer Zeit, als die Unterscheidung zwischen Selbst und Außenwelt noch nicht möglich war. Die Wiederholung sei eine Rückkehr zu einer Ebene geringer Differenzierung der kognitiven Schemata. In der Zelle belebten sich Kastrationsängste, Gefühle totaler Wert- und Machtlosigkeit, wie man sie z. B. aus Behandlungen von Borderline-Patienten kennt. Die Opfer lernten wieder zu denken, zu fühlen und die Welt einzuordnen auf einer ganz primitiven Ebene, in einfachen Gegensätzen wie »Verfolger – Opfer«, »schlecht – gut«, »stark – schwach« etc. Der Therapeut könne in diese Muster hineingesogen werden und so den Erfahrungen aus der Folterzelle ausgesetzt sein. Es könne ein Verfolgungsverhalten in der Therapie entstehen. Therapeut als auch Klient könnten Verfolgerrollen einnehmen, es könnten Muster von Machtlosigkeit, Schuld und Vorwürfen entstehen. Die Rollen könnten wechseln, der Therapeut einmal als »gut und weise«, zum anderen auch als »ganz schlecht und bösartig« gesehen werden[69].

**Es fühlen sich von der Arbeit im Traumasektor Menschen mit bestimmten Persönlichkeitsmerkmalen und Verhaltensweisen angezogen:**

- Einrichtung und Patienten dienen der Kompensation eigener Bedürftigkeit
- Überidentifikation und Verstrickung mit den Patienten
- Grenzüberschreitung, Verlust der professionellen Distanz
- Patienten werden in Konflikte mit Kollegen und Arbeitgeber hineingezogen
- Größen- und Retterfantasien
- Obsessive Beschäftigung mit Gewaltthemen, intrusives Ausfragen von Klienten
- Projektionen von Täter- bzw. Opfer-Rolle auf Kollegen und Einrichtung
- Das Nebeneinander von gegensätzlichen Affekten, Freundlichkeit – Anschwärzen, Aggression – Unterwerfung
- Unvermögen, eigenes Handeln zu reflektieren und von einer Metaebene aus zu betrachten.

Für jeden entsteht in diesem Arbeitsfeld ein Sog zu solchen Verhaltensweisen, gegen den selbst der erfahrene und gut ausgebildete Helfer nicht gefeit ist. Er hat mit dem starken Identifikationsdruck mit den Opfern zu tun, mit der Spannung durch die extreme Position von Opfer und Täter. Traumazentren haben eine Tendenz zur »Borderline-Struktur« mit der absoluten Trennung in Gut und Böse, dem archaischen Abwehrmechanismus der Spaltung, wo eine Integrationsleistung schwer möglich ist. In der Übertragung zwischen Therapeut

▶

---

[69]   Lansen, J. (1996): Was tut »es« mit uns? In: Graessner, S., Gurris, N., Pross, C.: Folter – an der Seite der Überlebenden. Unterstützung und Therapien. Verlag C. H. Beck, München 1996, S. 253 – 270.

und Folteropfer werden Urbilder aus der sehr frühen Kindheit wiederbelebt, Gefühle totaler Wert- und Machtlosigkeit. Der Therapeut kann in diese Muster hineingezogen werden und so den Erfahrungen in der Folterzelle ausgesetzt sein. Patient und Therapeut können wechselseitig in die Verfolger- und Opferrolle geraten.

# 14. Raum geben für die Bearbeitung des Destruktiven

Die Zustandsbeschreibungen aus den verschiedenen Traumazentren, die Strukturmängel, das Fehlen von Leitung, der Mangel an Regeln und Organisation der Arbeitsabläufe legen den Schluss nahe, dass durch eine bessere Struktur eine Eindämmung und Verringerung der destruktiven Dynamik möglich wäre. Das ist auf den ersten Blick richtig. Jedoch bricht sich auch in Einrichtungen, die den Transformationsprozess von der Pionierphase zur Professionalisierung hinter sich haben, das Destruktive und Chaotische erneut und immer wieder Bahn.

Ein Supervisor meint, der Ruf nach mehr Struktur sei eine Abwehr des Sichbeschäftigens mit den destruktiven Inhalten aus der Lebenswelt der Klienten. Vielmehr müsse man der Entfaltung des Destruktiven und Chaotischen einen Raum geben, in dem es bearbeitet werden könne.

*»Und ich denke, die Idee, mehr Struktur zu haben, ist eine Idee, die aus der Abwehr kommt, weil dann diese dynamischen Prozesse, die sich hier noch entfalten konnten, die werden eingeschränkt – und zwar durch Grenzen, die gesetzt sind, durch Klarheit der Aufgaben – gleichwohl bin ich aber der Meinung, … wenn man mehr Struktur in solche Organisationen bringt, wo ist dann der Raum, wo das Platz hat, was sich hier sozusagen in der Vergangenheit auch destruktiv teilweise entfaltet hat? Deswegen finde ich schon wichtig, dass es eine Team-Supervision geben muss … wo stärker auf solche unbewussten Prozesse geachtet werden kann und wo ein Entfaltungsraum für jedes Team angeboten werden kann, wo das Platz hat … Allerdings muss natürlich dann auch die Bereitschaft und das Vertrauen da sein, diese doch sehr verletzlichen Teile von einem Selbst zu zeigen … das Strukturierte und das Unstrukturierte sozusagen zusammenkommen, irgendwie sich sinnvoll ergänzen.«*

Ein ausländischer Helfer wirft einem einheimischen Kollegen vor, er führe sich ihm gegenüber auf wie ein Rassist. Der Leiter, der eine unkontrollierbare Eskalation befürchtet, schreitet ein und fordert Ersteren auf, diesen Vorwurf zurückzunehmen. Ein Supervisor sagt zu dem

225

Vorfall: »*Wie kommt der überhaupt auf die Idee, was hat das mit der Arbeit zu tun, was da zwischen den beiden plötzlich mit diesen Vokabeln aufbricht? Das kann auch eine Distanz schaffen zu solchen Prozessen, nicht nur die Regel: ›das darf man nicht sagen, da ist die Grenze!‹, sondern dass ein Verstehen sich dafür entwickelt, wir sind alle in der Gefahr, dass dynamische Prozesse, die sich im Rahmen von Gewalt und Identifikationsprozessen ereignen, dass die in uns stattfinden und dass wir die kontrollieren müssen. Und das ist ein Moment der Kontrolle, aber auch eine Erfahrung, dass ich schon die Grenze überschreite, da bin ich schon über die Grenze weg. Und das kann auch die Achtsamkeit erhöhen. Wenn das Selbstverständnis da ist, wir sind nicht anders, in uns passieren dieselben Prozesse wie in Foltersituationen ... ich finde die Frage von Identität und einen Reflektionsraum darüber zu haben, was wir eigentlich für eine Art von Arbeit machen, wer wir sind, wie geht's dem andern. Davon Kenntnis zu nehmen, auch, sozusagen das Gefühl zu haben, nicht nur in mir laufen solche merkwürdigen Prozesse ab, das ist einfach unsere Arbeit, das sozusagen in der Gruppe austauschen zu können, wahrnehmen zu können ... dann kann sich auch eine Identität bilden jenseits des Narzissmus, sozusagen von der Besonderheit dieser Aufgabe, die eine besondere Fürsorge füreinander zum Beispiel bedeutet, und das, denke ich, kann nur in der Gruppe letztlich passieren. Das erhöht aber die Effektivität der Arbeit.*«

Eine externe fachkundige Beobachterin meint, ein Traumazentrum müsse eine gewisse Toleranz für Chaos haben. Die psychische Zersplitterung, Depersonalisierung, Dissoziation, Derealisierung werde unbewusst stets auch in den psychischen Haushalt des Helfers verlegt. Diese stellvertretende Traumatisierung sei teilweise und vorübergehend wohl unvermeidbar, um eine Einfühlung herzustellen in die Zerstörtheit des anderen. Die Quelle von aggressivem, spalterischem, intrigantem Agieren innerhalb der Einrichtung und mit den Menschen darin könnte hierin liegen. Es brauche deshalb immer wieder einen Beobachter/ Supervisor von außen, und es brauche eine Toleranz in der Einrichtung dafür, dass das strukturelle Chaos einfach dazugehört und immer da sein wird als repräsentative Außenstelle des traumatischen Geschehens. Das Böse solle immer irgendwohin verbannt werden – aber irgendwo treibe es dann sein destruktives Unwesen weiter. Es gelinge nicht, das Böse wirklich nach außen zu verschieben und es dadurch loszuwerden, Die Strukturen der Institution und die Menschen darin würden immer gefährdet sein, mal mehr, mal weniger, je nach der Persönlichkeit der Stelleninhaber. Es gehöre dann zur Plastizität eines Traumazentrums, dass es sich chaotisieren lassen kann, ohne dass das ganze Projekt zusammenbricht[70].

---

[70]  Brief von Ann Kathrin Scheerer an den Autor vom 24.6.05.

## 15. Der Drahtseilakt zwischen Nähe und Distanz – Ohne Leidenschaft verliert die Einrichtung ihre Seele

Wegen des hohen Identifikationsdrucks ist es sehr schwierig, im Umgang mit Traumapatienten und Opfern von Menschenrechtsverletzungen das richtige Verhältnis zwischen empathischer Nähe zum Klienten und professioneller Distanz zu finden. Hat man zu viel vom Ersten, riskiert man die Überschreitung der eigenen Grenzen und der des Klienten. Hat man zu viel vom Zweiten, riskiert man das Abgleiten in Gleichgültigkeit und Abstumpfung.

Ein IP und Leiter, der von der Überidentifikation und Co-Abhängigkeit der Helfer sprach, meint dazu: »25 % Co-Abhängigkeit braucht man für so einen Job ... einen gewissen Schuss Idealismus braucht man schon, aber die Fähigkeit zur Distanzierung muss auch da sein.«

Der Mitarbeiter einer Menschenrechtsorganisation drückt es so aus: »Wir haben alle etwas Don-Quichottisches, wir sind alle ein bisschen verrückt ... wir reagieren sehr emotional auf Grausamkeiten und Menschenrechtsverletzungen, und wir identifizieren uns stark mit den Opfern ... und um das Feuer am Brennen zu halten, muss man ihm Nahrung geben, die Arbeit entfacht das Feuer sowieso ...«

Das Hin-und-her-Pendeln zwischen der Begeisterung der Aufbauphase, dem »honeymoon,« und der Realität des Alltags, zwischen Identifizierung und Distanzierung schildern zwei IP: »Ich bin ein Neuling in dieser Einrichtung und ich spürte diese Honeymoon-Kultur hier, obwohl es eine ziemlich alte Institution ist. Es war, wie in ein warmes Bad zu steigen, es war wundervoll (lacht). Aber jetzt sehe ich, dass es seine Risiken hat, denn wir tendieren dazu, Grenzen zu überschreiten.« – »Manchmal habe ich das Gefühl, wir pendeln andauernd zwischen dem honeymoon und dem Kriegsgebiet, weil wir in einem Kriegsgebiet arbeiten.«

Ein IP, Leiter einer wissenschaftlichen Einrichtung, die sich mit

Menschenrechtsfragen auf der juristisch-politischen Ebene befasst, sieht in der Menschenrechtsszene ähnliche Phänomene der Überidentifikation, von Verschwörungstheorien und Freund-Feind-Denken, wie sie hier beschrieben werden. Er nennt sie »Bekenntniskultur«. Ein Fundament der Menschenrechtsarbeit sei die juristische Ebene. Das Recht schaffe Distanz und Abstand zum Inhalt. Allein die Sprache des Rechts, die Semantik habe etwas Versachlichendes. Es solle ja verhindert werden, dass allein emotional gehandelt wird, z. B. Rache geübt wird. Es sollen alle Seiten gehört werden, auch der Verbrecher, der Schuldige. Das schaffe eine Ebene jenseits des Bekenntnisses. Allerdings reiche es nicht, sich allein auf der juristischen, fachlichen und wissenschaftlichen Ebene zu bewegen, das würde zu Technokratie und Bürokratisierung führen. Es müsse in der Menschenrechtsarbeit eine ständige dialektische Bewegung zwischen den Polen Bekenntnis, emotionale Betroffenheit und Engagement einerseits und Distanz und Professionalität andererseits geben.

Von der Gefahr der Bürokratisierung spricht ein IP aus einer Menschenrechtsorganisation: »... *von Anfang an habe ich ziemlich starke Abwehrmechanismen entwickelt, die mich haben fokussieren lassen auf die Organisation, die täglich anfallenden Aufgaben, Memos schreiben, Förderanträge stellen und die Ziele der Organisation voranbringen. Und meine Befürchtung nach einigen Jahren war, dass ein solcher Menschenrechts-Bürokrat aus mir werden würde, dass ich die ursprünglichen Ziele vergesse. Ich hatte Kollegen, die meine Befürchtung teilten, mich inspirierten und sagten, ›du musst wirklich aufpassen, dass du nicht abstumpfst bei dieser Arbeit!‹ Sie sagten, dass man aufhören solle, wenn man kein Mitleid, keine Empathie oder keine Gefühle mehr empfinde in diesem Kampf. Auf der anderen Seite würdest du einen Nervenzusammenbruch erleiden, wenn du dich in jedes Einzelschicksal vertiefen würdest. Seit 20 Jahren sehe ich mich diesen Drahtseilakt vollziehen.*«

Ein IP aus einem Schwellenland spricht von der Gefahr des Verlustes an Empathie, wenn man zu sehr von der professionellen Position aus agiert: »*Wenn man zu professionell wird, dann spürt man, dass man nicht helfen kann. Insbesondere in unserer Kultur ist es sehr schwierig, fast unmöglich. Es muss einen offenen Bereich geben zwischen dem Patienten und dir selbst. Er muss dich beeinflussen können. Wenn du zu professionell wirst, verlierst du das Subjekt ... Wenn du keinen intensiven persönlichen*

*Kontakt zum Patienten herstellen kannst, dann erreichst du nichts, dann kannst du nichts geben.*«

Die aus den Ergebnissen dieser Studie abgeleitete Notwendigkeit von mehr Struktur und die Unausweichlichkeit der Transformation von einer Pioniereinrichtung zu einem professionell geführten arbeitsteiligen Unternehmen soll nicht heißen, dass alle Elemente aus der Pionierzeit entsorgt werden sollen. Die »25 % Co-Abhängigkeit«, der »Schuss Idealismus«, das »Don-Quichottische«, »ein bisschen Verrückte«, d. h. etwas von der Leidenschaft, der Begeisterung und den Visionen der Aufbauzeit, sollen erhalten bleiben, sonst verliert die Einrichtung ihre »Seele« und läuft Gefahr, zu einem rein technokratischen Reparaturbetrieb zu werden. In einigen Einrichtungen haben im Zuge der Reform Technokraten die Führung übernommen, die für diese Seele kein Gespür und keinen Sinn hatten und alles Bisherige über Bord werfen wollten, womit sie letztendlich auch gescheitert sind. Eine solche Gefahr sehe ich auch in der Trivialisierung und Kommerzialisierung des Traumabegriffs und dem rasanten Wachstum der Psychotraumatologie als neuem Fachgebiet. Das betrifft auch die uferlose Anwendung der Diagnose »Posttraumatische Belastungsstörung« (englisch: Post Traumatic Stress Disorder, PTSD) auf alle möglichen Störungen, die nicht traumatischer Natur sind, was von zahlreichen Autoren kritisiert wird[71].

---

[71] Summerfield, D.: Das Hilfsbusiness mit dem Trauma. In: Medico International (Hg.): Schnelle Eingreiftruppe ›Seele‹ – Auf dem Weg in die therapeutische Weltgesellschaft. Frankfurt a. M. 1997, S. 9 – 24.

Ders. (2001): The invention of post-traumatic stress disorder and the social usefulness of a psychiatric category. British Medical Journal 322, 95 – 98; Becker, D.: Die Erfindung des Traumas – Verflochtene Geschichten. Edition Freitag, S. 184 ff., 188 ff.; siehe auch: Pross, C. (2005): Fingierte posttraumatische Belastungsstörungen – ein Beitrag zur Debatte über »false memory«. Zeitschrift für Psychotraumatologie und Psychologische Medizin 3, 75 – 87.

**Struktur kann nicht alle Probleme lösen. Ein gewisses Chaos, Leidenschaft, Idealismus, Verrücktheit und Don-Quichotterie liegen in der Natur der Sache**

Ein Traumazentrum muss eine gewisse Toleranz für die destruktive Dynamik aufbringen, für die psychische Zersplitterung, Depersonalisierung, Dissoziation, Derealisierung, die unbewusst stets auch in den psychischen Haushalt des Helfers verlegt werden. Es ist unvermeidbar, um eine Einfühlung herzustellen in die Zerstörtheit des anderen. Worauf es ankommt, ist, sie in einem geschützten Raum von Supervision und Intervision reflektieren und bearbeiten zu können.

Etwas von der Begeisterung und den Visionen der Pionierphase soll erhalten bleiben, sonst verliert die Einrichtung ihre Seele und läuft Gefahr, zu einem technokratischen Reparaturbetrieb zu werden. Es muss in dieser Arbeit eine ständige dialektische Bewegung zwischen den Polen emotionale Betroffenheit und Engagement einerseits und Distanz und Professionalität andererseits geben.

# 16. Das Konstrukt Burnout und stellvertretende Traumatisierung

Als Symptome von Burnout gelten: Apathie, Gefühle der Hoffnungslosigkeit, schnelle Ermüdbarkeit, Desillusionierung, Schwermütigkeit, Vergesslichkeit, Reizbarkeit, das Erleben der Arbeit als eine bleischwere Last[72], eine entfremdete, unpersönliche, nicht fürsorgliche und zynische Haltung zu Klienten, eine Neigung zu Selbstanklagen, verbunden mit einem Gefühl des Scheiterns[73]. McCann und Pearlman haben bei Therapeuten, die mit Opfern sexueller Gewalt arbeiten, Phänomene beobachtet, die über das, was gemeinhin als Burnout firmiert, hinausgehen und sie als »vicarious traumatization« (deutsch: stellvertretende Traumatisierung) bezeichnen. Sie identifizieren fünf grundlegende psychologische Bedürfnisse beim Menschen: Sicherheit, Abhängigkeit/Vertrauen, Macht, Wertschätzung und Intimität. Ein Trauma kann diese Grundlagen zerstören und den Glauben in die persönliche Unverletzlichkeit, das positive Selbstbild von sich, den Glauben an eine gutartige, Sinn gebende und geordnete Welt und den Glauben daran, dass die Menschen vertrauenswürdig sind, schwer erschüttern. So berichteten Therapeuten, dass sie Bilder und Gedanken verfolgen, wie ihre nächsten Angehörigen in einem Autounfall umkommen (Sicherheit); oder dass sie von brutalen Vergeltungsfantasien besessen sind, wie sie ihre Familie gegen einen kriminellen Gewalttäter verteidigen (Macht); oder dass sie sich von ihrem familiären und sozialen Umfeld zunehmend getrennt und isoliert fühlen wie Gezeichnete, die man besser meidet.

---

[72] Lansen, J. (1996): Was tut »es« mit uns? In: Graessner, S., Gurris, N. & Pross C. (Hrsg.): Folter – An der Seite der Überlebenden. Unterstützung und Therapien (S. 253 – 270). München: C. H. Beck.

[73] Maslach, C. & Jackson, S. E. (1981): The measurement of experienced burnout. Journal of Occupational Behaviour, 2, 99 – 113; Fineman & Maslach, zit. Hawkins, P. & Shohet, R. (2000): Supervision in the helping professions: an individual, group and organizational approach. Buckingham: Open University Press.

Das Trennende hängt zusammen mit dem Unvorstellbaren, das einem die Patienten anvertrauen, das der Schweigepflicht unterliegt und das der Therapeut mit niemand anderem teilen kann (Intimität). Sie postulieren, dass die quälenden überschwemmenden Erinnerungen der Patienten, ihre Albträume, Ängste, ihre Verzweiflung und ihr Misstrauen ansteckend auf die Therapeuten wirken. Therapeuten sollten sich mit ihren eigenen sadistischen Vergeltungswünschen konfrontieren, mit ihren Gefühlen von Wut, Kummer, Schrecken, Ohnmacht und Verletzlichkeit[74]. Sie meinen, dass das Trauma der Patienten ansteckend auf den Therapeuten wirke, der Patient sei somit die Ursache der Störung des Therapeuten. Figley bezeichnet diese Phänomene als »compassion fatigue« (deutsch: Mitgefühlserschöpfung) oder »secondary traumatic stress« (sekundärer traumatischer Stress). Sie seien eine »natürliche, vorhersehbare, behandelbare und verhinderbare, unerwünschte Folge der Arbeit mit leidenden Menschen.« Er meint, dass allein das Hören von einem traumatischen Ereignis einen Menschen traumatisieren kann, ohne dass dieser selbst einem traumatischen Ereignis ausgesetzt war[75]. Bemerkenswert ist, dass Figley von einer »behandelbaren« Folge spricht, womit er implizit sagt, dass es sich um eine Erkrankung handelt.

## 16.1 Neuere Studien zum Thema Sekundärtraumatisierung

Eine der gründlichsten und interessantesten neueren Studien zum Thema stammt von Norbert Gurris. Sie ist in vollem Umfang bislang leider nur als schwer zugängliche Dissertation erschienen. Eine Zusammenfassung wurde im Journal of Traumatic Stress publiziert. Die Studie sei deshalb hier ausführlich wiedergegeben. Gurris hat ein Kollektiv von 100 Therapeuten aus 23 Behandlungseinrichtungen für Folteropfer aus Deutschland, Österreich und der Schweiz per Fragebögen mit anony-

---

[74] McCann, L., Pearlman, L. A. (1990): Vicarious Traumatization: A Framework for Understanding the Psychological Effects of Working with Victims. Journal of Traumatic Stress, 3, 1, 131 – 149; Lansen, a. a. O.

[75] Figley, C. F. (ed.) (1995): Compassion Fatigue, Coping with secondary traumatic stress disorder in those who treat the traumatized. New York, Brunner & Mazel.

mem Rücklauf befragt[76]. In seinen einleitenden Überlegungen schildert er die äußeren Belastungen dieser Einrichtungen insbesondere durch den permanenten Kampf mit Asylbehörden. Das Damoklesschwert einer drohenden Abschiebung werde von manchen Patienten als eine »Fortsetzung der Folter mit anderen Mitteln« erlebt. Dies zwinge die Therapeuten in ein moralisches Bündnis mit dem Patienten und erschwere die für den therapeutischen Prozess notwendige Rückkehr zu einer professionell flexiblen und empathischen Distanz. Die therapeutische Arbeitsbeziehung beginne damit, ein Teil des Systems des politischen und exekutiven Umgangs mit Asylbewerbern zu werden, womit Therapeuten in ihrer Integrität massiv angegriffen würden. Auf der Strecke blieben die notwendigen psychoedukativen Aufklärungen über Therapiemöglichkeiten und die sorgfältige Planung bzw. Gestaltung der Therapie unter Einbeziehung der Patienten. Stattdessen erscheine die Arbeit wie eine endlose Notfallpsychologie. Der Kampf um die Existenz der Patienten und der Einrichtung könne mehr und mehr die traumabewältigende Therapie ersetzen und es entstehe die Gefahr, dass Erfolge im Asylverfahren die kaum noch zu erreichenden therapeutischen Erfolge ersetzen und zum Maßstab in Behandlungseinrichtungen werden. Therapie werde mithin durch Kampf ersetzt. Informelle Berichte aus Behandlungszentren wiesen darauf hin, dass in wenigen Einzelfällen Therapeuten mit unverarbeiteten eigenen Traumatisierungen oder »mitgebrachten« Persönlichkeitsstörungen auffällig werden und Patienten wie Teams belasten[77]. Seine Ausgangshypothesen hat Gurris aus einer Befragung von 13 Supervisoren, die insgesamt 14 europäische Behandlungseinrichtungen supervidiert haben, entwickelt. Die Supervisoren sahen deutliche Zeichen von stellvertretender Traumatisierung/Compassion Fatigue sowie Burnout bei den Therapeuten. Die wahrgenommenen Symptome erfüllten die Hauptkriterien der PTSD (Hilflosigkeit, Entsetzen, Wiedererleben, Vermeidung, Hyperarousal/Erstarrung) und da-

---

[76] Gurris, N. (2005): Stellvertretende Traumatisierung und Behandlungseffizienz in der therapeutischen Arbeit mit traumatisierten Flüchtlingen. Unveröffentlichte Med. Biol. Diss. Universität Ulm; gekürzte Fassung in: McKenzie Deighton R., Gurris, N.,Traue, H.: Factors Affecting Burnout and Compassion Fatigue in Psychotherapists Treating Torture Survivors: Is the Therapist's Attitude to Working Through Trauma Relevant? Journal of Traumatic Stress, Vol. 20, No. 1, February 2007, pp. 63–75.

[77] Gurris, ebd., S. 69–72.

rüber hinaus auch einige Kriterien des Complex PTSD (Affektmodu-
lation, Somatisierung, dissoziative Symptome) sowie Symptome einer
Depression. Weiterhin beobachteten sie, dass in den einzeltherapeuti-
schen Prozessen von Therapeuten sekundär miterlebte traumatische
Inhalte in hohem Maße »ansteckend« wirkten und sich epidemisch in
Teams ausbreiteten. Die unsichere Aufenthaltssituation der Patienten
stellte für die Therapeuten eine hohe Belastung dar. Ferner beobachteten
sie Konkurrenz und Konflikte vor dem Hintergrund unterschiedlicher
Therapiemethoden, und sie hatten Zweifel an der therapeutischen Qua-
lifikation vieler Therapeuten. Eine Mehrheit der Supervisoren sah ein
Vermeidungsverhalten der Therapeuten in Bezug auf das fokussierende
Durcharbeiten des Traumas der Patienten mit der Tendenz zur Ver-
schiebung in Richtung Fürsorge und Unterstützung im Asylverfahren[78].

Die Daten aus den an die Therapeuten verschickten Fragebögen
wurden quantitativ ausgewertet[79]. 29 % der befragten Therapeuten
gaben eigene Traumaerfahrungen an. Es wurde nicht aufgeklärt, ob und
in welchem Umfang diese Therapeuten ihre Belastungen aufgearbeitet
haben. Etwa ein Drittel (rund 32 %) der Befragten gab an, über keinerlei
abgeschlossene Therapieausbildung zu verfügen. Von den Psychologen
als am stärksten vertretene Berufsgruppe hatten nur 21 % keine Ausbildung, von den Ärzten dagegen rund 56 %. An Belastungen zeigten die
Therapeuten ein hohes Risiko für Compassion Fatigue mit etwa 37 %
und für Burnout mit rund 36 %. Überraschend viele Therapeuten empfanden geringe Compassion Satisfaction (rund 52 %). D. h., dass die
Therapeuten in hohem Maße stellvertretend traumatisiert waren mit
Symptomen aus dem Spektrum der PTSD. Etwa die Hälfte der Therapeuten berichtete von Ohnmachtsgefühlen, Hilflosigkeit, Wut und Ärger, etwa ein Drittel von Reizbarkeit, Unruhe, Erregung, Hypervigilanz,
Resignation und Vermeidung. Gut 17 % berichten von Albträumen. Bezüglich Symptomen eines Complex PTSD berichten 21 % von Somati-
sierungsstörungen und 23 % von Risikoverhalten. Ähnlich häufig wurden Gefühle, in der Arbeit missbraucht zu werden, genannt sowie

---

[78]  Gurris, ebd., S. 93 – 95.

[79]  Zum Fragenkatalog gehörten das Berlin-Ulmer Traumatherapeuten-Inventar, der
      Maslach Burnout Inventory (MBI-D) sowie der Professional Quality of Life (ProQOL
      R-III), eine verkürzte Version Compassion Satisfaction und Fatigue Tests von Figley
      (1999).

Angstsymptome, Rastlosigkeit und Selbstvorwürfe. 17% berichteten über Symptome einer Depression. Als wichtigste Quelle der stellvertretenden Traumatisierung bzw. Compassion Fatigue und/oder Burnout wurden die unsichere Aufenthaltssituation der Patienten sowie von den Teams bzw. Leitungspersonen ausgehende Belastungen identifiziert. Im deutlichen Zusammenhang zu stellvertretender Traumatisierung und Burnout steht die Angst von Therapeuten vor dem Durcharbeiten des Traumas mit folgender Vermeidung. An Gründen für diese Angst wurden genannt die Sorge, mit dem Durcharbeiten könnten sich die Symptome der Patienten verstärken und sie könnten Schaden erleiden, ferner die Einschätzung, die Patienten seien intellektuell nicht in der Lage oder nicht reif, das Durcharbeiten zu bestehen. Besonders von stellvertretender Traumatisierung und Burnout betroffen war die Gruppe der »unglücklich erfolglosen« Therapeuten, die das Durcharbeiten des Traumas der Klienten für sinnvoll und notwendig hielten, aber gleichzeitig kaum Erfolge zu berichten hatten. Diese reagierten besonders anfällig auf Teamkonflikte. Daneben zeigte die Gruppe der Therapeuten, die das Trauma erfolgreich mit den Patienten durchgearbeitet hatten, ein geringeres Risiko für Burnout und stellvertretende Traumatisierung, vermutlich aufgrund einer höheren Arbeitszufriedenheit. Eine weitere Gruppe, die das Durcharbeiten nicht für sinnvoll hielt und sich stattdessen mehr mit Aufenthaltssicherung und sozialer Stütze befasste, zeigte sich weniger vulnerabel. Die Therapeuten vermieden, meint Gurris, das Durcharbeiten der traumatischen Erfahrungen aus fachlichen Gründen und aufgrund von Konflikten im Team und Angst vor seelischen Verletzungen mit der Folge, dass die Behandlungseffizienz bei den Therapeuten stark beeinträchtigt sei. Denn das Durcharbeiten finde aufgrund von Verstrickungen im Asylverfahren häufig nicht statt. Dass die mangelnde therapeutische Qualifikation verantwortlich sei für stellvertretende Traumatisierung und Burnout, lasse sich aus den Zahlen nicht bestätigen. Allerdings weise der relativ hohe Anteil von Mitarbeitern ohne abgeschlossene therapeutische Ausbildung darauf hin, dass therapeutische Kompetenzdefizite doch eine Rolle spielen könnten.

Im Vergleich zum Grad von Compassion Fatigue und Burnout von anderen helfenden Berufen aus anderen Studien ergaben sich für die Therapeuten von Folterüberlebenden ungünstigere Werte in allen Skalen.

Die Belastungen der Therapeuten speisen sich somit laut Gurris aus vier Quellen:

- aus den extremen Traumaerfahrungen der Patienten
- aus der traumatisierenden Aufenthaltssituation der Patienten
- aus Team-, Leitungs- und Trägerkonflikten und
- aus geringen Erfolgen in der Traumabearbeitung mit den Patienten[80].

Annemarie Smith et al. vom Centrum 45 in den Niederlanden fanden in einer Untersuchung über 129 Traumatherapeuten einen hohen Grad an emotionalem Stress, korrelierend mit Angst-Scores und Schwere von PTSD-Symptomen der Patienten. Burnout hingegen hatte eher mit institutionellen, organisatorischen Faktoren als mit klientenbezogenen Faktoren zu tun. Die Autoren sehen wenig Hinweise dafür, dass arbeitsbedingter Stress zu Sekundärtraumatisierung und zu stellvertretender Traumatisierung führt. Sie schließen daraus, dass Präventivmaßnahmen mehr darauf zielen sollten, Angst in schwierigen Situationen zu reduzieren, die Unterstützung von Behandlerteams zu verbessern und Aufgaben und Veranwortlichkeiten klarer zu definieren. »*Fokussierte Aufmerksamkeit bezüglich des Wohlergehens der Mitarbeiter und das Regulieren emotionaler Belastungen von Traumatherapeuten ist notwendig, insbesondere was den Umgang mit Angst auslösenden Situationen mit Patienten betrifft. Weiterentwicklung von Professionalität und Wissenszuwachs in Bezug auf die PTSD-Symptomatik und den Umgang damit im Kontakt mit Patienten können hierbei hilfreich sein, ebenso wie Training im Umgang mit Aggressionen. Ein unterstützendes Team, in dem die Mitglieder einander respektieren, in dem Eindeutigkeit bezüglich Aufgaben und Veranwortlichkeit herrscht und in dem Raum für das Erfahren und Besprechen eigener Erfahrungen in belastenden Situationen besteht, kann sich protektiv auswirken*«[81]. In einer Vergleichsstudie von Traumatherapeuten und Psychotherapeuten aus anderen Bereichen fanden sie he-

---

[80]  Gurris, ebd., S. 106 – 174.
[81]  Smith, A. J. M., Klein, W. C., Stevens, J. A. (2001): De posttraumatische stress-stoornis: bedrijfsrisico voor behandelaars? Een onderzoek naar werkstress bij traumatherapeuten. (Die posttraumatische Belastungsstörung: Betriebsrisiko für Therapeuten? Eine Studie zu Arbeitsbelastung bei Traumatherapeuten.) Tijdschrift voor Psychiatrie, 43, 7 – 19.

raus, dass Erstere in schwierigen Situationen mit den Klienten weniger heftige Reaktionen zeigten als Letztere. Therapeuten aus anderen Bereichen zeigten häufiger Intrusionen, Gefühl von Schockiert-Sein, Angst, Mitgerissen-Werden von den intensiven Gefühlen des Klienten und Nachgrübeln. Die Traumatherapeuten dagegen neigten zu weniger traumatypischen Reaktionen, stattdessen nahmen sie eine aktivere Haltung ein und übernahmen mehr Verantwortung für die Klienten. Letzteres interpretieren die Autoren so, dass dieses aktive Coping der Traumatherapeuten dem Schutz vor überwältigenden traumaspezifischen Reaktionen diene[82]. Eine dritte Studie der Autorengruppe um Annemarie Smith an Traumatherapeuten des Centrum 45 ergab, dass Burnout eher mit organisationsspezifischen Faktoren, während emotionaler Stress eher mit Problemen der klinischen Arbeit mit Klienten zu tun habe. Traumaspezifische Reaktionen von Therapeuten – die Autoren nennen darunter z. B. »Konfrontationsangst« – hätten eher etwas mit traumatischen Situationen in der Therapie zu tun statt mit pathologischen Prozessen im Therapeuten selbst im Sinne von Sekundärtraumatisierung. Bei erfahrenen Traumatherapeuten fand Smith keine Zeichen von traumaspezifischen, lang anhaltenden negativen Auswirkungen von deren Arbeit, d. h. keine Zeichen von stellvertretender Traumatisierung. Dieses Ergebnis könne durch die langjährige und besondere Erfahrung der Probanden beeinflusst sein, die eine Balance gefunden hätten im Umgang mit den traumatischen Erlebnissen der Klienten. Das könnte für jüngere Therapeuten anders sein. Die Autoren sehen die Notwendigkeit weiterer Studien, in denen man sich lösen müsse von den Konzepten der »traumatischen Gegenübertragung«, »Sekundärtraumatisierung« und »stellvertretenden Traumatisierung«. Die Autoren schlussfolgern: Natürlich ziehe die empathische Verbindung mit schwer traumatisierten Klienten den Therapeuten in Mitleidenschaft. Trotz der Belastung könne dieser unentrinnbare Teil des psychotherapeutischen Berufs sich aber in eine persönlich bereichernde Erfahrung für den Therapeuten verwandeln, wie es die meisten Probanden der Studie berichten. Das könne man nicht allein leisten. Ein unterstützendes professionelles Umfeld könne solches Wachstum ermöglichen und vor Burnout schützen.

---

[82]  Smith, A. J. M. et al. (2007): Therapists reactions in self-experienced difficult situations: An exploration. Counselling and Psychotherapy Research 7, 34 – 41.

Dazu trage insbesondere eine klare Rollenverteilung bei[83]. In einer weiteren Studie fand Smith einen hohen Grad von (Über-)Identifikation bei Therapeuten, die traumatisierte Flüchtlinge behandeln. Die Arbeit mit dieser Klientel rufe eine Kombination aus hohem Beteiligtsein, Überwältigtsein und negativen Gefühlen hervor, während die Arbeit mit Borderline-Patienten eher Distanzierung erzeugte[84].

*Anton Hafkenscheid*, Psychologe am Sinai-Zentrum in Amersfoort/ NL, sieht in einer qualitativ/quantitativen Studie an Traumatherapeuten die Quelle der stellvertretenden Traumatisierung nicht in erster Linie in den destruktiven Inhalten und der Dynamik, die der Klient mitbringe, sondern eher in der Persönlichkeit des Therapeuten und seinem daraus resultierenden Fehlverhalten in der Therapie. Viele solcher Klienten seien gefangen in selbstverleugnenden autoaggressiven zwischenmenschlichen Kommunikationsmustern, die in der traumatischen Situation funktional gewesen seien, jedoch dysfunktional in der jetzigen Situation von Frieden und Freiheit. So sei z. B. ein freundliches und unterwürfiges Verhalten für das ehemalige versteckte jüdische Kind lebensrettend gewesen, während widerborstiges und rebellisches Verhalten lebensgefährlich gewesen sei. Viele solche child survivors hätten eine lebenslange Dankbarkeit für ihre Beschützer erlernt, was sie heute daran hindere, abweichende Meinungen zu äußern und Mitmenschen zu kritisieren. Oder der Kriegsveteran, der seine Furcht vor plötzlichen Partisanenüberfällen mit einer paranoiden Erstschlag-Strategie zu bekämpfen gelernt habe, verhalte sich heute seinen Mitmenschen gegenüber dominant und feindselig. Das unterwürfige Verhalten des child survivors erzeuge möglicherweise freundlich-dominantes Gebaren in seinem Gegenüber, während auf das dominant-feindselige Verhalten des Kriegsveteranen seine Mitmenschen (Kinder oder Partner) mit Unterwerfung reagieren. Diese nichtadaptiven zwischenmenschlichen Kommunikationsmuster von Traumapatienten setzten sich über das

---

[83] Smith, A. J. M. et al. (2007): How therapists cope with clients' traumatic experiences. Torture 17, 203–215.

[84] Smith, A. J. M. (2009): Listening to Trauma. Therapists' countertransference and long-term effects related to trauma work. Een wetenschappelijke proeve op het gebied van den Sociale Wetenschapen, Proefschrift ter verkrijging van de graad van doctor aan de Radboud Universiteit Nijmegen [Dissertation zur Erlangung des Doktorgrades in Sozialwissenschaften an der Radboud Universität Nijmegen]. Heemstede/Amsterdam.

komplementäre Verhalten von Mitmenschen und möglicherweise auch des Therapeuten ständig weiter fort. Das Fehlverhalten des Therapeuten liege darin, dass er es im Zuge von Überidentifikation und Konfluenz mit dem Klienten versäume, dem Klienten seine in der Haft, im Konzentrationslager, im Kriegsdienst erlernten pathologischen Kommunikationsmuster zu spiegeln und zu korrigieren. Stattdessen verbünde er sich mit dem Klienten in einem »Wir sind alle Opfer deines Traumas« und ergehe sich in Selbstmitleid, im Sich-selbst-zum-Opfer-Machen. Früher habe man nicht wahrnehmen wollen, dass Traumapatienten verwirrende, störende und belastende Gefühle beim Therapeuten auslösen können, da Menschen, die so viel erlitten haben, vollstes Mitgefühl und Unterstützung verdienen. Deshalb habe man auch bei aggressiven und unbequemen Patienten nicht den Mut gehabt, sich zu seinen negativen Gefühlen zu bekennen. Insofern hätten die Arbeiten von *Danieli*[85] über Gegenübertragungsreaktionen und das von *McCann* und *Pearlman*[86] entwickelte Konzept der stellvertretenden Traumatisierung mit einem lang dauernden Tabu gebrochen. Sie hätten die Notwendigkeit von Selbstreflexion und Selbstfürsorge herausgestellt und damit zur Emanzipation einer wegen ihrer bescheidenen Heilerfolge relativ unpopulären Profession beigetragen. Hafkenscheid sieht heute jedoch die Gefahr, dass diese Konzepte instabilen, verletzlichen Traumatherapeuten als Deckmantel für ihr eigenes Scheitern dienen könnten. Sie könnten ihnen unabsichtlich eine Rechtfertigung dafür liefern, die in der Arbeit mit traumatisierten Patienten auftauchenden Probleme zu externalisieren[87].

Corinna Schmid hat in ihrer Diplomarbeit einen erfahrenen Supervisor befragt, der weltweit Traumazentren als auch allgemein-psychiat-

[85]  Danieli, Y. (1988): Psychotherapists' participation in the conspiracy of silence about the Holocaust. Psychoanalytical Psychology 1: 23–42.

[86]  McCann, L., Pearlman L. A. (1990): Vicarious Traumatization: A Framework for Understanding the Psychological Effects of Working with Victims. In: Journal of Traumatic Stress, Vol. 3, pp. 131–149.

[87]  Hafkenscheid, A. (2003): Objective Countertransference: Do Patients' Interpersonal Impacts Generalize across Therapists? Clinical Psychology and Psychotherapy 10, 31–40; ders. (2005): Event countertransference and vicarious traumatization: theoretically valid and clinically useful concepts? European Journal of Psychotherapy, Counselling and Health, 7, 159–168.

rische Einrichtungen supervidiert[88]. Dieser meint, in seiner jahrzehntelangen Berufspraxis keinen Anhalt dafür gefunden zu haben, dass Helfer selbst durch die Arbeit traumatisiert werden. Die Erscheinungen, die gemeinhin unter Sekundärtraumatisierung bzw. stellvertretender Traumatisierung beschrieben werden, hält er nicht für eine Erkrankung der Therapeuten, sondern für einen Adaptationsprozess an den mit dieser Arbeit verbundenen Stress. Der Helfer ist mit neuen unbekannten und sehr belastenden Dingen konfrontiert, welche seine Weltsicht und seine Grundannahmen über die Menschen verändern[89]. *»Wenn die neuen Berater von der Uni kommen, zu arbeiten anfangen, dann sieht man oft solch eine Erschütterung von Ideen, dann ist es als Supervisor, aber auch als erfahrener Kollege sehr wichtig, dass man diese Änderungen nicht pathologisiert ... als Kollege oder als Supervisor muss man ganz genau beobachten, ob eine professionelle Krise ihn nicht so angreift, dass der Berater sich darin selbst verliert.«* Er sieht in seiner Praxis als Supervisor die gleichen Phänomene von berufsbedingtem Stress (nicht Traumatisierung) bei Therapeuten, die mit Sucht-, Psychose-, Borderline-Patienten und Essstörungen zu tun haben. Das Konzept der Sekundärtraumatisierung/Stellvertretenden Traumatisierung bzw. des Burnout hält er für den Ausdruck einer übertriebenen Selbstbezogenheit von Therapeuten, aus dem diese einen Gewinn ziehen: *»Man sieht ein Ermüdungssyndrom. Das ist auch so eine neue Krankheit ... eine sehr schnelle Überbezogenheit, die nichts mit dem Fach zu tun hat, aber mit vielen anderen sozialen Phänomenen ... Es scheint ein Vorteil zu sein auf einer sozialpsychologischen Ebene: Man hat einen Beruf, sehr schwer, mit sehr schweren Patienten, und man hat etwas Heroisches gemacht und nun ist man selbst Opfer geworden ... Trauma ist überall in der Gesellschaft. Nicht nur Leute sind traumatisiert, auch Städte sind traumatisiert. Wenn eine Bombe in Madrid explodiert, dann ist Madrid traumatisiert. Traumatisierung ist ein Wort geworden ... ein Kollege hat mal gesagt: ›Trauma ist eine Krank-*

---

[88]  Schmid, C. (2006): *Zur beruflichen Belastung von Traumatherapeuten – Versuch einer Verhältnisbestimmung der Konzepte Burnout und indirekte Traumatisierung.* Diplomarbeit am Fachbereich Erziehungswissenschaften und Psychologie, Freie Universität Berlin.

[89]  Mit den veränderten Grundannahmen bezieht er sich auf ein Konzept von Janoff-Bulmann von den »Shattered Assumptions«. Janoff-Bulman, R.: Shattered Assumptions, Towards a New Psychology of Trauma. The Free Press, New York 1992.

*heit, die will man gerne haben.‹ Man hat etwas überlebt, was man nicht selbst verursacht hat, wo man anderen die Schuld geben kann und was das ganze Leben verändert … Das ist im Bereich der sozialen Beziehungen, ist es viel besser zu sagen, ich bin sekundär traumatisiert, statt zu sagen, ich bin ein Dummer, ich kann meine Arbeit nicht mehr ausstehen … Ich habe Kollegen gesehen, von denen ich dachte, professionell machen sie Fehler, und statt die professionellen Fehler anzupacken, wurden sie krank und waren sekundär traumatisiert … Dass solche Begriffe … so eine große Entwicklung haben … es muss auf einer Ebene, finanziell, emotional, Status, sozialer Status, muss es Vorteile geben, um diese Diagnose anzunehmen …«*[90]

Judith Daniels hat in einer qualitativen Untersuchung 21 Therapeutinnen u. a. von Opfern ritueller Gewalt durch Sekten (Kulte) befragt. Ihre Interviewpartner berichten von Schlafstörungen, erhöhter Reizbarkeit, erhöhter Wachsamkeit, ausgeprägtem Bedrohungsgefühl (im Alltag sich bedroht und verfolgt fühlen), Suchtverhalten (Tranquillizer, Alkohol) sowie von Entgrenzung. Unter Letzterem nennen sie: nicht mehr abschalten können, grübeln, ein übermäßiges Sich-verantwortlich-Fühlen für den Patienten, aufgesogen werden vom Thema, Tag und Nacht damit beschäftigt sein, nicht loslassen können, es gab nichts anderes mehr, keine Lust mehr, andere normale und schöne Dinge zu tun[91]. Eine Kollegin berichtete, sich für eine Klientin verschuldet zu haben bei den Versuchen, diese vor weiteren Zugriffen durch einen Kult zu schützen[92]. Eine befragte Supervisorin beschreibt die Entgrenzung so: *»Was ich meistens erlebe, ist eine Faszination von dem Schrecklichen … wenn Kollegen immer beratungsresistenter werden, immer schneller, immer forcierter werden. Das ist mir oft ein Zeichen, wenn Pausen eher vermieden werden, wenn das so was Suchtartiges bekommt, sich in der Arbeit zu versenken und man hat keine Zeit für Psychohygiene, keine Zeit für Freizeit, keine Zeit für Pausen … ähnlich wie Selbstverletzungen sucht-*

---

[90]  Schmid, C., a. a. O., S. 117 ff.

[91]  Daniels, J.: Sekundäre Traumatisierung – Kritische Prüfung eines Konstruktes. Dissertation zur Erlangung des Doktorgrades der Naturwissenschaften an der Universität Bielefeld. Eine Kurzfassung der Dissertation in: Daniels, J. (2008): Sekundäre Traumatisierung – Interviewstudie zu berufsbedingten Belastungen von Traumatherapeuten. Psychotherapeut 53, 100 – 107.

[92]  Daniels, Diss., a. a. O., S. 128.

*artig passieren … Die Kolleginnen arbeiten je mehr sie fertig sind, desto mehr arbeiten sie, das ist ganz merkwürdig … Da kann man sie manchmal wirklich nur am Schlafittchen packen und … sagen: ›Du hörst jetzt auf, du setzt dich jetzt hierhin.‹ Das ist wie mit einem Süchtigen arbeiten, wenn das schon im fortgeschrittenen Stadium ist«*[93]. Daniels erklärt die Entgrenzung u. a. damit, dass in der Arbeit mit Opfern rituellen Missbrauchs davon auszugehen sei, dass der Missbrauch auch während der Therapie fortgesetzt stattfinde. Das verunmögliche die traumatherapeutische Behandlung und bringe die Therapeutin in die Position der hilflosen Zeugin. Aufgrund der mafiösen Struktur der Kulte könne sie diese Verantwortung nicht auf andere offizielle Instanzen wie Polizei oder Justiz übertragen[94]. In einer zweiten mittels eines von ihr selbst entwickelten Fragebogens zur Sekundärtraumatisierung erstellten quantitativen Untersuchung kommt Daniels zu dem Ergebnis, dass 29,1 % als sekundär traumatisiert zu diagnostizieren seien[95]. In einer anderen Arbeit vertritt sie die Hypothese, dass die peritraumatische Verarbeitung – insbesondere die peritraumatische Dissoziation des Therapeuten – ein wichtiger Auslösefaktor der sekundären Traumatisierung sei. Demzufolge trage nicht das bewusst erlebte Bedürfnis des Therapeuten nach emotionaler Distanzierung, sondern das unwillkürliche Abdriften in eine Dissoziation zur Entstehung bei. Sie versucht dabei, Analogien zu Ergebnissen der neurobiologischen Hirnforschung herzustellen. Ein hohes Maß an Empathiefähigkeit stelle sowohl eine notwendige Bedingung für die Arbeit dar als auch einen Risikofaktor. So führe die Empathie im Sinne einer internen Simulation des emotionalen Zustands der Klientin durch die Spiegelneurone zu einer Übernahme der Symptomatik durch die Therapeutin. Ein Ausfall der Selbst-Fremd-Differenzierung mache eine emotionale Distanzierung unmöglich und führe zur Encodierung der Traumabeschreibung mit Selbstbezug. Das Ausmaß der erlebten Dissoziation entscheide über die Form der folgenden sekundärtraumatischen Symptome. Diejenigen Therapeutinnen, die viel mit traumatisierten Klientinnen arbeiten, seien vermittelt über die Spiegelneurone unterschwelligen intermittierenden Amygdalastimulationen ausgesetzt mit der Folge eines überhöhten Erregungsniveaus

---

93  Ebd., S. 108 – 109.
94  Ebd., S. 130.
95  Ebd., S. 210.

und einer peritraumatischen Dissoziation[96]. Das sind sehr interessante Hypothesen, sie bewegen sich aber im Bereich der Spekulation und müssten mit neuropsychologischen Untersuchungen an Probanden verifiziert werden. Judith Daniels verwendet in ihrer Untersuchung sehr viele psychopathologische Begriffe und versieht die betroffenen Therapeuten mit der Diagnose Sekundärtraumatisierung analog zu den Kriterien des PTSD und komorbiden Erkrankungen wie Depression, Suizidalität. Die Aussagen der Befragten bezüglich Bedrohungserlebens fasst sie unter die Kategorie »Pseudopsychotisches Bedrohungserleben«. In einem Fazit für die Praxis schränkt sie das wiederum ein mit der Feststellung, sekundäre Traumatisierung sei nicht ein Zeichen mangelnder Professionalität sondern ein Resultat ausgeprägter Empathiefähigkeit und somit eine normale Reaktion auf unnormale Informationen und solle nicht weiter einer professionellen Tabuisierung unterliegen. Um das Risiko zu minimieren, scheine es geboten, die eigenen dissoziativen Verarbeitungsmechanismen steuern zu lernen z. B. über die Supervision[97].

Einen völlig neuen und anders gerichteten Blickwinkel eröffnen die Studien von *Rösing* und *Hernandez et al.* Die Kulturanthropologin *Ina Rösing* hat das Konzept des »Verwundeten Heilers« im transkulturellen Kontext untersucht. Sie bezieht sich u. a. auf *Victor Frankl*, der aus seinen Erlebnissen im Konzentrationslager in Gestalt der Logo-Therapie eine – heute würde man sagen – ressourcenorientierte Therapiemethode entwickelt hat. In der nahezu aussichtslosen Situation im KZ Theresienstadt machte *Frankl* die Erfahrung, dass imaginäre Gespräche mit seiner geliebten Frau und Vorstellungen, was er nach der Befreiung tun würde, ihm die Kraft zum Überleben gaben. Er versuchte, den Verzweifelten unter seinen Mitgefangenen, die sich schon aufgegeben hatten, Sinn im grausamen Lagerleben zu geben. »*Auf jeden von uns, sagte ich ihnen, sehe in diesen schweren Stunden … irgendjemand mit forderndem Blick herab, ein Freund oder eine Frau, ein Lebender oder ein Toter – oder ein Gott. Und er erwarte von uns, dass wir ihn nicht enttäuschen und dass*

---

[96] Daniels, J. (2007): Die neuropsychologische Theorie der Sekundären Traumatisierung. Zeitschrift für Psychotraumatologie, Psychotherapiewissenschaft, Psychologische Medizin 5: 49 – 61

[97] Daniels J. (2008): Sekundäre Traumatisierung – Interviewstudie zu berufsbedingten Belastungen von Traumatherapeuten. Psychotherapeut 53, 100 – 107.

*wir nicht armselig, sondern stolz zu leiden und zu sterben verstehen.*« Aus dieser transzendentalen Fähigkeit des Menschen, aus seinem ›Willen zum Sinn‹ könne er Kraft zum Überleben in aussichtslosen Situationen schöpfen. Gerade im Leiden könne auch Sinn gefunden werden, wenn man sich dem Leiden nicht einfach aussetzt und damit identifiziert, sondern sich davon distanziert und es in einen weiteren Rahmen stellt[98]. Bei traditionellen Heilern, Schamanen in der Anden-Kultur und in der tibetischen Kultur hat *Rösing* herausgefunden, dass diese immer selbst Verwundete sind, z. B. durch Blitzschlag oder infolge Misshandlung, frühem Tod von Eltern, Partnern und Kindern. Und gerade diese Verwundung befähige sie, andere zu heilen. In der schwarzen Heilung z. B. können sich Heilerinnen mit dem Leid anderer feindgeplagter Menschen solidarisieren und ihnen helfen, und sie können die Feinde – wie sie es vielleicht gerne mit den eigenen gemacht hätten – gewissermaßen stellvertretend entmachten. Während die Konzepte Burnout, Compassion Fatigue und stellvertretende Traumatisierung von der Annahme ausgehen, dass die Verwundung den Heiler behindert und unwirksam macht, sagt die Ideologie des Verwundeten Heilers in schamanischen Kulturen das Gegenteil: nur ein verwundeter Heiler heilt. In diesem Zusammenhang bringt sie das Konzept des post traumatic growth und die Resilienzforschung ins Spiel[99].

Das leitet über auf die Studie von *Hernandez et al.* über »Vicarious Resilience«. Sie haben eine qualitative explorative Untersuchung an 12 Psychiatern/Psychologen vorgenommen, die mit Klienten in Kolumbien arbeiten, die Opfer von Entführungen, Verschleppung und politischer Gewalt geworden sind. Die Therapeuten sprechen darin von der Kraft, die sie aus der Klientenarbeit schöpfen. Die Überlebensstrategien der Klienten und deren Fähigkeit, sich aus tiefster Not wieder aufzurichten, hätten den Therapeuten Mut gemacht und ihre Sicht auf sich selbst und auf die Welt verändert. Indem sie Zeuge der immensen Selbstheilungskräfte ihrer Klienten geworden seien, hätten sie ihre eigenen Prob-

---

[98] Rösing, I.: Der Verwundete Heiler – Kritische Analyse einer Metapher. Asanger Verlag Kröning 2007, S. 51 – 52; Frankl, V.: Der Mensch vor der Frage nach dem Sinn. Piper Verlag, München 1979, S. 175 – 176.

[99] Rösing, I. (2007): Vom Konzept des Verwundeten Heilers zur Sekundären Traumatisierung. Zeitschrift für Psychotraumatologie, Psychotherapiewissenschaft, Psychologische Medizin 5, 65 – 75.

leme mit neuen Augen zu sehen, die Dinge leichter zu nehmen und schwierige Situationen besser zu meistern gelernt. Außerdem hätten sie von den Klienten die Rolle von Spiritualität und Religion als Überlebenselixier zu schätzen gelernt und einen klareren eigenen Standpunkt zu sozialer und politischer Gewalt entwickelt. Darüber hätten sie auch ihre Ängste vor Gefahren für sich selbst, Freunde, Partner und Kinder abbauen können. Diese Erkenntnisse seien durch weiterführende Studien zu vertiefen. Vicarious Resilience könne der bei vielen Therapeuten gleichzeitig vorhandenen Vicarious Traumatization entgegenwirken, den auszehrenden Prozessen entgegenwirken, in denen Therapeuten sich als Opfer ihrer Klienten erleben. Einige Probanden seien durch ihre Klienten dazu inspiriert worden, ihre Traumaarbeit auf Lehre, Publizieren und Forschen auszudehnen, was die Autoren in die Lage versetze, negative Ereignisse umzudeuten (reframe)[100]. Die Vicarious Resilience erinnert an den von *Aaron Antonovsky* entwickelten Begriff der Salutogenese. Er hat in einer Untersuchung an 77 israelischen Frauen, die das Konzentrationslager überlebt hatten, festgestellt, dass ca. 29 % von diesen sich in einem relativ guten psychischen Zustand befanden. An salutogenetischen Wirkfaktoren bei diesen Frauen vermutete er: primär gute Vitalität, seelischer Härtungsprozess, Möglichkeit späterer Umweltbefriedigung (z. B. in Ehe und Beruf) im Sinne optimaler sozialer Unterstützung und eine hohe regenerative Kraft der Ich-Funktionen[101]. *Freyberger & Freyberger* haben *Antonovskys* Thesen anhand eigener empirischer Befunde aus der Begutachtung von 600 Holocaust-Überlebenden zum Teil verifiziert. Sie fanden eine ausgeprägte protektive Wirkung des Staates Israel, mit dem die Überlebenden die Hoffnung auf ein neues Leben mit dem Wiederanknüpfen an die jahrtausendealte Kulturgeschichte der Juden verbanden, ferner fanden sie salutogenetische Faktoren in der Heirat mit ebenfalls Überlebenden, Geburt von Kindern, in vereinzelt durchgeführten Langzeittherapien sowie im intensiven Umgang mit Holocaust-Themen[102].

---

[100] Hernandez, P., Gansei, D., Engstrom, D. (2007): Vicarious Resilience: A New Concept in Work with Those who Survive Trauma. Family Process 46, 229–241.

[101] Antonovsky, A., Maoz, B., Dowty, N., Wijsenbeek, H. (1971): Twenty-five years later: A limited study of the sequela of the concentration camp experience. Social Psychiatry 6, 186–193.

[102] Freyberger, H., Freyberger, H. J.: Der thematische Ausgangspunkt von Antonovsky

Woran es in der Literatur bislang fehlt, sind fundierte Studien über Struktur und Organisation von Traumazentren. Mit dem Buch »Creating a Comprehensive Trauma Center – Choices and Challenges« von *Mary Beth Williams* und *Lasse A. Nurmi* verbindet man vom Titel her zunächst hohe Erwartungen[103]. In der Einleitung sind Erkenntnisse aus der Organisationstheorie zusammengefasst und wie diese auf ein Traumazentrum anzuwenden seien. Darin werden aus theoretischer Sicht Themen abgehandelt wie das Nebeneinander von formellen und informellen Entscheidungswegen, Machtfragen, die Bedeutung von Regeln, Konfliktmanagement, Professionalität, Weiterbildung, Stressreduktion. Den Hauptteil des Buches bilden Kurzporträts von zahlreichen Traumazentren aus allen Teilen der Welt. Die Porträts sind aus der Selbstdarstellung und den Jahresberichten der Zentren zusammengestellt, ähnlich wie ein Almanach, wer wo welche Dienstleistungen anbietet. Jedoch vermisst man eine wirkliche Innenansicht und eine Untersuchung über die Tiefenstruktur dieser Zentren. Man erfährt nichts über deren Probleme, über deren Geschichte und Entwicklung. Von einigen der darin erwähnten Einrichtungen ist allgemein bekannt, dass sie eine turbulente Entwicklung mit mehrfachen Krisen und Transformationsphasen durchlaufen haben. Das wird jedoch mit keinem Wort erwähnt. In einem der letzten Kapitel geben die Leiter einiger Zentren darüber Auskunft, wie ein »ideales Traumazentrum« beschaffen sein sollte. An wünschenswerten Eigenschaften des Personals nennen sie z. B.: gut ausgebildet, engagiert, zugewandt, kultursensibel, optimistisch, ressourcenorientiert mit Klienten arbeiten, humorvoll, spirituellen Behandlungsansätzen gegenüber aufgeschlossen. Sie sollen kontinuierlich an standardisierter Fortbildung teilnehmen und von einer teamorientierten Behandlungsphilosophie überzeugt sein. Die Führung sollte nicht

zur Konzipierung seines Salutogenese-Konzeptes: Ehemalige Naziverfolgte (ergänzt am Beispiel eigener empirischer Befunde). In: Lamprecht, F., Johnen, R. (Hrsg.): Salutogenese – Ein neues Konzept in der Psychosomatik? Kongressband der 40. Jahrestagung des Deutschen Kollegiums für Psychosomatische Medizin. VAS-Verlag für Akademische Schriften, Frankfurt 1994, S. 122–129; Freyberger, H.: Psychische Bewältigungsverhalten bei Holocaust-Überlebenden. Psychotraumatologie Abstracts 2002 (online); Freyberger, H. J., Freyberger, H. (2003): Der Langzeitverlauf posttraumatischer Belastungsstörungen/Fortschritt und Fortbildung in der Medizin 17, S. 76.

[103] Williams, M. B., Nurmi, L. A.: Creating a Comprehensive Trauma Center – Choices and Challenges. Kluwe Academic Publishers, New York 2001, 458 Seiten.

autokratisch, sondern dezentralisiert wie ein Netzwerkmodell sein[104]. Kurz gestreift werden von den Autoren die Prävention von »compassion fatigue« und Strategien zur Selbstfürsorge. Empfohlen werden regelmäßige Supervision, Fallkonferenzen, interkollegiales Debriefing, Teamtage, auf denen gemeinsame Ziele, Werte und Veränderungen diskutiert werden, kostenlose Mitgliedschaft in einem Fitness-Club, kontinuierliche Fortbildung und ganz allgemein Toleranz, gegenseitiger Respekt, Flexibilität und offene Kommunikation[105]. Zum Schluss konstruieren die Autoren unterfüttert mit Konzepten und Schaubildern aus der Organisationstheorie das Ideal-Modell für ein Traumazentrum. Dieses wirkt auf dem Papier durchaus überzeugend. Wie die praktische Umsetzung vonstatten gehen soll und ob ein solches Modell schon einmal an der harten Realität des Alltags getestet worden ist, darauf bleiben die Autoren die Antwort schuldig.

Interessante Thesen zum Zusammenhang zwischen Organisation und Sekundärtrauma formuliert *James Munroe* aufgrund seiner Beobachtungen in großen humanitären Hilfsorganisationen. Er hat dort ähnliche Phänomene gefunden wie in meiner Studie und bezeichnet sie als »Organizational PTSD«, womit er ihnen – und hier würde ich ihm widersprechen – Krankheitscharakter zuspricht. Er beruft sich in seiner Analyse auch auf die Erkenntnisse von *Mark Walkup,* der solche Organisationen als »self-deceiving organizations« bezeichnet (Organisationen, die einer Selbst-Täuschung unterliegen).

Die Charakteristika des »Organizational PTSD« nach *Munroe* sind:

- Die Organisation reinszeniert Traumainhalte
- Überarbeitung, unzumutbare Erwartungen
- Ausbeutung und Missbrauch von Mitarbeitern
- Wenig Kommunikation untereinander
- Hohe Risiken eingehen
- Gefährdung von Sicherheit und Wohlergehen der Mitarbeiter
- Wenig Vertrauen und Zusammenarbeit mit anderen Organisationen
- Konkurrenz mit anderen Hilfsangeboten
- Wenig Vertrauen in eigene Mitarbeiter, wenig Delegation von Verantwortlichkeit

---

[104] Ebd., S. 310–311.
[105] Ebd., S. 338–339.

- Selbstfürsorge wird gering geschätzt, Selbstaufopferung belohnt
- Kultur der einsamen Kämpfer und Retter
- Einzelne Personen erscheinen »unersetzlich«
- Interne Grabenkämpfe
- Wechselnde Koalitionen (»wir« gegen »sie«)
- Ausschluss von Abweichlern, Hexenjagd
- Hohe Fluktuation
- Impulsive, aus der momentanen Situation heraus getroffene Entscheidungen. Keine langfristige Planung
- Organisation erzeugt unnötige Krisen intern und extern
- Organisation kreist zwischen Inaktivität und Noteinsatz
- Organisation braucht Krise, um zu funktionieren, auf »Mission« orientiert[106].

Die Charakteristika von Self Deceiving Organizations nach *Walkup* sind:

- Mangelnde Sensibilität gegenüber Klienten
- Widerstand gegen Selbstkontrolle, Evaluation und Lernen
- Widerstand gegen Veränderung
- Überarbeitung
- Abspaltung
- Projektion (Schuldzuweisung an andere)
- Größenwahn (heroisches Selbstbild)
- Institutionalisierte Mythenbildung
- Kollektive Selbsttäuschung
- Abschottung gegen vermeintliche Bedrohung von außen[107].

---

[106] Munroe, J.: Secondary Trauma: Denial, Transmission and Organizational PTSD. Präsentation auf dem IX IRCT International Symposium on Torture in Berlin, 10.12.2006. (Ich danke dem Autor für die Überlassung der Präsentation.)

[107] Walkup, M. (2002): Humanitarianism at risk: From threatened aid workers to self-deceiving organizations; in: Sharing the front lines and the back hills: International protectors and providers, peacekeepers, humanitarian aid workers and the media in the middle of crisis; ed. by Danieli Y; Baywood Publishing Company, New York, 353–359.

## 16.2 Vergleich mit den Ergebnissen dieser Studie

Die Ergebnisse der Studie von *Norbert Gurris* decken und ergänzen sich großenteils mit denen meiner Studie. Übereinstimmung besteht darin, dass Team-, Leitungs- und Trägerkonflikte sowie die geringen Erfolge in der Traumaarbeit, die mangelnde Befriedigung in der Arbeit (geringe Compassion Satisfaction), ebenso die Aufenthaltssituation der Patienten und der Kampf mit den Behörden zu den Hauptbelastungsquellen gehören. Ferner, dass die Behandlungseffizienz beeinträchtigt ist, da wegen der Verstrickung im Asylverfahren kaum eigentliche Traumatherapie stattfinde. Seine Einschätzung, dass in den Einrichtungen Therapie durch Kampf ersetzt und die Arbeit zur endlosen Notfallpsychologie werde, wird von meinen Interviewpartnern sowie den Organisationsanalysen bestätigt (Kapitel 5.2 und 10.2). Dass die unglücklich erfolglosen Therapeuten gegenüber Teamkonflikten besonders anfällig seien, während diejenigen, die erfolgreiche Traumatherapie machen, relativ stabil und arbeitszufrieden seien, entspricht den Aussagen meiner Interviewpartner, die Klientenarbeit als Ressource erleben, die Konflikte in den Teams sowie zwischen Leitung und Mitarbeitern als belastender empfinden als die Arbeit mit den Klienten (Kapitel 7.11) und gleichfalls die instabilen äußeren Rahmenbedingungen sowohl für die Klienten (Asyl) als auch die Mitarbeiter (Finanznot) als große Belastung empfinden (Kapitel 2.2.1). Ebenso entspricht es den Untersuchungsergebnissen aus den Einrichtungen mit niedrigem Konfliktpegel im Kapitel 3, in denen die Therapeuten überwiegend von Zufriedenheit und Erfolgserlebnissen, d.h. von Compassion Satisfaction bei der Arbeit, berichten.

Zu Recht stellt *Gurris* die Frage, ob man sich überhaupt darauf einlassen solle, Traumatherapie für Flüchtlinge ohne Aufenthalt anzubieten, und es nicht nützlicher sei, mehr qualifizierte Sozialarbeiter mit Unterstützung, Stabilisierung und Case Management einzusetzen, während externe Gutachter die für die Asylverfahren erforderliche Diagnostik leisten und Juristen sich um die Aufenthaltssicherung kümmern[108]. Einige meiner Interviewpartner äußern sich in ähnliche Richtung, sie plädieren eher für Stützung und Stabilisierung als für Therapie: *»Ich*

---

[108] Gurris, a.a.O., S. 171.

*finde es ein Problem, dass wir* (in den Helferteams, d. V.) *zu hohe Heil-ansprüche haben. Ich glaube, diese Leute* (Flüchtlinge mit einem Folter-trauma, d. V.) *kann man nicht heilen, die kann man nur stützen, tragen, lindern* …«

Der relativ hohe Anteil an Therapeuten mit eigenen Traumaerfah-rungen (29 %) in der Studie von Norbert Gurris deckt sich mit dem meiner Untersuchung (31 %). Jedoch ist er dieser Frage nicht weiter nachgegangen und spricht in seinen einleitenden Überlegungen ledig-lich von informellen Mitteilungen über auffällige Mitarbeiter, die Pa-tienten und Teams belasten. Meine Interviewpartner geben darüber mehr Auskunft. Manche sprechen offen über ihr Trauma, wie sie an-fangs an ihre Grenzen gekommen seien und diese Erfahrungen im Lauf einer therapeutischen Ausbildung verarbeitet und als Ressource zu nut-zen gelernt hätten (Kapitel 8.2). Manche benennen ebenso offen un-bearbeitete Traumata von Kollegen als Quelle von Destruktivität (Kapi-tel 8.3). Die Probleme, die laut Gurris »auffällige Persönlichkeiten« verursachen können, veranschaulichen die fünf Geschichten in Ka-pitel 13.1. Anlass zu weiteren Fragen gibt der hohe Anteil von Thera-peuten mit nicht abgeschlossener Ausbildung in der Studie von *Norbert Gurris*, die er nicht als Belastungsfaktor einstuft. Meine Interviewpart-ner sowie einige der externen Organisationsanalysen sehen hingegen in der mangelnden beruflichen Qualifikation von Teilen des Personals eine Ursache von Stress und mangelnder Effizienz der Klientenarbeit (Kapitel 4.2.1, 4.2.4 und 11.3). In die gleiche Richtung gehen die Aus-sagen von *Hafkenscheid* über das Fehlverhalten von Therapeuten, die es in der Überidentifikation und Konfluenz mit dem Klienten versäumen, deren pathologische Kommunikationsmuster zu korrigieren. Ähnlich wie *Hafkenscheid* sagt ein IP, ein Therapeut, über sich und seine Kolle-gen: »*Es sind eigentlich alle recht stark überidentifiziert, dieses etwas über-steigerte Wir-Gefühl: wir gegen die anderen, die Bösen oder die Mächti-gen.*«

Meine Interviewpartner in Kapitel 6 berichten von Erschöpfung, Unlust, familiären Spannungen, Depressionen, Angst, Ausstiegswün-schen, Hilflosigkeit, Wut, Somatisierung, Sucht, Albträumen, erschüt-tertem Weltbild, Schlafstörungen und Gereiztheit. Das sind z. T. die gleichen wie die von *Gurris* aufgeführten Stress-Symptome. Meine IP hielten sich in ihrer Selbstbeschreibung jedoch nicht für erkrankt im

Sinne von stellvertretender Traumatisierung/Compassion Fatigue geschweige denn Complex PTSD. Einige benutzten zur Klassifizierung ihres Zustandes lediglich den Begriff Burnout. Einige berichten auch von Risikoverhalten, dem gezielten Sich-Aussetzen von traumatischen Situationen und Inhalten. Gurris sieht das Risikoverhalten seiner Probanden als Zeichen eines sekundären Complex PTSD an, während ich eher der für mich plausiblen Interpretation von Interviewpartnern folge, dass die obsessive Beschäftigung mit dem Trauma, das Fasziniert-Sein vom schrecklichen Teil eines Copings mit der eigenen Angst und eine Überlebensstrategie ist (Kapitel 9.4 und 13.2).

Die Daten von *Norbert Gurris* geben kaum Aufschluss über die Struktur von Einrichtungen. Mehrfach erwähnt er Team-, Leitungs- und Trägerprobleme als belastenden Faktor, man erfährt aber nicht, welcher Natur diese sind. Mit Begriffen wie »traumatisierender Kontext« und »Probleme sind hausgemacht« spricht er die Bedeutung von strukturellen Faktoren an: »*Aus dem Ergebnis, dass offenbar auch einige Teams traumatisiert bzw. traumainfiziert waren, ist zu folgern, dass die damit einhergehenden regressiven und destruktiven Phänomene in Behandlungseinrichtungen zu einem traumatisierenden Kontext für die Arbeit der Therapeuten geworden sind (Bustos 1990). Zieht man weiterhin in Betracht, dass Therapeuten aufgrund persönlicher Belastungen und Kompetenzmängel ein höheres Risiko für stellvertretende Traumatisierung tragen, so muss davon ausgegangen werden, dass die Probleme ... auch zu einem erheblichen Anteil hausgemacht sind*«[109].

Die Untersuchungen von *Smith et al.* heben am deutlichsten die von mir herausgearbeitete Rolle von Struktur als protektiven Faktor hervor. Im Einzelnen nennt *Smith* die gleichen strukturellen Faktoren wie meine Probanden: Eindeutigkeit bezüglich Aufgaben und Verantwortlichkeit, klare Rollenverteilung, Weiterentwicklung von Professionalität und Wissenszuwachs, Training im Umgang mit Aggressionen, Regulieren emotionaler Belastungen insbesondere mit Angst auslösenden Situationen, Raum für das Erfahren und Besprechen eigener Erfahrungen in belastenden Situationen, unterstützendes Team, Verwandeln der Arbeit mit Traumatisierten in eine bereichernde Erfahrung. *Munroe et al.* beschreiben z. T. die gleichen Phänomene wie meine Interviewpart-

---

[109]  Gurris, ebd., S. 166.

ner als Quellen von Stress: die Reinszenierung von Traumainhalten, Überarbeitung, Selbstaufopferung, zu hohe Erwartungen, Ausbeutung und Missbrauch von Mitarbeitern, zu hohe Risiken eingehen, Misstrauen gegenüber und Konkurrenz mit anderen Organisationen, Grabenkämpfe, wechselnde Koalitionen, Ausschluss von Abweichlern, hohe Fluktuation, Ad-hoc-Entscheidungen ohne Planung. Ergänzend nennt *Walkup* Größenwahn, Mythenbildung und Abspaltung. Beide machen in erster Linie Strukturdefizite dafür verantwortlich.

Die Ergebnisse der Studie von *Judith Daniels* decken sich ebenfalls in manchen Teilen mit denen meiner Studie. Dabei sind besonders die Aussagen ihrer Probanden zum Komplex Entgrenzung interessant. Was sie über die Faszination von dem Schrecklichen, über das Aufgesogenwerden, sich übermäßig verantwortlich zu fühlen und den Verlust, sich an den schönen Dingen des Lebens zu freuen, sagen, entspricht der Obsession, dem Märtyrertum, der Selbstaufopferung, die meine Probanden beschreiben (Kapitel 5 und 9). Dass die zitierte Supervisorin diesen Erscheinungen Suchtcharakter zuschreibt, erinnert an die Aussage einer IP, einer Leiterin, die das Verhalten ihrer Kollegen mit der Co-Abhängigkeit der Angehörigen und Helfer von Suchtkranken vergleicht (Kapitel 8.3). *Ina Rösings* Studien über den verwundeten Heiler sowie die Hypothesen von *Hernandez et al.* zur Vicarious Resilience spiegeln sich in den Aussagen meiner IP, die das – durchgearbeitete – eigene Trauma sowie die Klientenarbeit als Kraftspender erleben. Das Umdeuten, das »reframing« der negativen Inhalte von Traumaarbeit durch Lehre, Publizieren und Forschung aus der Studie von *Hernandez* beschreiben auch die IP meiner Studie als Ressource (Kapitel 7.16).

# 17. Schlussfolgerungen

## 17.1 Struktur gibt Halt und Schutz – Strukturlosigkeit erinnert an die Gefängniszelle

Eine wesentliche Ursache des hohen Stress- und Konfliktpegels in Traumazentren ist, wie diese Studie zeigt, ihr *Mangel an Struktur*. Opfer von extremer Gewalt brauchen Struktur in ihrem Alltag und in der Therapie. Eine Behandlungseinrichtung muss ihnen Halt und Orientierung geben, z. B. durch Aufklärung über Traumafolgen, durch Psychoedukation. Während der Verfolgung, in der Gefängniszelle haben sie die vollkommene Abwesenheit von Struktur erfahren. Sie waren der Willkür, der Unberechenbarkeit und absoluten Macht der Täter schutzlos ausgeliefert. Sie hatten keine Orientierung über Raum und Zeit. Die Schritte des Wächters im Gefängnis konnten Gutes oder Schlechtes bedeuten, dass man Freigang bekommt oder dass man zum Verhör geführt und misshandelt wird. Nichts war vorhersagbar, sie hatten so gut wie keine Kontrolle über die Geschehnisse. Das erzeugte permanente Unsicherheit und Angst. Die Art und Weise, wie Therapeuten ihre Arbeit und ihre Einrichtungen gestalten, hat eine Vorbildfunktion. Sie sollen dem Patienten Struktur geben, indem sie ihm einen sicheren und geschützten Raum schaffen, in dem er seine aus den Fugen geratene, chaotische innere und äußere Welt Schritt für Schritt wieder zusammensetzen kann. Haben Helfer und Einrichtung selber keine Struktur und herrschen in der Einrichtung stattdessen Chaos, Unsicherheit, Angst und kommt es zu Grenzverletzungen, dann wird das die Unsicherheit und Ängste des Klienten verstärken und sie werden sich in die Verfolgungssituation zurückversetzt fühlen.

In den letzten 20 bis 30 Jahren sind in allen Teilen der Welt Traumazentren entstanden. Sie sind von charismatischen, energischen Persönlichkeiten außerhalb bestehender Strukturen des Gesundheits- und Sozialsystems gegründet worden. Diese »Pioniere« gingen mit hohem Engagement zu Werke, sie verfügten über außergewöhnliche unternehmerische Fähigkeiten, die sie dazu befähigten, den Aufbau dieser Zentren in einem gesellschaftlichen Klima von Gleichgültigkeit und Verleugnung durchzusetzen gegen eine schwerfällige staatliche Bürokratie oder in repressiven Systemen (in Schwellenländern) mit hohem persönlichen Risiko. Sie sind Visionäre, Missionare, Idealisten, sie haben viel Mut bewiesen und all ihre verfügbaren Kräfte für die Sache eingesetzt. Dabei kümmerten sie sich wenig um Formalitäten und Regeln, im Gegenteil, sie haben solche bewusst umgangen und unterlaufen. Sie sind Kämpfernaturen und sehr von sich selbst und ihrer Mission überzeugt.

Diese Eigenschaften waren für den Aufbau der Zentren sehr wichtig. Ohne sie hätten diese Projekte nie realisiert werden können. Was in der Aufbauphase gut und notwendig war, kann in der in jeder wachsenden Organisation irgendwann anstehenden Differenzierungs- und Professionalisierungsphase jedoch zum Hemmschuh, zum Fluch werden. Was anfangs notwendig und richtig war, das Unterlaufen von tradierten Normen und Regeln, schlägt auf die Einrichtung zurück. Denn ohne Regelung von Arbeitsabläufen, ohne professionelles Management kann sie auf Dauer nicht existieren.

Der egalitäre Gründergeist, die verschworene Gemeinschaft an der vordersten Front menschlichen Leids hält, solange man noch um die Akzeptanz und Verankerung der Einrichtung in der Gesellschaft kämpft, denn der äußere Feind schweißt zusammen. Aber sobald die Institution einigermaßen etabliert ist, trägt dieser Konsens nicht mehr und muss durch eine neue »Corporate Identity« abgelöst werden. Das zeigt sich spätestens dann, wenn neue, jüngere Mitarbeiter dazukommen, die nicht die gleiche Art von Missionsgeist mitbringen wie die Pioniere. Einige Gründer haben sich der notwendigen Neustrukturierung der Organisation nicht in den Weg gestellt, sich selbst verändert und weitergebildet und eine Reform selbst mit auf den Weg gebracht. Oder sie haben in Kenntnis ihrer eigenen Grenzen gespürt, dass ihre Zeit abgelaufen war, und daraus die Konsequenz gezogen, sich zurückzuziehen und das Zepter an andere weiterzugeben. Ein Gründer, der klug genug war, sich rechtzeitig zurückzuziehen, sagt in seltener Offenheit von sich selbst: »... *ich merkte bald, dass ich Visionen hatte, jedoch kein Geschick als Manager. Ich hatte keine gute Hand in der Auswahl von Mitarbeitern, man muss darin sehr hart sein können ... ich war kein guter Verwalter, ich war zu dünnhäutig. Der Visionär und der professionelle Manager, das schließt sich irgendwie aus ...«*

Gelingt den Gründern das nicht und bleiben sie bzw. bleibt die Einrichtung in der Pionierphase stecken, führt das zu einer dogmatischen Erstarrung und den in den vorangegangenen Kapiteln beschriebenen Verwerfungen.

| Strukturvergleich von High-stress- mit Low-stress-Einrichtungen | |
| --- | --- |
| Einrichtungen mit niedrigem Stress- und Konfliktpegel | Einrichtungen mit hohem Stress- und Konfliktpegel |
| Professionelle Leitung mit pro cura | Fehlen von oder nur Pro-forma-Leitung zum Schein |
| Delegation von Aufgaben und Verantwortlichkeiten nach Kompetenz | Basisdemokratie, alle entscheiden alles, keiner übernimmt Verantwortung |
| Klare Definition von Rollen und Kompetenzen | Rollen- und Kompetenzdiffusion, alle machen alles |
| Effektive, transparente Entscheidungsprozesse | Schwerfällige, langwierige, intransparente Entscheidungsprozesse |
| Konfliktmanagement durch Leitung | Grabenkämpfe zwischen informellen Leitern |
| Leitung schützt schwächere Kollegen vor Übergriffen | Machtmissbrauch durch informelle Leiter |
| Klar geregelte Arbeitsorganisation | Chaotische Arbeitsorganisation |
| Einhaltung von Grenzen | Grenzüberschreitungen |
| Balance zwischen Empathie und professioneller Distanz | Überidentifizierung und Verstrickung mit Patienten |
| Gemeinsame realistische Ziele, gemeinsame Behandlungsphilosopie | Fehlen gemeinsamer Ziele und Behandlungsphilosophie |

| | |
|---|---|
| Externe klinische Supervision | Keine oder nur sporadische klinische Supervision |
| Geschützter Raum für die Bearbeitung destruktiver Dynamik | Reinszenierung des Traumas ohne geschützten Raum für Bearbeitung |
| Selbstfürsorge, Care for Caregivers | Selbstaufopferung |
| Sorgfältige Auswahl von Personal nach Professionalität und Persönlichkeit | Mangelnde professionelle Qualitätsstandards |
| Kontrollorgan von unabhängigen externen Personen | Fehlen eines unabhängigen Kontrollorgans, Vermischung der Ebenen von Personal, Leitung und Kontrollorgan |
| Therapeutische Ausbildung mit Selbsterfahrung für Helfer mit Patientenkontakt | Unzureichende therapeutische Ausbildung, keine Selbsterfahrung |
| Stabile Finanzsituation | Instabile Finanzsituation, Leben von der Hand in den Mund |

## 17.2 Parallelprozesse und Gegenübertragung

Eine Ursache der destruktiven Dynamik ist, wie die Organisationsanalysen zeigen, diese Erstarrung und Blockade von Organisations-Entwicklung und Gruppenbildung. Eine weitere Ursache ist die spezifische Kultur von Traumazentren, die in der Natur dieser Arbeit liegen. Dazu gehören der hohe Identifikationsdruck im Spannungsfeld der Extreme von Opfer und Täter und der daraus resultierende Sog zu einem »Borderline-Verhalten« mit Aggression, Abspaltung, Einteilung der Welt in Gut und Böse, Überidentifikation mit den Opfern, Obsession, Größenfantasien, Grenzüberschreitungen, mangelnder Distanz zu sich selbst und dem Unvermögen, das eigene destruktive Handeln zu reflektieren und von einer Metaebene aus zu betrachten.

Mehrere IP deuten diese Phänomene als Parallelprozesse[110]: Die Paradoxie eines illusionären hierarchiefreien Raums, der missbräuchliche informelle Hierarchien erzeugt, und die im strukturlosen informellen Dschungel sich ausbreitenden Konflikte und Kämpfe in Teams, die einer Reinszenierung des Traumas gleichen. Als Parallelprozess bezeichnet *Elizabeth Holloway* den Prozess, wenn die pathologischen Beziehungsmuster, die der Patient unbewusst in der Beziehung zum Therapeuten agiert/reinszeniert, sich parallel dazu ebenfalls unbewusst in der Beziehung zwischen Supervisand und Supervisor spiegeln[111]. Wie es ein IP formuliert, sind die Kämpfe »*eine Art von Parallelprozess, der damit zu tun hat, dass wir gegen alles waren, das irgendwie eine Autorität symbolisiert, genauso wie unsere Patienten auch gegen die staatliche Autorität eingestellt waren*«. Ein IP sagt zur Überidentifikation mit den Patienten, welche die ihnen widerfahrene Gewalt und Ohnmacht an ihren Kindern abreagieren, gegenüber denen sie in der mächtigeren Position sind: »*Ich brauchte Jahre, um den Parallelprozess zu verstehen, dass diese starke Identifikation mit den Opfern noch mal im Kollegenkreis reinszeniert worden ist, und das hat damit zu tun, wer der Mächtigere und wer der Ohnmächtige ist.*« Das heißt, in der Beziehung, im Kampf der Helfer untereinander, spiegelt sich der Kampf ihrer Patienten gegen ihre Verfolger. Indem Helfer sich wie Täter verhalten und Kollegen zu Opfern machen, ohne das zu reflektieren und zu korrigieren, wiederholen sie unbewusst die pathologischen Verhaltensmuster ihrer Patienten. Die hier zitierten IP haben sich diese Erkenntnisse nach Jahren schmerzlicher Erfahrungen in einem mühsamen Prozess von Selbstreflexion im Austausch mit Kollegen innerhalb von klinischer Supervision erarbeitet. Sie haben sich dazu einer therapeutischen Weiterbildung unterzogen und einer Auseinandersetzung mit ihren eigenen blinden Flecken gestellt.

Anders verhält es sich mit solchen Helfern, die das nie getan haben und ihre eigenen ungelösten Konflikte oder ein eigenes unverarbeitetes Trauma in die Beziehung zu Klienten und Kollegen hineintragen. Sie sind nicht in der Lage, ihr spaltendes und destruktives Verhalten als Gegenübertragungsreaktionen bzw. Parallelprozesse zu erkennen. Es handelt sich um Einzelpersonen, die jedoch ganze Teams und Einrich-

---

[110]   Siehe Kapitel 5.4, 9.6 und 11.1.
[111]   Holloway, a. a. O., Anm. 42.

tungen manchmal über Jahre in Mitleidenschaft ziehen und die Qualität der Arbeit schwer beeinträchtigen können (Kapitel 13). Die Probleme mit solchen Mitarbeitern sind innerhalb eines basisdemokratischen Rahmens nur sehr schwer bzw. gar nicht zu lösen. Da praktisch keine Qualitätskontrolle durch eine fachlich kompetente und funktionsfähige Leitung stattfindet, gibt es keine Instanz, die dazu autorisiert und in der Lage ist, einen solchen Kollegen mit seinen Defiziten zu konfrontieren. Die Leitung muss ihm sagen können, dass er seiner Aufgabe nicht gewachsen sei, dass er sowohl den Patienten als auch den Kollegen und der Einrichtung schade und dass er sich entweder eine Arbeit suchen müsse oder vor weiteren Patientenkontakten erst einmal eine therapeutische Ausbildung mit Selbsterfahrung machen müsse. Dazu seien noch mal die Aussagen von zwei Leitungskräften in einer basisdemokratischen Einrichtung aus Kapitel 10.8 und 11.3 zitiert: »… *Ich finde es einen totalen Schnitzer, dass eine Person mein Kollege wird, der vorher drei Jahre bei mir in Therapie war … Ich finde, das geht nicht, aber ich werde nicht derjenige sein, der das sagt …*«

»… *diese letzte harte Konsequenz konnten wir nicht treffen – also ein Commitment im Team mit der Leitung: ›Du, Person X, bist nicht mehr in der Lage im Moment, diese schwierige Aufgabe als Psychotherapeut, als Helfer durchzuführen, du musst dich behandeln lassen, du musst vielleicht diese Arbeit niederlegen‹ …*«

Erhellend sind in diesem Zusammenhang die Thesen von Glen Gabbard zur Gegenübertragung. Nach Gabbard rührt die Gegenübertragung des Therapeuten aus dem Versuch des Patienten, in diesem Gefühle zu erzeugen, die der Patient selbst nicht ertragen kann. Borderline-Patienten mit einem Kindheitstrauma können unbewusst die Missbrauchsbeziehung aus ihrer Vergangenheit inszenieren, indem sie sich verächtlich gegenüber dem Therapeuten verhalten. Wenn der Therapeut der Verwandlung in die Rolle des bösen Objektes widersteht, kann der Patient sein Verhalten eskalieren, noch verächtlicher und übergriffiger werden, um den Therapeuten zu einer negativen Reaktion zu verleiten. Andererseits, wenn der Therapeut nachgibt und die Verwandlung in das böse Objekt zulässt, wird seine Fähigkeit, therapeutisch zu wirken, zerstört. Deshalb muss der Therapeut nach einem Mittelweg streben, indem er eine abgemilderte oder teilweise Verwandlung in die Rolle des bösen Objekts zulässt, z. B. indem er seinen Ärger gegenüber dem Patienten zeigt, aber gleichzeitig sein Reflexionsvermögen bewahrt, damit er die Interaktion zusammen mit dem Patienten explorieren kann. Gabbard betont, dass die Rollen von Therapeut und Patient nicht symmetrisch seien, auch wenn man sich das so wünsche. Es liege in der Natur des Übertragungsgeschehens, dass es immer ein Machtgefälle zwischen Therapeut und Patient gebe. Der Patient könne nie für alle im Therapeuten ausgelösten Gefühle verantwortlich gemacht werden, sondern immer seien auch unbewusste, ungelöste Konflikte des Therapeuten im Spiel. Es müsse im Bewusstsein der Profession eine größere Toleranz geben für die unvermeidlichen Inszenierungen der Gegenübertragung, die sich in einem Behandlungsprozess abspielen. Diese Inszenierungen lieferten wertvolle Informationen darüber, was sich im therapeutischen Setting nachbilde. Gegenübertragungsgefühle sollten mit einem Berater oder Supervisor besprochen werden[112].

Genau das ist auch für die Rahmengestaltung von Traumazentren zu fordern. Sie müssen eine Toleranz aufbringen für eine gewisse Chaotisierung, sie müssen eine Reinszenierung des Traumas in Grenzen zulassen, damit die destruktiven Prozesse, die Parallelprozesse und Übertragungsprozesse erkannt, verstanden und darüber die Probleme der Patienten verstanden und mit ihnen bearbeitet werden können. Die Helfer müssen einen Mittelweg finden zwischen Agieren, Sich-hineinziehen-Lassen in die Destruktivität und ihrer Eindämmung bzw. einer Distanzierung vom Geschehen in einem Prozess gemeinsamer Reflexion im Rahmen von Supervision und Intervision.

Zur Veranschaulichung: Der Leiter einer Einrichtung hat aus einer schweren Krise mit Spaltung des Teams und destruktivem Agieren eines Kollegen einen Lernprozess gemacht. Nach Überwindung der Krise mithilfe eines externen Supervisors hat er rückblickend mit dem Team die Konflikte der Vergangenheit noch einmal durchgearbeitet und damit ein Bewusstsein um die Gefahr des Abgleitens in die Destruktivität geschaffen. Dieses Durcharbeiten ist Bestandteil eines institutionellen Gedächtnisses der Einrichtung geworden:

*»Ich habe dem Team in einer der Supervisionen wenigstens meine Sicht der Dynamik erklärt ... die Parallelprozesse, und ich denke, vielleicht*

---

[112] Gabbard, G.O. (2001): A Contemporary Psychoanalytic Model of Countertransference. *Psychotherapy in Practice* 57 (8), 983–991.

*wird es helfen im Sinne von: jetzt kann jeder sehen, was passiert ist. So*
*wann immer wir etwas Ähnliches wieder bemerken, dann beziehen wir*
*uns auf das als gewissermaßen unser ›kulturelles Erbe‹ im Sinne von: ›Wir*
*haben das alles durchgemacht, wir müssen dafür sorgen, dass diese Dinge*
*nicht wieder passieren, weil wir wissen, wie zerstörerisch sie sind.‹ Wir*
*haben ein institutionelles Gedächtnis …«*

## 17.3 Sekundärtrauma oder unverarbeitetes Primärtrauma?

Eine Frage, die sich mir immer wieder im Lauf dieser Studie stellte und
die auch in anderen Studien wie z. B. der von *Gurris* auftaucht, war:
Handelt es sich bei der »stellvertretenden Traumatisierung« wirklich
um ein sekundäres Trauma oder handelt es sich um ein unverarbeitetes
Primärtrauma von Helfern?

Sehr viele Traumazentren sind von Betroffenen selbst gegründet
worden. Es liegt nahe und es ist nur menschlich, dass diejenigen, die
selbst gelitten haben, besonders motiviert sind, ihren Leidensgenossen
zu helfen. Ihre persönliche Erfahrung ist ein starkes Motiv und eine
Triebkraft für ihre Arbeit, wie das auch in vielen Äußerungen der IP in
der vorliegenden Untersuchung zum Ausdruck kommt. Sie haben eine
besondere Sensibilität und tiefes Einfühlungsvermögen und Verständnis für die Klienten. Behandlungs- und Forschungseinrichtungen für
Überlebende des Nationalsozialismus sind nach 1945 vielfach von
Menschen gegründet worden, die selbst verfolgt waren oder das KZ
überlebt hatten[113]. Ebenso sind die ersten Beratungsstellen für Opfer
sexueller Gewalt in den USA von betroffenen Frauen gegründet worden[114]. Das Versorgungssystem der US-Veteranenfürsorge für Soldaten
des Vietnamkrieges ist von Veteranen selbst in den 70er- und 80er-Jahren gegen eine widerspenstige staatliche Bürokratie erkämpft worden[115].

---

[113] Dazu gehören u. a. Leo Eitinger, William Niederland, Chaim Dasberg, Johan Lansen,
Paul Thygesen, Antoni Kepinski, Hans Keilson, Josef Bogusz, Stanislaw Klodzinski,
Frantisek Blaha und die Gründer des Centrum 45 in den Niederlanden.

[114] Herman, J.: Trauma and Recovery. From Domestic Abuse to Political Terror. Pandora
London 2001, S. 28 – 32.

[115] Young, A. (1995): The harmony of illusions: inventing post-traumatic stress disorder.
Princeton University Press, Princeton.

*Wilson* und *Thomas* haben in einer Studie an 345 Therapeuten herausgefunden, dass von diesen 54 % eine Vorgeschichte eigenen Traumas haben. Von diesen haben wiederum 88,5 % die gleichen Arten von Traumata behandelt, das sie selbst erlitten hatten. Die Autoren sehen eine mögliche Interpretation dieser Daten in dem bewussten oder unbewussten Wunsch der Therapeuten, ihr eigenes Trauma über Patienten mit einer ähnlichen Trauma-Anamnese durchzuarbeiten[116]. *Kassam-Adams* hat in einer Studie an 100 Therapeuten von Opfern sexueller Gewalt herausgefunden, dass 60 % von ihnen anamnestisch ein entsprechendes Kindheitstrauma und 66 % ein Erwachsenentrauma hatten. Sie fand außerdem eine Korrelation zwischen Kindheitstrauma und PTSD-Symptomen bei diesen Therapeuten[117].

*Catherall und Lane* haben den Einsatz von Vietnam-Veteranen als Therapeuten zur Behandlung von Veteranen untersucht. Sie sahen darin Vorteile wie das größere Verständnis des selbst Betroffenen für den Kriegskameraden, seinen tieferen Einblick in das Wesen des PTSD und eine Toleranz für die intensiven Gefühle des Klienten. Als Nachteil sahen sie das Risiko, dass der Veteranen-Therapeut seine persönliche Erfahrung dem Klienten aufbürdet oder seine eigenen Probleme und seine Überlebensschuld zu bewältigen versucht über die Rettung seines Klienten. Und es bestehe das Risiko, dass er sich mit dem Klienten überidentifiziert und von der Therapeutenrolle in die Rolle des Opfer-Anwalts wechselt. Sie folgern daraus, dass der Krieger-Therapeut selber therapeutische Hilfe suchen muss, damit er seine Erlebnisse verarbeiten und ein Rollenvorbild für seinen Klienten sein kann[118]. *Anna Baranowsky*, die Direktorin des Traumatology Institute in Toronto, konkreti-

---

[116] Wilson, J. P., Thomas R. B. (2004): Empathy in the Treatment of Trauma and PTSD. Brunner-Routledge, New York, p. 158 ff.

[117] Kassam-Adams, N. (1995): The risks treating sexual trauma: Stress and secondary trauma in psychotherapists. In: Stamm, B. H. (Ed.) (1995/1999): Secondary Traumatic Stress. Self-Care Issues for Clinicians, Researchers and Educators. The Sidran Press, Luthersville MD, S. 34–48.
Deutsche Version: Kassam, Adams, N. (2002): Die Risiken sexueller Traumata. Streß und sekundäre Traumatisierung bei Psychotherapeuten. In: Stamm B. H. (Hrsg.): Sekundäre Traumastörungen. Wie Kliniker, Forscher und Erzieher sich vor traumatischen Auswirkungen ihrer Arbeit schützen können. Junfermann Verlag, Paderborn, S. 66–74.

[118] Catherall, D. R., Lane C. (1992): Warrior Therapist: Vets Treating Vets. Journal of Traumatic Stress 5, 19–36.

siert *Danielis* Begriff von der Verschwörung des Schweigens und nennt
es die *silencing response*, womit sie das unabsichtliche Umgehen des
Themas, ein selektives Zuhören und aktives Vermeiden des Psychotherapeuten gegenüber dem Trauma des Patienten beschreibt. Das rühre
aus der Angst des Therapeuten vor dem, was der Patient berichtet, und
der Angst, ihm nicht helfen zu können, weil man selber hilflos ist. Diese
silencing responses seien oft durch eigene traumatische Erlebnisse bedingt, und die Gefahr des Vermeidens sei nur dann zu überwinden,
wenn man die eigenen Verwundungen verwunden habe[119]. In einem
Lehrfilm zum Thema Sekundärtrauma von Helfern tritt u. a. Charles
Figley, Autor des Standardwerkes über Compassion Fatigue, auf. Er
spricht zunächst wie die anderen Experten im Film entspannt und fach-
männisch über das Thema. An einer Stelle des Films, als er von seiner
Begegnung mit dem Schicksal eines Vietnam-Veteranen berichtet, der
versucht hat, sich zu erschießen, holt ihn sein eigenes Vietnam-Trauma
ein: »*Ich visualisierte sein Gesicht und seine Augen ...* (er stockt und beginnt zu weinen, d. V.) *und das war der schwierigste Teil: ich könnte derjenige gewesen sein.*«[120] Kollegen, die ihn persönlich kennen, berichten,
dass er es vor Veröffentlichung dieses Films immer weit von sich gewie-
sen habe, selbst betroffen zu sein[121].

*Agger und Jensen* haben Gegenübertragungsreaktionen von Therapeuten untersucht, die unter den Bedingungen staatlichen Terrors
während des Pinochet-Regimes in Chile gearbeitet haben. Sie fanden
heraus, dass das gemeinsame Verfolgungsschicksal von Patienten und
Therapeuten sowie ihre Zugehörigkeit zum Anti-Pinochet-Netzwerk
eine starke gegenseitige Bindung und Vertrauensbasis schuf[122]. *Vidal*,
ein chilenischer Psychoanalytiker, dagegen sah darin eine Gefahr gegenseitiger Idealisierung und Verführung. Es fiele sowohl dem Patienten
schwer, aggressive Gefühle zu äußern, als auch dem Therapeuten schwer,

[119] Baranowsky, A. B.: The silencing response in clinical practice: On the road to dialogue. In: Figley, C. R. (Ed.): Treating Compassion Fatigue. Brunner Routledge, New
York, S. 155–170 (zit. nach Rösing, a. a. O.).
[120] When Helping Hurts: Sustaining Trauma Workers. Video produced by Gift from
Within, 16 Cobb Hill Road, Camden, Maine 04 843, USA (keine Jahresangabe).
[121] Persönliche Mitteilung von John Wilson und Jacob Lindy, Dubrovnik, 31. 5. 2005.
[122] Agger, I., Jensen S. B. (1994): Determinant Factors for Countertransference Reactions
under State Terrorism. In: Wilson J. P., Lindy J. D. (ed.): Countertransference in the
Treatment of PTSD. The Guilford Press, New York, p. 263–287.

Wut auf den Patienten zu empfinden, was zu einer Verschwörung des Schweigens führen könne[123]. Laut *Elisabeth Lira*, einer chilenischen Psychologin, taten sich die professionellen Helferteams schwer damit, gegenseitige Aggressionen zu äußern, womit die Therapeuten sich selbst überlassen waren mit ihren Problemen. Das Voneinander-isoliert-Sein war verborgen unter sehr sensiblen und verletzlichen kollektiven Bindungen. Erst nach der Diktatur fanden die Therapeuten die Kraft, sich mit ihrem eigenen Trauma auseinanderzusetzen[124]. *Comas-Diaz und Padilla* berichten aus ihrer Erfahrung als Therapeuten in Chile während der Diktatur, dass allein der Akt des den Opfern Helfens der Bewältigung eigener Gefühle von Schrecken und Hilflosigkeit diente. Anderen zu helfen war ein Weg, sich selbst zu helfen. Einer besonderen Gruppe anzugehören, schärfte ihre Sinne für die grausame Wirklichkeit und stärkte ihren Glauben an die Überwindung des Traumas[125].

Dass das Motiv, anderen zu helfen, mit einem eigenen Hilfsbedürfnis zu tun haben kann, ist nichts Neues, es gilt nicht nur für Traumatherapeuten sondern für Psychotherapeuten allgemein. *Nord et al.* fanden in einer Studie über die Kindheits-Beziehungsmuster von 86 Psychotherapeuten, dass nur 10 % stabile Bindungen zu ihren Eltern hatten, 80 % dagegen hatten ambivalente oder Angst vermeidende Beziehungsmuster. Diese 80 % seien unfähig, ihre eigene Bedürftigkeit zu erkennen. Anderen Bedürftigen zu helfen diene dazu, ihre eigenen verleugneten Defizite zu kompensieren, was sie anfällig mache für Burnout, Suizidalität und Missbrauch ihrer Patienten[126].

Helfen erfolgt immer auch aus Eigennutz. Man gibt, weil man auch

---

[123] Vidal, M. (1990): Daño psicológico y represión politica: Un modelo de atención integral [Psychological damage and political repression: An integrative model of treatment]. Reflexion, Derechos Humanos Y Salud Mental. Diciembre 1990, p. 10–14 (zit. bei Agger & Jensen, a. a. O.).

[124] Lira EK (1992) Developing a therapeutic approach with victims of human rights violations in Chile under different political conditions: Discernment of the therapist involvement. Unpublished manuscript, Latin American Institute of Mental Health and Human Rights (ILAS) (zit. Agger & Jensen, a. a. O.).

[125] Comas-Diaz, L., Padilla, A. M. (1990): Countertransference in working with victims of political repression. American Journal of Orthopsychiatry 60, 125–134.

[126] Nord, C., Höger, D., Eckert, J. (2000): Bindungsmuster von Psychotherapeuten. In: Kernberg, O. F., Buchheim, P., Dolz, B. (Hrsg.): Persönlichkeitsstörungen – Theorie und Therapie. Jg. 6, Nr. 4. Schattauer Verlag, Stuttgart, S. 76–86.

etwas dafür bekommt. Worauf es ankommt, sind eine Balance zwischen Geben und Nehmen und ein Bewusstsein für die eigenen Schwachstellen. Man kann diesen Beruf nur ausüben, wenn man eine Sensibilität für die Schwächen und die Verletzlichkeit seiner selbst und seiner Mitmenschen hat. Die Psychotherapie ist eine lange schmerzvolle »Reise zu sich selbst«, wie Hans Keilson nach dem Lesen eines ersten Entwurfs dieses Manuskriptes zu mir sagte. In der Begegnung mit Traumapatienten wird man mit den Wunden, die einem das Leben zugefügt hat, konfrontiert. Jeder, der in einem helfenden Beruf arbeitet, kennt aus seiner Anfangszeit die von *Hafkenscheid* beschriebene Konfluenz mit dem Patienten im Sinne von »wir sind alle Opfer«. Als Medizinstudent im Pflegepraktikum in der Psychiatrie ließ ich mich mit Suchtkranken auf endlose Gespräche ein, ich ging ein Bündnis ein mit ihnen gegen die schlechte Welt da draußen. Die Ernüchterung kam, als ich zum ersten Mal von einem Patienten bestohlen wurde. Hilfsbereitschaft und Mitleid sind Teil unserer menschlichen Natur und werden durch berufliche Routine und Abnutzung nur allzu schnell verbraucht. Das bemängeln zu Recht auch die Vertreter der Betroffenheitskultur. Sie misstrauen dem professionellen Medizin- und Psychiatriebetrieb und wollen sich ihre ursprünglichen menschlichen Impulse bewahren. Sie wollen das Richtige, sie wollen helfen durch Sich-Einfühlen, Stützen und Leid teilen durch Mitleiden. Dieses spontan Menschliche im Umgang mit einem leidenden Mitmenschen ist im alltäglichen Miteinander in der Familie unter Freunden, Nachbarn natürlich und angemessen. Aber mit einem psychisch schwer Gestörten ist es das nicht und stößt sehr schnell an Grenzen. Das Mitleiden führt in die Überforderung. *Luise Reddemann* plädiert deshalb statt des Mitleidens für ein Mitfühlen mit dem Klienten. Der Therapeut sei kein grenzenloser Container, er könne und solle nicht alles mit anhören und mittragen, was der Klient durchgemacht hat[127]. *Ralf Weber* widerspricht der üblichen Vorstellung von Abstinenz, Neutralität, vom Therapeuten als unendliche Projektionsfläche und »leere Leinwand« nach *Sachsse*[128] für den Klienten. Damit sei

---

[127] Reddemann, L.: Psychodynamisch Imaginative Traumatherapie. Klett-Cotta, Stuttgart 2004.

[128] Sachsse, U. (1996): Die traumatisierte therapeutische Beziehung. Projektive Identifizierung in der Psychotherapie als Kommunikation und Konfliktentlastung. Gruppenpsychotherapie und Gruppendynamik 32, 350–365.

der Therapeut ein schlechtes Vorbild. Es sei essenziell, dass Klienten lernen können, nicht alles Leiden oder jedweden Schrecken aushalten oder ertragen zu müssen. Therapeuten sollten sich als begrenzt belastbare und verletzliche Menschen zeigen und nicht bedingungslos alle aggressiven und feindseligen oder traumatogenen Inhalte in sich aufnehmen[129].

Viele Gründer waren Ärzte aus organmedizinischen Fachgebieten mit wenig Wissen über das Psychotrauma, die Psychodynamik zwischen Opfer und Täter und Prozesse zwischen Patient und Therapeut in einem psychotherapeutischen Rahmen. Dazu gehörte auch *Leo Eitinger*, der Doyen der Forschung über das KZ-Syndrom. *Leo Eitinger*, selbst Überlebender von Auschwitz, war ein Psychiater alter Schule, er war nicht psychotherapeutisch orientiert und er glaubte ursprünglich nicht, dass es sich beim KZ-Syndrom um ein Psychotrauma handele, sondern dass es allein durch organische Hirnschäden bedingt sei infolge von Hunger, Kälte und Schlägen. Viele andere der Forscher, die sich unmittelbar nach dem Zweiten Weltkrieg damit befassten *(Fichez, Thygesen, Kluge)*, dachten genauso[130]. *Eitinger* hat erst in den 60er-Jahren aufgrund der Studien von *von Baeyer, Venzlaff, Krystal, Niederland et al.*, die das KZ-Syndrom als komplexes körperlich-seelisches Geschehen deuteten, seine Meinung geändert[131]. Einige der Gründer von Traumazentren waren noch in den 80er-Jahren von der Lehrmeinung geprägt, dass es sich um ein reines Organgeschehen handele. Ein IP sagt über einen solchen Gründer: »*Vielleicht weil er Arzt war, hatte er die Vorstellung, dass man die bösartige Substanz, den Eiter aus der infizierten Wunde heraustreiben müsse … es hatte vielleicht zu tun mit den Reaktionen der Überlebenden des Zweiten Weltkrieges, die aus den KZs zurückkamen und niemals sprachen …*«

Im Lauf der Jahre haben einige der Gründer sich fortgebildet und sich mit den neuen Erkenntnissen über das Psychotrauma auseinander-

---

[129] Weber, R.: Risiken und Ressourcen des intersubjektiven Erlebens von Traumatherapeuten. In: Birck, A., Pross, C., Lansen, J. (Hrsg): Das Unsagbare. Die Arbeit mit Traumatisierten im Behandlungszentrum für Folteropfer Berlin. Springer Verlag, Berlin 2002, S. 218; vgl. Kapitel 7.16. Reframing statt Containing.

[130] Pross, C.: Wiedergutmachung – Der Kleinkrieg gegen die Opfer. Athenäum Verlag, Frankfurt 1988. 2. Auflage Philo Verlagsgesellschaft Berlin 2001, S. 149–185.

[131] Persönliche Mitteilung von Johan Lansen, Amersfoort, 17.5.2006.

gesetzt. Aber die Teilnahme an Kongressen, das Lesen darüber allein genügt nicht, Lernen ist nicht gleich Lernen. Die destruktiven Prozesse, in die man hineingezogen wird, lassen sich nicht allein auf der Verstandesebene bearbeiten. Die Reaktionen der Helfer auf diese Prozesse sind unbewusst. Sie wollen das Beste, sie versuchen damit umzugehen, aber es gelingt nicht. Ich kenne Kollegen, die haben sämtliche Werke von Freud und anderen Klassikern gelesen, sind auf Kongressen gewesen noch und noch, es hat ihnen nicht viel genutzt. Einschränkend muss man sagen, dass auch die beste psychotherapeutische Ausbildung nicht alle blinden Flecke sichtbar machen, nicht alle unbewussten Konflikte lösen kann. Deshalb muss jeder, auch der Erfahrenste, sich regelmäßig supervidieren lassen. *Munroe* sagt, nach seinen Beobachtungen seien es gerade die erfahrensten Therapeuten, welche die höchste Verleugnungstendenz in Bezug auf »stellvertretende Traumatisierung« haben. Sie glaubten von sich, dass sie alles wüssten, alles schon mal gesehen hätten und keine Beratung, keine Supervision mehr bräuchten[132].

Ein Supervisor aus einem Schwellenland sagte zu den Spannungen in dem von ihm supervidierten Team: »*... nur auf Sekundärtraumatisierung (der Therapeuten, d. V.) würde ich das auf keinen Fall beziehen, das kommt aus der eigenen Biografie oder der Situation, die entsteht ...*«

Ein Supervisor aus einem westlichen Land: »*... traumatisiert selber im Sinne der Traumasymptome sind allerdings die Therapeuten insgesamt nicht ... Denn sonst glauben ja alle, dass die Therapeuten traumatisiert sind im Sinne von Primärtraumatisierten, das ist aber, glaube ich, nicht der Fall ... aber es wird sozusagen etwas in die anderen Personen, mit denen ich zu tun habe, hineingelegt und ausagiert, davon bin ich ganz fest überzeugt ...*«

Die Erkenntnisse aus den vorliegenden Daten und die zitierten Untersuchungen über Helfer weisen eher in die Richtung, dass es sich bei dem, was als »stellvertretende Traumatisierung« beschrieben wird, weniger um eine Sekundärtraumatisierung handelt, sondern entweder um unverarbeitete Primärtraumata von Helfern oder ein Agieren un-

---

[132] Persönliche Mitteilung von James Munroe, Boston, 16. 9. 2004.

gelöster persönlicher Probleme und Konflikte von Helfern im Sinne von Gegenübertragung und Parallelprozessen.

## 17.4 Arbeitsbelastung oder Berufskrankheit?

Unbestritten ist wohl nach den Ergebnissen dieser Untersuchung und den anderen hier zitierten Studien, dass Helfer, die mit Opfern von Gewalt zu tun haben, erheblichen Belastungen ausgesetzt sind und Symptome zeigen, die in der Literatur unter Burnout und stellvertretende Traumatisierung bzw. Compassion Fatigue firmieren. Ob man aufgrund dessen behaupten kann, dass sie an einer berufsbedingten *Erkrankung*, sozusagen einer Kontaminierung mit PTSD, leiden, ist allerdings mehr als fraglich. Die vorliegende Studie zeigt, dass Helfer, die in gut strukturierten und professionell geführten Einrichtungen arbeiten, so gut wie keine dieser Symptome haben. Des Weiteren zeigt sie, dass die Einrichtungen mit einem hohen Stresspegel erhebliche strukturelle Defizite aufweisen, und dass deren Stresspegel nach strukturellen Reformen in Richtung von Professionalisierung und besserer Arbeitsorganisation deutlich sinkt und gleichzeitig auch das destruktive Verhalten unter den Helfern abnimmt.

Das deckt sich mit den Studien von *Smith et al.*, welche die bislang als Sekundärtraumatisierung bezeichneten Phänomene als natürliche Folge der Konfrontation mit traumatischen Erfahrungen der Klienten sehen, d. h. als arbeitsbedingten Stress und nicht als eine Traumatisierung des Helfers. Sie sehen ebenfalls in Professionalität und adäquater Struktur einen protektiven Faktor. In die gleiche Richtung geht die Erkenntnis von *Gurris* über das geringe Ausmaß von Sekundärtraumatisierung und die hohe Arbeitszufriedenheit bei denjenigen Therapeuten, die in einem Rahmen arbeiten, der das Durcharbeiten des Traumas ihrer Klienten ermöglicht. *Hafkenscheid* geht noch ein Stück weiter mit der Vermutung, dass das Konzept der Sekundärtraumatisierung im Sinne einer Kontamination durch den Klienten Therapeuten dazu verleite, ihr Scheitern zu kaschieren und den Klienten in die Schuhe zu schieben. In dem Zusammenhang sei noch die Studie von *Sabin-Farell* und *Turpin* erwähnt, die die Arbeiten über Compassion Fatigue, Sekundärtraumatisierung und stellvertretende Traumatisierung einer kritischen Analyse unterziehen mit dem Ergebnis, dass sie durch quantitative Untersuchungen nicht verifizierbar seien und die Evidenz für diese Konzepte mager und inkonsistent sei[133].

Helfer können sich mittels der hier herausgearbeiteten protektiven und vorbeugenden Strategien ausreichend gegen Verletzungen schützen. Dafür sprechen auch die sehr interessanten neuen Studien von Rösing über die »Verwundeten Heiler« sowie von Hernandez et al. über die »Vicarious Resilience«. Es ist zu erwarten, dass die Resilienzforschung zukünftig darüber noch mehr Erkenntnisse beisteuern wird. Wenn man diesem Aspekt mehr Aufmerksamkeit widmet und weniger wie das Kaninchen auf die Schlange auf die Negativaspekte starrt, dann werden Helfer lernen, mehr die Stärken ihrer Klienten und ihre eigenen Stärken zu erkennen und einzusetzen.

Eine Überbetonung des Risikos von Sekundärtraumatisierung sowie auch deren Beschreibung in psychopathologischen Kategorien kann einer Negativ-Bahnung Vorschub leisten, einer Negativerwartung in Hinsicht auf die Arbeit mit Traumapatienten. Es kann einen Berufsanfänger dazu verleiten, ängstlich auf Anzeichen eines Burnout oder einer Sekundärtraumatisierung bei sich zu schauen, statt sein Augenmerk auf sein kreatives Potenzial und das seiner Patienten zu richten. Spricht man den herkömmlich unter stellvertretender Traumatisierung/Sekundärtraumatisierung/Compassion Fatigue firmierenden Phänomenen einen Krankheitswert zu, dient das der Pathologisierung und Stigmatisierung der Helfer. Mit dem Kontaminationsmodell gibt man den Patienten die Schuld an den Problemen der Helfer, und man macht die Helfer zu Patienten. Deshalb würde ich die Aussagen von einigen Interviewpartnern über Narzissmus- oder Borderline-Verhalten bzw. der Borderline-Struktur ganzer Einrichtungen oder Munroes Begriff vom »Organizational PTSD« nur als Hilfsmittel zum Verständnis dieser schwierig zu durchschauenden Phänomene interpretieren, nicht als psychopathologische Diagnosen. Schließlich ist diesen Zuweisungen in der Regel auch keine ausführliche psychiatrische Untersuchung vorausgegangen, son-

---

[133] Sabin-Farell, R., Turpin, G. (2003): Vicarious traumatization: implications for the mental health of health workers? Clinical Psychology Review 23, 449–480; Schmid, C. (2006): Zur beruflichen Belastung von Traumatherapeuten – Versuch einer Verhältnisbestimmung der Konzepte Burnout und indirekte Traumatisierung. Diplomarbeit. Freie Universität Berlin, Fachbereich Erziehungswissenschaften und Psychologie.

dern es handelt sich eher um eine Zustandsbeschreibung per Augenscheindiagnose.

### Ursachen destruktiver Dynamik in Traumazentren

- Steckenbleiben in der Pionierphase, Erstarrung und Blockade von Organisations-Entwicklung und Gruppenbildung.
- Der hohe Identifikationsdruck im Spannungsfeld der Extreme von Opfer und Täter und der daraus resultierende Sog zu einem »Borderline-Verhalten« mit Aggression, Abspaltung, Einteilung der Welt in Gut und Böse, Überidentifikation mit den Opfern, Obsession, Größenfantasien, Grenzüberschreitungen, mangelnder Distanz zu sich selbst und das Unvermögen, das eigene destruktive Handeln zu reflektieren und von einer Metaebene aus zu betrachten.
- Der Mythos vom egalitären Team führt zur Paradoxie eines illusionären hierarchiefreien Raums, der missbräuchliche informelle Hierarchien erzeugt. Die im strukturlosen informellen Dschungel sich ausbreitenden Konflikte und Kämpfe in Teams führen in die Reinszenierung des Traumas.
- Bei diesen Phänomenen handelt es sich um Gegenübertragungsreaktionen und Parallelprozesse: In der Beziehung, im Kampf der Helfer untereinander, spiegelt sich der Kampf ihrer Patienten gegen ihre Verfolger. Indem Helfer sich wie Täter verhalten und Kollegen zu Opfern machen, ohne das zu reflektieren und zu korrigieren, agieren sie eigene Verletzungen und ungelöste Konflikte bzw. wiederholen sie unbewusst die pathologischen Verhaltensmuster ihrer Patienten.

### Abhilfe

- Die handelnden Personen eines Traumazentrums, Leitungskräfte und Mitarbeiter dürfen sich der notwendigen Weiterentwicklung, der Organisations- und Gruppenbildung nicht verschließen und sollten für die unvermeidlich damit verbundenen Krisen die Hilfe externer Berater (Supervisoren und Organisationsberater) in Anspruch nehmen. Das gilt insbesondere für die Gründerteams.

■ Abschied von der sakrosankten Basisdemokratie, Differenzierung mit Ausbildung einer Leitungsstruktur mit Aufgabenteilung sowie Abgrenzung von Kompetenzen und Verantwortlichkeiten.

■ Traumazentren müssen eine Toleranz aufbringen für eine gewisse Chaotisierung, sie müssen eine Reinszenierung des Traumas in Grenzen zulassen, damit die destruktiven Prozesse, die Parallelprozesse und Übertragungsprozesse erkannt, verstanden und darüber die Probleme der Patienten verstanden und mit ihnen bearbeitet werden können. Die Helfer müssen einen Mittelweg finden zwischen Agieren, sich hineinziehen lassen in die Destruktivität und ihrer Eindämmung bzw. einer Distanzierung vom Geschehen in einem Prozess gemeinsamer Reflexion im Rahmen von klinischer Supervision und Intervision.

### »Stellvertretende Traumatisierung«

■ Bei dem, was in der Literatur als »stellvertretende Traumatisierung« beschrieben wird, handelt es sich nach den Ergebnissen dieser Untersuchung nicht um ein durch die Inhalte der Arbeit und die Patienten induziertes Sekundärtrauma, es handelt sich auch nicht um eine Störung von Krankheitswert. Es handelt sich vielmehr um »work related stress«, um berufsbedingte Belastungen, die in einer professionell gut geführten Einrichtung mit einer klaren Struktur im erträglichen Rahmen gehalten werden können.

■ Sofern Helfer pathologisches, d.h. fortgesetzt destruktives und spaltendes Verhalten zeigen, handelt es sich meistens um ein unverarbeitetes Primärtrauma oder ungelöste Konflikte und Probleme aus der eigenen Biografie. Solche Helfer sollten von der Leitung dazu angehalten werden, vor weiteren Patientenkontakten eine therapeutische Ausbildung zu machen mit Selbsterfahrung oder die Arbeitsstelle zu wechseln.

## 17.5 Vergleich zwischen westlichen Ländern und Schwellenländern

Ein Vergleich zwischen den beiden Ländergruppen kann nur unter Vorbehalt gezogen werden, da überwiegend Personen aus westlichen Ländern (79,2 %) befragt wurden und der größte Teil der untersuchten Einrichtungen in einem westlichen Land angesiedelt sind (9 von 13).

Ein deutlicher Unterschied besteht in den äußeren Rahmenbedingungen. Während in westlichen Ländern die Einrichtungen nicht staatlichen Repressionen ausgesetzt sind und zumindest die Unterstützung von Teilen der Gesellschaft genießen, ist das in Schwellenländern weniger der Fall. Da die Kräfte des Ancien Regime aus den Zeiten der Diktatur noch über großen Einfluss in Staatsapparat und Gesellschaft verfügen, sind die Einrichtungen häufigen Schikanen und Repressalien ausgesetzt. Es gibt polizeiliche Durchsuchungen, manchen wird vorübergehend die Lizenz entzogen, Patientendateien werden beschlagnahmt, Mitarbeiter werden mit Gerichtsverfahren traktiert. Es gibt Phasen mit einem großen Ansturm von Klienten, z. B. während Gefängnisrevolten oder Massenprotesten mit gewalttätigen Übergriffen von Sicherheitskräften. Die Einrichtungen haben wenig Rückhalt in der Gesellschaft und sind sehr auf die moralische und finanzielle Unterstützung aus dem Ausland angewiesen. Sie durchlaufen wiederholt Phasen extremer finanzieller Unsicherheit mit drohender Schließung. Was häufig fehlt, ist ein übergeordnetes Organ wie ein Vorstand bzw. Aufsichtsrat, der Kontroll- und Schutzfunktionen wahrnehmen und im Konfliktfall moderierend eingreifen kann.

Da es in diesen Ländern in der Regel keine allgemeine Krankenversicherung gibt, sind erforderliche spezialärztliche Untersuchungen und Behandlungen – insbesondere Krankenhausbehandlung – für die Klienten unbezahlbar. Die Zentren selbst sind meist nicht in der Lage, den Klienten eine solche Zusatzleistung zur Traumabehandlung zu finanzieren.

Der Stresspegel in den Einrichtungen aus Schwellenländern ist höher als in westlichen Ländern. Jedoch schwelen Konflikte eher unter der Oberfläche und werden lange Zeit verschleppt, wodurch sich enorme Spannungen aufbauen können. Dabei spielt eine Rolle, dass die staatliche Repression die Teams zusammenschweißt. Andererseits finden auch das Misstrauen, Verdächtigungen, Feindbilder und politische Grabenkämpfe aus den Zeiten der Diktatur in den Einrichtungen ihren Niederschlag. Die durch den äußeren Feind geschaffene Kohäsion der Teams kann sich auflösen, wenn die staatliche Repression nachlässt und neue jüngere Kollegen dazukommen, die anders sozialisiert und weniger politisiert sind. Es kommt dann zu Konflikten zwischen den »Alten« und den »Jungen«, die sich u. a. an der unterschiedlichen Einstellung zur Arbeit – Mission für die einen, Job für die anderen – entzünden. Einem Leiter mit einer starken Persönlichkeit, moralischen Autorität und Integrationskraft kann es gelingen, das auszugleichen, und die Einrichtung zusammenhalten. War ein solcher nicht und auch kein externer Supervisor vorhanden, kam es auch zu Spaltungen.

Die Einrichtungen sind häufig von Personen gegründet worden, die selbst politisch aktiv und verfolgt waren. Manche von ihnen verkörpern den Typus des asketischen und heroischen Kämpfers mit sehr hohen moralischen Ansprüchen und einer Härte gegen sich selbst und andere, was dem therapeutischen Ansatz zuwiderläuft. Ihr eigenes Trauma ist, wie in Kapitel 8 ausgeführt, ein Risiko, aber auch eine große Ressource, sofern es im Rahmen einer Ausbildung professionell bearbeitet ist.

Interessanterweise unterscheiden sich die Einrichtungen kaum im Hinblick auf Teammythos und Basisdemokratie. Es herrscht das gleiche Misstrauen gegenüber jeglicher Hierarchie und gegenüber Leitung. Entsprechend regiert intransparente informelle Macht in Gestalt untereinander zerstrittener alter Kämpfer, findet man das gleiche Chaos von »alle machen alles«, »alle reden mit«, »keiner übernimmt Verantwortung«, Disziplinlosigkeit und Reibungsverlusten durch schwerfällige Entscheidungsprozesse.

Schilderungen über Narzissmus und Größenfantasien, über Reinszenierung von Traumainhalten sowie problematische Helfer-Persönlichkeiten findet man bei den Interviewpartnern aus Schwellenländern seltener. Das liegt vermutlich daran, dass in den dortigen Kulturen die Gemeinschaft eine größere Rolle spielt als das Individuum. In Not geratenen Mitmenschen zu helfen ist eine Selbstverständlichkeit und weniger mit einem Glorienschein behaftet. Man trifft auf weniger Grandiosität und mehr Bescheidenheit unter den Helfern. Den Kulturen fehlt das nordeuropäisch-protestantische Streben zu immer Höherem, das die Menschen von allen Übeln Befreien-Wollen. Unglück und Leid wird als

Teil der menschlichen Tragik oder als gottgegebenes Schicksal hingenommen. Die Helfer sind realistischer, weniger selbstbezogen, sehen sich mehr auf einer Stufe mit ihren Klienten, packen sie weniger in Watte und haben nicht die Schuldgefühle der privilegierten Helfer in westlichen Ländern. Dementsprechend begegnet man weniger Überidentifikation und Verstrickung mit den Klienten.

Professionalität und Qualifikation variieren in beiden Ländergruppen. In den Schwellenländern gibt es sehr gut ausgebildete Fachkräfte, allerdings gibt es weniger Möglichkeiten zu psychotherapeutischer Ausbildung, und es gibt auch wenig Supervisoren.

# 18. Handlungsempfehlungen

Dieses Buch ist in erster Linie ein Warnbuch, was man falsch machen kann, ist aber auch mit Rezepten angereichert, wie man sich schützen kann. Strategien der Selbstfürsorge und des Selbstschutzes müssen nicht neu erfunden werden, man muss nur aufgreifen, was die Helfer, die hier zu Wort kommen, selbst entwickelt haben. Die IP haben im Laufe der Jahre ihre negativen Erfahrungen kreativ gewendet und viel Fantasie und Erfindergeist herausgefunden, wie man sich schützen kann vor den Belastungen dieser Arbeit, wie man gut für sich und für ein gesundes Klima am Arbeitsplatz sorgen kann, (siehe Kapitel 7. Ressourcen). Selbst wenn die strukturellen Bedingungen zu wünschen übrig lassen, wenn ein hoher Stresspegel in der Einrichtung herrscht, kann jeder persönlich und in seinem Umfeld für sich und seine Kollegen eine Menge tun. Spielraum dafür wird immer vorhanden sein.

Es sollte in jeder Einrichtung eine Kultur von Selbstfürsorge, von »Care for Caregivers« geschaffen werden. Dazu gehören u. a.:

---

**Kultur von Selbstfürsorge, »Care for Caregivers«**

- Begrenzung von Arbeitslast, Fallzahl, Vermeidung von Überstunden
- Möglichkeit zum Rotieren in andere Bereiche
- Möglichkeit zum Forschen, Publizieren, Lehren
- Möglichkeit zu Teilzeitarbeit und eigener Praxis mit Nicht-Traumapatienten
- Möglichkeit zu Auszeiten und Sabbatjahr
- Geselligkeit im Team: Feste, gemeinsames Kochen, Musizieren, Ausflüge
- Trennung von Arbeit und Privatleben
- Ein Leben außerhalb der Arbeit:
  - Pflege von Hobbys

▶

- Kultur, Sport, Reisen
- Pflege von Familie und Freundschaften
- Meditieren, Entspannungsübungen

## 18.1 Strukturreformen, Offenheit für Veränderungen

Eine klare funktionale Struktur ist wichtig. Aber die optimale, perfekte Struktur, die einem alle Probleme vom Leib hält, gibt es nicht. Die Arbeit an der Struktur ist ein ständiger Veränderungsprozess, ein »work in progress«, so wie Zivilisation, die nie abgeschlossen ist, sondern ständig neu erkämpft werden muss. Veränderungsprozesse brauchen Zeit, sie sind mit Schmerzen und Ängsten verbunden. Veränderungen bringen Gewinn für die einen und Verlust für die anderen. Ich habe die Ergebnisse dieser Untersuchung in meine Praxis als Supervisor und Organisationsberater für Traumazentren einbringen können und dabei die Erfahrung gemacht, dass es für die Beteiligten enorm entlastend ist zu erfahren, dass ihre Probleme typische Probleme von Non-Profit-Organisationen sind, typische, notwendige und unvermeidbare Erschütterungen und Reibungen sind im Zuge der Gruppenbildung, des Wachstums von Organisationen und ihrer Anpassung an neue Herausforderungen und eine sich permanent verändernde Welt. Dass die Probleme somit nicht mit der Unfähigkeit und dem persönlichen Versagen der Beteiligten zu tun haben, sondern in der Natur der Sache liegen. Es ist erstaunlich, wie selbst die vehementesten Verteidiger von basisdemokratischer Nischenkultur, wie kleine Könige, informelle Leiter, Moralisten und Betroffenheitsfanatiker in einem solchen Prozess zu Einsichten gelangen und allmählich über ihren Schatten zu springen vermögen. Einstmals schwache und ängstliche Leiter übertreffen sich selbst, Märtyrer und Heroen lernen, etwas für sich selber zu tun und andere so sein zu lassen, wie sie sind. Das gelingt nicht immer. Manche sind nicht in der Lage, sich zu verändern oder sich mit Veränderungen zu arrangieren. Sie sollten dann freiwillig gehen oder ggf. gekündigt werden.

Auf keinen Fall sollte ein Prozess der Strukturreform übers Knie gebrochen und mit Eile und Druck durchgezogen werden. Die Mitarbeiter müssen auf diesem Weg der Veränderung mitgenommen werden, sie

sollen ihre Ideen einbringen, es soll ein Maximum an Konsens hergestellt werden. In allen Teams schlummert ein großes Reservoir an Kreativität, das in einer schlechten Struktur nicht zum Zuge kam und, einmal freigesetzt, ein enormes Momentum erzeugen kann. Ein erfahrener
neutraler, mit der Einrichtung in keinem persönlichen Abhängigkeitsverhältnis stehender Supervisor bzw. Organisationsberater sollte diesen
Prozess in jedem Falle über einen längeren Zeitraum begleiten. Entscheidend kommt es auf die Umsetzung der gemeinsam erarbeiteten
Strukturmaßnahmen an. Nichts ist demotivierender und lähmender als
ein »Hamster im Rad«, ein ergebnisloses ewiges Diskutieren, ein Sich-
im-Kreis-Drehen und sich nach einem Jahr da wiederfinden, wo man
schon einmal angefangen hat.

In diesem Prozess fallen Vorstand und Leitung eine wichtige Funktion zu. Sie müssen die Umsetzung von den Beteiligten einfordern und
gegen äußere und innere Widerstände durchsetzen. In diesem Zusammenhang sei daran erinnert, dass neben einer handlungsfähigen Leitung ein übergeordneter Vorstand als Aufsichts- und Kontrollorgan
unbedingt erforderlich ist. Er soll aus unabhängigen Persönlichkeiten
bestehen, die über einen gewissen Einfluss in der Gesellschaft und Fachwissen aus verschiedenen Sparten verfügen. Diese Personen dürfen
keinerlei persönliche Verquickungen oder Interessenvermengungen mit
der Einrichtung haben. Der Vorstand beruft und entlässt die Leitung, er
muss ordnend eingreifen, wenn Dinge aus dem Ruder geraten, und er
muss Konflikte schlichten, die auf Leitungs- und Mitarbeiterebene nicht
gelöst werden können. Er muss der Einrichtung den Rücken freihalten,
als Garant für einen ordnungsgemäßen Betriebsablauf und eine ordent-
liche Finanzpolitik gegenüber den Geldgebern fungieren sowie für Unterstützung und Verankerung im gesellschaftlichen Umfeld sorgen.
Letzteres dient vor allem auch dem Schutz von Patienten und Mitarbeitern, insbesondere in Schwellenländern, in der ein Vorstand aus einflussreichen Persönlichkeiten staatlicher Repression Einhalt gebieten
kann[134].

---

[134] Eines der in diese Studie einbezogenen Zentren in einem Schwellenland hat eine be-
rühmte und in der nationalen und internationalen Öffentlichkeit sehr angesehene
Persönlichkeit in ihrem Vorstand, einen »Unberührbaren«. Er hat die Einrichtung,
Patienten und Mitarbeiter schon mehrfach vor Repressalien der Staatsmacht und
einer parteiischen Justiz schützen können.

Die Arbeit mit traumatisierten Menschen ist »risk work«, eine Risikotätigkeit vergleichbar mit anderen Berufen, die mit Extremsituationen zu tun haben wie Feuerwehrleute, Rettungskräfte, Polizisten oder Soldaten. Vorstände und Träger solcher Einrichtungen sollen informiert sein über die Gefahren, die diese Arbeit für jeden Beteiligten birgt. Sie müssen von der Notwendigkeit von »Care for Caregivers« überzeugt werden. Viele Träger verschließen sich dieser Einsicht, denn »Care for Caregivers« kostet schlichtweg Geld. Ebenso sollen Vorstände und Träger die verschiedenen Phasen der Entwicklung in solchen Einrichtungen und die Möglichkeiten von Erschütterungen und ernsten Krisen beim Übergang von der Aufbauphase in die Professionalisierung und Differenzierung in Betracht ziehen. Sie sollen auch damit rechnen, dass die Gründer nach einer gewissen Zeit den veränderten Aufgaben und Herausforderungen nicht mehr gewachsen sein können und es im Interesse der Organisation daher geboten sein kann, sie durch neue Leute zu ersetzen.

## 18.2 Anforderungen an Personal und Leitungskräfte

Ein Supervisor spitzt die Beantwortung dieser Frage zu: »*Es braucht in solchen Einrichtungen keine Demokratie, sondern eine Oligarchie, einen benignen Patriarchen bzw. Matriarchin, streng aber gerecht. Denn ein Zerfallspotenzial ist in jeder Institution vorhanden. Es gibt immer Leute, die darauf warten, Lücken im System zu nutzen, um den Laden aufzumischen, sich zu Subchefs zu machen und den Chef zu demontieren, die Ordnung zu zerstören.*«

Ein anderer Supervisor meint, es komme nicht so sehr auf den Führungsstil denn auf die klare Definition der Aufgaben an:

»*Es muss eine transparente und eine gute vom Team getragene Form von Leitung sein. Und das kann ein autoritärer Leiter oder ein sehr demokratischer Leiter oder ein Mann oder eine Frau, das spielt keine Rolle, aber es muss eine klar definierte Leitung sein*[135].«

Ich denke, der Leitungsstil ist von Persönlichkeit zu Persönlichkeit verschieden. Wichtigste Voraussetzung für Funktionieren von Leitung

---

[135] Schmid, C., a. a. O., S. 113.

ist eine klare Autorisierung und Definition ihrer Kompetenzen. Leiter müssen gefestigte, reife Persönlichkeiten sein, die über viel Lebens- und Berufserfahrung verfügen, die nicht so leicht aus der Ruhe zu bringen und die in der Lage sind, die zentripetalen Kräfte, die Spaltungstendenzen in solchen Einrichtungen im Zaum zu halten, das destruktive Potenzial zu dekontaminieren. Sie müssen, um es in der Sprache eines IP auszudrücken, das »good parenting principle« verkörpern, Vater- und Mutterfunktion erfüllen, Güte und Strenge zugleich ausstrahlen, etwa so wie die Figur »Jens« im Prolog.

Ein weiterer ganz entscheidender Punkt ist die sorgfältige Auswahl von Personal. Dabei sollte auf eine gründliche und solide Ausbildung geachtet werden. Bei Helfern mit Klientenkontakt ist eine therapeutische Ausbildung mit Selbsterfahrung unerlässlich. Heute kann man erwarten, dass nicht nur Ärzte und Psychologen, sondern auch Sozialarbeiter, Ergotherapeuten, Kunst- und Musiktherapeuten eine solche Zusatzausbildung mit Selbsterfahrung vorweisen bzw. eine solche zu absolvieren bereit sind. Ein weiteres ebenso wichtiges Kriterium bei der Auswahl ist die Persönlichkeit des Bewerbers. Wie ein Leiter es nach mehreren schmerzlichen Erfahrungen von Fehlschlägen bei Einstellungen fordert, sei die Persönlichkeit fast wichtiger als das erlernte therapeutische Handwerkszeug. Der Bewerber solle warmherzig sein, empathisch, ausgeglichen, stabil, Humor haben, flexibel sein, Vergnügen wertschätzen und genussfreudig sein. Man solle darauf schauen, *wie* er die Dinge macht. Entsprechend werden die Einstellungsgespräche geführt: »*Wir sprechen vielleicht 10% darüber, was der Bewerber kann, und über seine Berufserfahrung und die restliche Zeit sprechen wir über … wir versuchen ihn aus dem Gleichgewicht zu bringen, zu sehen, wie warmherzig er ist, wie leidenschaftlich, wie mitfühlend, wie stabil. Hat er Humor? Wie wertschätzt er Vergnügen? Und so konzentrieren wir uns nicht allein auf die handwerkliche Seite.*« Ein IP resümiert nach zwei Jahrzehnten Arbeit in einem Traumazentrum: »*Was sehr notwendig ist, und wir fragen das, wenn wir neue Kollegen annehmen: Wie sieht deine Umgebung aus, hast du einen Ruhepunkt in deiner psychologischen Umgebung … Es muss einen Ruhepunkt geben, wo man sich regenerieren kann … ein bisschen ein normales Leben leben kann neben dem professionellen Leben. Man muss sein eigenes Privatleben auf eine entspannte Weise organisieren … und die eigenen Interessen, tanzen gehen, wenn man jung ist, und reisen gehen, wenn man älter ist*[136].« Vom Betroffenheitskult, wie er in manchen Einrichtungen als offizielle Grundlage für die Personalauswahl fungiert (siehe der »Betroffenen-kontrollierte Ansatz« von Berliner Anti-Gewaltprojekten, Kap. 12.1.1), sollte man Abstand nehmen. Obwohl der darin enthaltene Selbsthilfeansatz seine Berechtigung hat, sind mit der Priorisierung von Betroffenheit vor Professionalität Selbstzerfleischung, Missbrauch und Scharlatanerie vorprogrammiert.

Wovor man sich insbesondere schützen sollte, sind Ideologen, Fanatiker und narzisstische Persönlichkeiten. Diese fühlen sich offenbar von der Arbeit in Traumazentren und Menschenrechtsorganisationen besonders angezogen (siehe Kapitel 13). Denn es verbinden sich mit dieser Arbeit leicht Größenfantasien von der Befreiung der Welt von allen Übeln. Personen, die in diesem Feld arbeiten, sollten eine gewisse Gelassenheit im Umgang mit diesen Themen und einen Sinn für die Tragik der menschlichen Existenz haben, woran es besonders der leistungsorientierten protestantisch-calvinistisch geprägten nordeuropäischen Kultur zu mangeln scheint (siehe Kapitel 5.7).

## 18.3  Raus aus dem Trauma-Getto – Integration in die Regelversorgung

1999 stellte Anthony Reeler, Psychologe und Leiter des Amani-Trusts, eines Traumazentrums in Zimbabwe, auf einem internationalen Kongress in einem Workshop zum Thema »Care for Caregivers« eine ganze Reihe »ketzerischer« Thesen auf: In den Zentren, die sich um die Behandlung von Opfern kümmern, tummelten sich zu viele Fanatiker. Der Name vieler Einrichtungen, in dem das Wort »Folteropfer« vorkomme, sei abschreckend und perpetuiere die Stigmatisierung. Er fördere ein anklagendes Leiden, ein Fixiertsein auf den Opferstatus. Es müsse der psychotherapeutische Ansatz grundsätzlich auf den Prüfstand, die heiligen Kühe der aufdeckenden, traumafokussierten Therapie müssten hinterfragt werden. Die heilende Kraft einer Berufstätigkeit, über die der Klient soziale Anerkennung und Wertschätzung erfahre, werde allgemein unterschätzt. In manchen Zentren werde deshalb mit den Klienten keine Psychotherapie, sondern nur Alltagsbewältigung gemacht,

---

[136]  Schmid, C., a. a. O., S. 114.

Training für die Suche nach einer Arbeit, Vorbereitung auf die Arbeitswelt in eigenen Werkstätten etc. Die Zentren müssten heraus aus dem Trauma-Getto. Spezialeinrichtungen zur Behandlung von Traumatisierten hätten in der Pionierphase ihren Sinn gehabt, auf Dauer seien sie ungut, denn sie förderten die Selbstüberhöhung und missionarisches Eifertum. Es sei eine Integration in die gesundheitliche Regelversorgung notwendig, so wie man im Zuge der Psychiatriereform die Kranken aus den Gettos der großen Anstalten herausgeholt und an Allgemeinkrankenhäusern psychiatrische Abteilungen eingerichtet habe. Jeder Hausarzt, jeder Psychologe müsse in der Lage sein, PTSD zu behandeln[137].

Wie das Beispiel der Niederlande sowie die Beispiele der Einrichtungen mit niedrigem Stresspegel zeigen, ist die Integration in die allgemeine gesundheitliche und soziale Regelversorgung eine dringende Notwendigkeit. Spezialeinrichtungen zur Behandlung von Traumatisierten haben in der Pionierära ihren Sinn gehabt. Ihr Exoten- und Sonderstatus fördert jedoch die in dieser Studie beschriebenen Negativ-Phänomene. Außerdem ist das ständige Hinterherjagen nach Spenden und Unterstützern eine enorme zusätzliche Quelle von Stress und hält die Mitarbeiter von ihrer eigentlichen Aufgabe, der Versorgung der Patienten, von Fortbildung und Weiterqualifizierung ab. Die Versorgung von Traumatisierten ist eine gesellschaftliche Aufgabe und soll deshalb auch von der Solidargemeinschaft getragen werden. Insbesondere gehören dazu auch die Flüchtlinge. Es ist eine Fehlkalkulation, wenn Politiker meinen, an der Versorgung von traumatisierten Flüchtlingen könne man sparen. Es ist bekannt, dass ein unbewältigtes Trauma sich fortsetzen und in eine Spirale von Hass, Rache und erneuter Gewalt münden kann. Kriegsflüchtlinge und Kriegskinder tragen den Keim der Gewalt, der sie ausgesetzt waren, in sich. Wenn ihnen keine Hilfe zuteil wird und es nicht gelingt, sie in das normale Leben, in die Gesellschaft zu integrieren, können aus Opfern Täter werden, und der soziale Frieden, von dem Politiker so gerne sprechen, ist gefährdet.

---

[137] VIII International Symposium »Torture – A Challenge to the Health, Legal and other Professions«. Organized by the International Rehabilitation Council for Torture Victims (IRCT) and The National Human Rights Commission of India (NHRC), 22–25 September 1999, New Delhi, India; Handschriftliches Protokoll des Autors von Session 37: Care for Caregivers.

Es tut sich bereits etwas in dieser Richtung. So wie man im Zuge der Psychiatriereform psychiatrische Stationen an Allgemeinkrankenhäusern eingerichtet hat, so sind an einigen Kliniken der Allgemeinversorgung Traumastationen eröffnet worden. Das ist grundsätzlich zu begrüßen, sofern auf diesen echte Traumapatienten inklusive traumatisierte Flüchtlinge behandelt werden und sie nicht einer inflationären Ausweitung der Diagnose PTSD auf eine wachsende vermeintlich traumatisierte Patientenpopulation Vorschub leistet.

Es ist möglicherweise aus den eigenen Reihen mit Widerständen gegen diese Forderung zu rechnen. Wenn in Diskussionen der Vergangenheit schon einmal das Argument fiel, dass ein Behandlungszentrum für traumatisierte Flüchtlinge doch genauso ein Dienstleistungsbetrieb sei wie eine Diabetesambulanz, waren empörte Reaktionen zu vernehmen. Wahrscheinlich werden einige Einrichtungen – insbesondere die von der sog. »Betroffenheitskultur« geprägten – an ihrem Sonderstatus festhalten wollen.

Ähnliche Phänomene wie die hier geschilderten scheint es in allen helfenden Berufen zu geben. In den letzten Jahren liest man eine zunehmende Anzahl an Publikationen in der Fachpresse und in den Medien über Burnout. Wenn diese Studie dazu beiträgt, auch in anderen Bereichen die Aufmerksamkeit auf eine bessere Arbeitsorganisation, Psychohygiene am Arbeitsplatz und »Care for Caregivers« zu lenken, dann hat sie ihren Zweck erfüllt.

# Literatur

Agger, I., Jensen, S. B. (1994): Determinant Factors for Countertransference Reactions under State Terrorism. In: Wilson, J. P., Lindy, J. D. (Hrsg.), Countertransference in the Treatment of PTSD. New York: The Guilford Press, S. 263–287

Antonovsky, A., Maoz, B., Dowty, N., Wijsenbeek, H. (1971): Twenty-five years later. A limited study of the sequela of the concentration camp experience. *Social Psychiatry 6*, 186–193

Badelt, C. (Hrsg.) (1999): *Handbuch der Nonprofit Organisation. Strukturen und Management*. Stuttgart: Schäffer-Poeschel Verlag

Baranowsky, A. B. (1999): The silencing response in clinical practice. On the road to dialogue. In: Figley, C. R. (Hrsg.), *Treating Compassion Fatigue*. New York: Brunner Routledge, S. 155–170

Becker, D. (2006): Die Erfindung des Traumas. Verflochtene Geschichten. Freiburg: Edition Freitag

Bion, W. R. (1959): Attacks on Linking. International Journal of Psycho-Analysis 40, Wiederabdruck in: Bion, W.R. (1967), *Second Thoughts*. London: Heinemann, S. 93–109

Bion, W. R. (1970): *Experiences in Groups*. London: Tavistock Publications

Birck, A. (2001): Secondary Traumatization and Burnout in Professionals Working with Torture Survivors. *Traumatology 7 (2)*, 85–90

Bustos, E. (1990): Dealing with the Unbearable. Reactions of Therapists and Therapeutic Institutions Working with Survivors of Torture. In: Suedfeld, P. (Hrsg.), *Psychology and Torture*. Washington: Hemisphere Publishing Corporation, S. 143–163

Catherall, D. R., Lane, C. (1992): Warrior Therapist. Vets Treating Vets. *Journal of Traumatic Stress 5*, 19–36

Comas-Diaz, L., Padilla, A.M. (1990): Countertransference in working with victims of political repression. *American Journal of Orthopsychiatry 60*, 125–134

Danieli, Y. (1988): Psychotherapists' participation in the conspiracy of silence about the Holocaust. *Psychoanalytical Psychology 1*, 23–42

Daniels, J. (2006): *Sekundäre Traumatisierung – Kritische Prüfung eines Konstruktes*. Dissertation zur Erlangung des Doktorgrades der Naturwissenschaften an der Universität Bielefeld

Daniels, J. (2007): Die neuropsychologische Theorie der Sekundären Traumatisierung. *Zeitschrift für Psychotraumatologie, Psychotherapiewissenschaft, Psychologische Medizin 5*, 49–61

Daniels, J. (2008): Sekundäre Traumatisierung – Interviewstudie zu berufsbedingten Belastungen von Traumatherapeuten. *Psychotherapeut 53*, 100–107

von Eckardstein, D. (1999): Personalmanagement in NPOs. In: Badelt, C. (Hrsg.), *Handbuch der Nonprofit Organisation. Strukturen und Management*. Stuttgart: Schäffer-Poeschel Verlag, S. 257–276 von Eckardstein, D., Simsa, R. (1999): Entscheidungsmanagement in NPOs. In: Badelt, C. (Hrsg.), *Handbuch der Nonprofit Organisation. Strukturen und Management.* Stuttgart: Schäffer-Poeschel Verlag, S. 389–403

Figley, C. F. (Hrsg.) (1995): *Compassion Fatigue, Coping with secondary traumatic stress disorders in those who treat the traumatized.* New York: Brunner & Mazel

Frankl, V.E. (1977): *Trotzdem Ja zum Leben sagen. Ein Psychologe erlebt das Konzentrationslager.* München: Kösel-Verlag

Frankl, V. (1979): *Der Mensch vor der Frage nach dem Sinn.* München: Piper Verlag

Freyberger, H., Freyberger, H.J. (1994): Der thematische Ausgangspunkt von Antonovsky zur Konzipierung seines Salutogenese-Konzeptes: Ehemalige Naziverfolgte (ergänzt am Beispiel eigener empirischer Befunde). In: Lamprecht, F., Johnen, R. (Hrsg.), *Salutogenese – Ein neues Konzept in der Psychosomatik? Kongressband der 40. Jahrestagung des Deutschen Kollegiums für Psychosomatische Medizin.* Frankfurt: VAS-Verlag für Akademische Schriften, S. 122–129

Freyberger, H. (2002): Psychische Bewältigungsverhalten bei Holocaust-Überlebenden. Psychotraumatologie Abstracts [Online-Ressource] 1 Bl.

Freyberger, H.J., Freyberger, H., (2003): Der Langzeitverlauf posttraumatischer Belastungsstörungen. Fortschritt und Fortbildung in der Medizin 17: S. 76

Gabbard, G.O. (2001): A Contemporary Psychoanalytic Model of Countertransference. *Psychotherapy in Practice 57 (8),* 983–991

Gay, P. (1988): *Freud. A Life for Our Time.* New York: Anchor Books

Graessner, S., Pross, C. (2006): A response to the the article by Christian Pross »Burnout, Vicarious Traumatization and its Prevention«. *Torture 16,* 134–135

Gurris, N. F. (2002): Überlegungen zur stellvertretenden Traumatisierung bei Therapeuten in der Behandlung von Folterüberlebenden. *Psychotraumatologie 3,* 45

Gurris, N. (2005): *Stellvertretende Traumatisierung und Behandlungseffizienz in der therapeutischen Arbeit mit traumatisierten Flüchtlingen.* Dissertation zur Erlangung des Doktorgrades der Humanbiologie der Medizinischen Fakultät der Universität Ulm

Hafkenscheid, A. (2003): Objective Countertransference. Do Patients' Interpersonal Impacts Generalize across Therapists? *Clinical Psychology and Psychotherapy 10,* 31–40

Hafkenscheid, A. (2005): Event countertransference and vicarious traumatization. Theoretically valid and clinically useful concepts? *European Journal of Psychotherapy, Counselling & Health 7,* 159–168.

Harms, A. (2001): *Subjektiv erlebte Auswirkungen der Traumatherapie auf Traumtherapeuten. Eine qualitative Untersuchung auf dem theoretischen Hintergrund der indirekten Traumatisierung.* Diplomarbeit am Fachbereich Erziehungswissenschaften und Psychologie, Freie Universität Berlin

Hawkins P., Shohet, R. (2000): *Supervision in the helping professions. An individual, group and organizational approach.* Buckingham: Open University Press

Heimerl-Wagner, P., Meyer, M. (1999): Organisation und NPOs. In: Badelt, C. (Hrsg.), *Handbuch der Nonprofit Organisation. Strukturen und Management.* Stuttgart: Schäffer-Poeschel Verlag, S. 209–240

Herman, J. (2001): *Trauma and Recovery. From Domestic Abuse to Political Terror.* London: Pandora

Hernandez, P., Gansei, D., Engstrom, D. (2007): Vicarious Resilience. A New Concept in Work with Those who Survive Trauma. *Family Process 46,* 229–241

Holloway, E.L. (1995): *Clinical Supervision. A Systems Approach.* London: Sage Publications Thousand Oaks

Janoff-Bulmann, R. (1992): *Shattered Assumptions. Towards a New Psychology of Trauma.* New York: The Free Press

Jung, C.G. (1963/1983): *Memories, dreams, reflections.* London: Flamingo

Kardiner, A. (1977): *My Analysis with Freud.* New York: Norton

Kassam-Adams, N. (1999): The risks of treating sexual trauma. Stress and secondary trauma in psychotherapists. In: Stamm, B.H. (Hrsg.), *Secondary Traumatic Stress. Self-Care Issues for Clinicians, Researchers and Educators.* Luthersville MD: The Sidran Press, S. 34–48

Kassam-Adams, N. (2002): Die Risiken sexueller Traumata. Streß und sekundäre Traumatisierung bei Psychotherapeuten. In: Stamm, B.H. (Hrsg.), *Sekundäre Traumastörungen. Wie Kliniker, Forscher und Erzieher sich vor traumatischen Auswirkungen ihrer Arbeit schützen können.* Paderborn: Junfermann Verlag, S. 66–74

Kleinman, A. (1988): *The Illness Narratives. Suffering, Healing & the Human Condition.* New York: Basic Books

Kliche, T. (2005): Traumazentren werden auf Linie gebracht. *Newsletter Politische Psychologie 9*

Lansen, J. (1996): Was tut »es« mit uns? In: Graessner, S., Gurris, N., Pross, C. (Hrsg.), *Folter – an der Seite der Überlebenden. Unterstützung und Therapien.* München: C. H. Beck, S. 253–270

Lira, E. K. (1992): *Developing a therapeutic approach with victims of human rights violations in Chile under different political conditions. Discernment of the therapist involvement.* Latin American Institute of Mental Health and Human Rights (ILAS), unveröffentlichtes Manuskript

Maeder, T. (1989): Wounded Healers. *The Atlantic Monthly, Jan.*, 37–47

Malik, F. (1989): *Strategie des Managements komplexer Systeme.* Bern/Stuttgart: Haupt

Maslach C., Jackson, S.E. (1981): The measurement of of experienced burnout. *Journal of Occupational Behaviour 2*, 99–113

Mayer, E. (2006): *Selbstverbrennung bei Kurden: Lebenswege und persönliche Erklärungsmodelle.* Diplomarbeit an der Fakultät V Verkehrs- und Maschinensysteme, Institut für Psychologie und Arbeitswissenschaften, Klinische Gesundheitspsychologie, Technische Universität Berlin

McCann, L., Pearlman, L.A. (1990): Vicarious Traumatization. A Framework for Understanding the Psychological Effects of Working with Victims. *Journal of Traumatic Stress 3*, 131–149

McKenzie Deighton, R., Gurris, N., Traue, H. (2007): Factors Affecting Burnout and Compassion Fatigue in Psychotherapists Treating Torture Survivors. Is the Therapist's Attitude to Working Through Trauma Relevant? *Journal of Traumatic Stress 20 (1)*, 63–75

Miles, S. H. (2006): *Oath Betrayed. Torture, Medical Complicity and the War on Terror.* New York: Random House

Muhr, T., Friese, T. (2001): Computerunterstützte Qualitative Datenanalyse. In: Hug, T. (Hrsg.), *Wie kommt Wissenschaft zu Wissen? Band 2: Einführung in die Forschungsmethodik und Forschungspraxis.* Hohengehren: Schneider Verlag, S. 380–399

Munroe, J. (2006): Secondary Trauma: Denial, Transmission and Organizational PTSD. Präsentation auf dem IX IRCT International Symposium on Torture in

Berlin, 10.12.2006. (Ich danke dem Autor für die Überlassung der Präsentation)

Nord, C., Höger, D., Eckert, J. (2000): Bindungsmuster von Psychotherapeuten. In: Kernberg, O.F., Buchheim, P., Dulz, B. (Hrsg.), *Persönlichkeitsstörungen – Theorie und Therapie*. Jg 6, Nr. 4. Stuttgart: Schattauer Verlag, S. 76 – 86

Pross, C. (2001): *Wiedergutmachung – Der Kleinkrieg gegen die Opfer*. 2. Aufl., Berlin: Philo Verlagsgesellschaft

Pross, C. (2005): Fingierte posttraumatische Belastungsstörungen – ein Beitrag zur Debatte über „false memory». *Zeitschrift für Psychotraumatologie und Psychologische Medizin 3*, 75 – 87

Pross C. (2006): Burnout, Vicarious Traumatization and its Prevention. *Torture 16*, 1 – 9

Reddemann, L. (2004): *Psychodynamisch Imaginative Traumatherapie*. Stuttgart: Pfeiffer bei Klett-Cotta

Reemtsma, J.P. (1998): Noch einmal. Wiederholungszwang. *Mittelweg 36 (15)*, 18 – 32

Rösing, I. (2007): *Der Verwundete Heiler – Kritische Analyse einer Metapher*. Kröning: Asanger Verlag

Rösing, I. (2007): Vom Konzept des Verwundeten Heilers zur Sekundären Traumatisierung. *Zeitschrift für Psychotraumatologie, Psychotherapiewissenschaft, Psychologische Medizin 5*, 65 – 75

Sabin-Farell, R., Turpin, G. (2003): Vicarious traumatization. Implications for the mental health of health workers? *Clinical Psychology Review 23*, 449 – 480

Sachsse, U. (1996): Die traumatisierte therapeutische Beziehung. Projektive Identifizierung in der Psychotherapie als Kommunikation und Konfliktentlastung. *Gruppenpsychotherapie und Gruppendynamik 32*, 350 – 365

von Schlippe, A., Schweitzer, J. (1997): *Lehrbuch der systemischen Therapie und Beratung*. Göttingen: Vandenhoeck und Ruprecht

Schmid, C. (2006): *Zur beruflichen Belastung von Traumatherapeuten – Versuch einer Verhältnisbestimmung der Konzepte Burnout und indirekte Traumatisierung*. Diplomarbeit am Fachbereich Erziehungswissenschaften und Psychologie, Freie Universität Berlin

Schors, R. (1979): Beobachtungen zur Psychodynamik einer Intensivstation. Psyche 33, 343 – 363

Schweitzer, S. (2007): Care for Caregivers – *Eine qualitative Studie zur beruflichen Belastung von Traumatherapeuten*. Diplomarbeit am Institut für Psychologie, Wirtschafts- und Verhaltenswissenschaftliche Fakultät, Albert-Ludwigs-Universität Freiburg

Selbstlaut (2007): *Handlung, Spiel & Räume. Leitfaden für Pädagoginnen und Pädagogen zum präventiven Handeln gegen sexuelle Gewalt an Kindern und Jugendlichen*. Erstellt im Auftrag des Bundesministeriums für Unterricht, Kunst und Kultur vom Verein Selbstlaut, Verein zur Prävention von sexuellem Kindesmissbrauch, Wien

Serre, C. (1977): *Weiße Kitte – leicht schwarz gefärbt*. Oldenburg: Verlag Gerhard Stalling

Smith, A.J.M., Klein, W.C., Stevens, J.A. (2001): De posttraumatische stress-stoornis: bedrijfsrisico voor behandelaars? Een onderzoek naar werkstress bij traumatherapeuten. (Die posttraumatische Belastungsstörung: Betriebsrisiko für Therapeuten? Eine Studie zu Arbeitsbelastung bei Traumatherapeuten). *Tijdschrift voor Psychiatrie 43*, 7 – 19

Smith, A. J. M., Kleijn, W. C., Trijsburg, R. W., Hutschemaekers, G. J. M. (2007): How therapists cope with clients' traumatic experiences. *Torture 17*, 203–215

Smith, A. J. M., Kleijn, W. C., Trijsburg, R. W., Hutschemaekers, G. J. M. (2007): Therapists reactions in self-experienced difficult situations. An exploration. *Counselling and Psychotherapy Research 7*, 34–41

Smith, A.J.M. (2009): *Listening to Trauma. Therapists' countertransference and long-term effects related to trauma work.* Een wetenschappelijke proeve op het gebied van den Sociale Wetenschapen, Proefschrift ter verkrijgging van de graad van doctor aan de Radboud Universiteit Nijmegen [Dissertation zur Erlangung des Doktorgrades in Sozialwissenschaften an der Radboud Universität Nijmegen]. Heemstede/Amsterdam

Stamm, B.H. (Hrsg.) (1999): *Secondary Traumatic Stress. Self-Care Issues for Clinicians,* Researchers and Educators. Luthersville MD: The Sidran Press

Strauss A., Corbin J. (1996): *Grounded Theory: Grundlagen qualitativer Sozialforschung.* Weinheim: Beltz

Strauss, A., Corbin, J. (1998): *Basics of Qualitative Research. Techniques and Procedures for Developing Grounded Theory.* 2. Aufl., London: Sage Publications Thousand Oaks

Strübing, J. (2004): *Grounded Theory.* Wiesbaden: Verlag für Sozialwissenschaften

Summerfield, D. (1997): Das Hilfsbusiness mit dem Trauma. In: Medico International (Hrsg), Schnelle Eingreiftruppe »Seele« – *Auf dem Weg in die therapeutische Weltgesellschaft.* Frankfurt a.M.: Medico International, S. 9–24

Summerfield, D. (2001): The invention of post-traumatic stress disorder and the social usefulness of a psychiatric category. *British Medical Journal* 322, 95–98

Tuckman, B.W. (1965): Developmental sequence in small groups. *Psychological Bulletin 63 (6),* 384–399

Vidal, M. (1990): Daño psicológico y represión politica: Un modelo de atención integral [Psychological damage and political repression: An integrative model of treatment]. *Reflexión, Derechos Humanos Y Salud Mental,* 10–14

Walkup, M. (2002): Humanitarianism at risk. From threatened aid workers to self-deceiving organizations. In Danieli, Y. (Hrsg.), *Sharing the front lines and the back hills. International protectors and providers, peacekeepers, humanitarian aid workers and the media in the middle of crisis.* New York: Baywood Publishing Company, S. 353–359

Weber, R. (2002): Risiken und Ressourcen des intersubjektiven Erlebens von Traumatherapeuten. In: Birck, A., Pross C., Lansen, J. (Hrsg), Das Unsagbare. Die Arbeit mit *Traumatisierten im Behandlungszentrum für Folteropfer Berlin.* Berlin: Springer Verlag

Wildwasser – Arbeitsgemeinschaft gegen sexuellen Missbrauch an Mädchen, Weglaufhaus »Villa Stöckle« – Verein zum Schutz vor psychiatrischer Gewalt, Tauwetter – Anlaufstelle für Männer, die als Jungen sexueller Gewalt ausgesetzt waren (2004): *Betrifft Professionalität.* Der Paritätische Wohlfahrtsverband Berlin

Williams, M. B., Nurmi, L. A. (2001): *Creating a Comprehensive Trauma Center – Choices and Challenges.* New York: Kluwe Academic Publishers

Wilson, J. P., Lindy, J.D. (1994): *Countertransference in the Treatment of PTSD.* New York: Guilford Press

Wilson, J. P., Thomas, R.B. (2004): *Empathy in the Treatment of Trauma and PTSD.* New York: Brunner-Routledge

Witzel, A. (2000): Das problemzentrierte Interview. *Forum Qualitative Sozialfor-*

*schung 1 (1)*, Art. 22, http://www.qualitative-research.net/index.php/fqs/article/view/1132/2520

Young, A. (1995): *The harmony of illusions. Inventing post-traumatic stress disorder.* Princeton: Princeton University Press

Zauner, A., Simsa, R. (1999): Konfliktmanagement in NPOs. In: Badelt, C. (Hrsg.), *Handbuch der Nonprofit Organisation. Strukturen und Management.* Stuttgart: Schäffer-Poeschel Verlag, S. 405 – 418